야간경제,
도시의 밤을 깨우다

야간경제, 도시의 밤을 깨우다

인 쇄 2018년 12월 24일
발 행 2018년 12월 28일

저 자 정은주
발행인 정병석
발행처 전남대학교출판문화원

등 록 1981. 5. 21. 제53호
주 소 61186 광주광역시 북구 용봉로 77
전 화 (062) 530-0571~2
영업부 (062) 530-0573
팩 스 (062) 530-0579
홈페이지 http://www.cnup.co.kr
이메일 cnup0571@hanmail.net

값 20,000 원

ISBN 978-89-6849-580-9 (93320)

이 도서의 국립중앙도서관 출판예정도서목록(CIP)은
서지정보유통지원시스템 홈페이지(http://seoji.nl.go.kr)와
국가자료종합목록시스템(http://www.nl.go.kr/kolisnet)에서 이용하실 수 있습니다.
(CIP제어번호 : CIP2018042724)

야간경제,
도시의 밤을 깨우다

정은주 저

전남대학교출판문화원

PROLOGUE

언제 어디서나 원하는 정보에 쉽고 빠르게 접속할 수 있는 자유로운 환경에 살고 있다. 컴퓨터를 기반으로 한 네트워크들이 모여 만들어진 인터넷은, 시공의 제약을 벗은 가상공간을 만들어 좀 더 자유로운 인간이 되고자하는 희망에 답하는 듯 했다. 하지만 현실에서는 과도한 정보량으로 인해 이전보다 시비를 가리는데 더 많은 시간과 노력이 소요되었고, 사람에 이어 사물들까지 모든 것이 인터넷에 접속되면서 활동의 자유도 제약받게 되었다. 아무도 모르는 사이 씨줄과 날실이 촘촘히 얽힌 것처럼 가상과 현실의 시간과 공간들이 우리들의 삶 속에 깊이 침투해 있다. 문득 조지 오웰의 『1984』에서 보았던 '빅브라더가 모든 것을 보고 있다'는 표어가 생각나는 순간이다. 전체주의가 개인을 감시하고 통제한다는 소설의 내용과 일상의 일거수일투족이 공개되는 지금의 상황이 아무런 관련도 없는 장면이지만, 불현듯 소설 속 모습들이 묘하게 겹친다는 생각이 든다. 기술의 발전은 사람들의 일상을 변화시키고 마침내 생각을 변화시킨다. 그리고 생각은 또 다른 변화의 씨앗으로 잉태되는 순환과정을 거치게 마련이다.

21세기 시작과 함께 그 어느 때보다 변화라는 말은 자주 등장하고 있다. 바로 지금이 인류 역사상 가장 빠른 속도로 변화가 진행되고 있는 순간이라고도 한다. 새로운 밀레니엄 시대를 맞이하면서 이전 세기와 달리 '변화, 불확실성, 위기, 혁신' 등의 단어들로 채워졌던 시기를 경험했다. 예측할 수 없는 변화의 속도와 규모는 우리가 가진 기존의 예측치와 방법으로는 대응 불가능한 현실을 자각하게 한다.

나심 니콜라스 탤레브(Nassim Nocholas Taleb)가 말한 예측불가능의 상황을 일컫는 블랙 스완(Black Swan), 흑고니 현상은 앞으로도 자주 등장할 것이다. 당시 세상 모든 사람들은 백조가 무조건 흰 색이라고 생각했다. 아예 흰색 이외의 검은색 백조가 있을 거라는 생각 자체를 하지 못했다. 그러던 중 18세기 무렵 호주에서 검은 백조가 실제로 발견되었고, 불가항력의 상황은 충격과 혼란을 가져왔다. 이처럼 기존에 가지고 있던 모든 지식이 무너져 예측불가능의 사태로 번지게 되는 상황의 발생 빈도는 점차 증가하고 있다.

예측하지 못했던 순간을 만나면 대부분의 사람들은 블랙 스완을 처음 발견했을 때처럼 망연자실할 수밖에 없다. 그러다가 문득 그 상황도 어쩌면 알 수 있었으면서도 인식하지 못한 문제들에서 비롯된 것은 아닐까 생각한다. 충격을 현실로 받아들이게 되는 순간이다. 이와 같은 상황에서 블랙 스완에 대처하는 방법으로 인용한 것이 회색 코뿔소(Gray Rhino)다. 미셸 부커는 『회색 코뿔소가 온다』에서 발생의 개연성이 높고 거대한 충격이 예상되지만 사람들이 무시해버리는 위험을 회색 코뿔소(Gray Rhino)에 비유했다. 블랙 스완은 좀체 발견하기 어려워 형체가 드러났을 때 비로소 알아차리지만, 회색 코뿔소는 우리 가까이에 있으면서도 알지 못할 정도로 조용하게 있다는 설정이다. 이에 대한 해답으로는 최대한 코뿔소를 깨우지 않도록 하면서 대응

가능한 위험회피 수단을 찾아보자고 한다. 이렇듯 변화와 위기 대응 전략이 등장하는 것을 보면 정치·경제·사회·환경 등 전 분야를 아우르는 거대한 메가체인지(Megachange)시대가 왔음을 알리는 주장들이 충분히 이해된다. 거대한 변화의 시대가 왔다면, 동시대를 사는 사람들은 변화의 파고에 어떻게 대처해야 할 것인가? 특히 우리가 살고 있는 도시는 어떻게 될 것인가?

성장시대를 배경으로 할 때 유기체로서 도시는 생존과 성장의 방법으로 도시화를 선택했다. 도시화는 경제성장을 동반한다는 것이 상식이었다. 성장과 발전을 위해 도시화를 지향하는 추세는 세계인구의 절반 이상이 도시에 살고 있는 인류의 현주소가 되었다. 인구통계학적으로 보더라도 가히 획기적인 사건이다. 이렇듯 급속한 도시화가 진행된 주요 이유는 경제성장으로 인한 고용뿐만 아니라 오락, 정보, 의료, 교육의 기회가 모두 도시에 집중되었기 때문이다. 성공의 가능성을 찾아 사람들은 도시로의 이동을 선택하고, 이로써 경제활동이 활발해지면 이를 기반으로 새로운 경제발전이 이어지는 순환이 이루어졌다. 이렇듯 당연시되었던 도시의 성장과 발전도 글로벌 경제침체와 저성장, 지속가능성에 대한 우려, 성장의 한계, 기후변화 등이 현안으로 대두되면서 위기를 맞게 되었다.

경제성장과 발전을 도시의 기능 혹은 당연한 목표라고 하는 전제였다면, 지금과 같은 저성장, 한계성, 불확실성 등의 현실이 당황스러운 것은 당연하다. 심지어 2008년 금융위기는 전 세계가 침체기에 접어들었음을 알리는 신호탄이었다고 할 정도로 불안감이 확산되고 있다. 세계적인 경기침체가 이어지면서 보호무역, 극보수주의, 국가이기주의 등 국내외적으로도 위기를 겪고 있다. 그렇다면 국가 차원에서도 대처가 어려운 저성장과 경기침체의 상황에 대해 도시는 어떤 돌파구를 찾아야 할 것 인가하는 의문이 생긴다. 이런 거대 담론에 대해 미력하나마 답을 찾고자하는 노력이 이 책을 쓰게 된 동기가 되었다.

특히 도시가 안고 있는 수많은 문제들 중 세계적으로도 뜨거운 이슈가 되고 있는 것이 일자리 문제이다. 물론 기술발전과 역사적 흐름을 거스를 수 없어 기존 프레임을 그대로 두고서는 일자리와의 전쟁에서 반드시 패배할 것이라는 비관론자들도 다수 있다. 세계 곳곳에서 일자리 전쟁을 선포한 것을 두고 결국 이 사건은 인류 노동의 종말을 선언하는 시초가 될 것이라고도 한다. 과거 기술발달은 성장을 동반했고 당연히 일자리를 가져왔다. 하지만, 지금의 상황은 일자리 없는 경제성장, 지극히 낮은 성장 혹은 역성장의 시대라고 지칭된다. 세계경제안정과 무역확대 목적의 선진국 클럽으로 알려진 경제협력개발기구(OECD)회원국들도 1%대 경제성장률에도 미치지 못하는 부진한 성적표가 이를 증명하고 있다.

전 갤럽 최고경영자 짐 클리프턴은 『일자리 전쟁』에서 "전 세계가 일자리 전쟁 중이다. 3차대전은 일자리 전쟁이 될 것이다"라고 했다. 그는 70억 세계 인류는 사랑, 돈, 음식, 안식처 등과 같은 필수품을 원하고 있으며, 자유, 평화와 같은 고상한 이상보다도 양질의 일자리를 원한다고 했다. 그가 말한 일자리 전쟁 상황이 블랙 스완인지 혹은 회색 코뿔소인지 명확하지 않아도 된다. 다만 이런 상황은 학습과 준비를 통해 예측가능하거나 사전에 제거할 수 있는 수준이 아니라는 것이다. 대신 최소한도로 충격을 적게 하고 여기에 적응해가는 정도의 대응이 가능할 뿐이다.

모든 생명체가 생명을 다할 때까지 무엇을 먹고 살 것인가의 문제를 고민하는 것이 생명체의 숙명이듯 유기체로 비유되는 도시도 어떻게 먹고 살 것인지가 최대 고민거리이다. 현재 도시는 저성장과 기술혁신으로 인해 일자리가 줄어들고 예측하지 못한 다양한 문제들로 몸살을 앓고 있다. 미래에는 지금보다 더 큰 혼란이 가중되는 거대한 전환의 시기가 될 것으로 예측하고 있다. 특히 국가 간 경쟁체계에서 도시 간 경쟁으로 진화하게 되면서 각 도시들마다 살아남을 수 있는 나름의 생존전략과 기술이 절실히 요구된다.

따라서 대전환의 시기를 극복할 방법을 찾는 도시라면, 한계를 두지 않고 다양한 가능성을 타진해봐야 할 것이다. 이중 하나로 도시가 운영되는 시간을 확장하여 경제 활성화와 일자리 창출을 도모할 수 있는 야간경제(Night-Time Economy)를 제안한다. 본문에서 구체적으로 설명하겠지만 야간경제는 주간경제가 종료된 이후 야간시간에 이루어지는 모든 경제활동이라고 간략하게 말할 수 있다. 야간경제의 경제, 사회, 문화 등 다양한 부문의 효과는 야간경제에 대한 높은 관심이 증명하는 것이 아닐까 싶다.

필자가 야간경제를 주제로 선정하게 된 기저에는 시간과 공간의 잣대로 도시를 이해하고자 하는 사고가 깔려있다. 도시화가 진행되면 될수록 더 많은 사람들이 도시로 몰리게 된다. 거리는 사람들로 붐비고, 그 속에 그만큼 다양한 요구와 문제가 동반되면서 공간으로 구분되어진다. 공간으로 구분된 도시는 다양한 사람들과 요구가 집중되면서 다시 낮과 밤의 시간으로 구분된다. 기존 공간에 시간의 변화에 따라 새로운 공간이 태어나게 되는 셈이다. 낮 시간과 다른 밤 시간에도 다른 방식의 삶의 공간이 제공되는 것이다. 물론 동일 공간이라도 시간을 달리하는 활동은 다른 삶의 방식과 기준을 요구하게 된다.

이러한 트렌드를 반영하듯 세계적으로도 도시의 시간 확장을 통해 야간경제를 활성화시키고, 신산업 육성과 일자리 창출을 목표로 추진하는 도시들이 증가하고 있다. 야간경제를 긍정적으로 도시에 적용하고자 하는 대열에 선 도시들로는 베를린, 시드니, 바르셀로나, 런던, 싱가포르 등이 있다. 야간경제 활성화를 추구하는 도시는 대개 개방성과 다양성을 갖는 포용도시, 국제도시를 지향한다. 분명 야간경제 적용에도 명암이 존재하지만, 세계인을 유인하고 경제 활성화, 소득증대를 추구하는 도시들의 노력은 실험과 진화를 거듭하고 있다. 지금은 어둠이 내려앉은 후 도시에서도 안전하고 지속가능하며, 다양한 분야의 포괄적인 상호작용을 이끌어내는 전략을 설계할 때이다.

이 책은 도시를 사랑하고 도시생존전략으로 다양성과 포용성을 중요하게 생각하는 사람들과 뜻을 같이 한다. 전작 공유경제에 대한 책을 쓸 때도 놓쳐버린 기회, 깨닫지 못했던 가능성, 한계를 극복해 새로운 시각을 제시하고 싶다는 생각이 출발점이었다. 이 책을 쓰게 된 동기도 마찬가지이다. 도시의 잠재력을 일깨워 재도약할 수 있는 방법이 무엇이 있을까하는 고민으로 시작되었다. 기존 사고, 가치관, 생각 등에 얽매이지 않고, 도시의 개방성과 포용성을 도시 생존과 발전의 근원이라고 했던 수많은 연구자와 시민들과 생각을 같이 한다. 실체적으로는 야간경제를 도시에 접목시키는 방법과 가능성을 제안해보고 함께 고민해보는 것이 본 책을 쓴 목적이다.

처음 집필을 시작했을 때 도시위기에 대한 거대담론을 어떤 방식으로 어떻게 풀 것인지 하는 고민으로 많은 시간을 보냈다. 인간, 도시, 기술, 혁신, 위기, 전환, 경제, 일자리, 소득 등 수많은 단어들이 헝클어져 있으면서 또한 서로 끈끈하게 엉켜있었다. 그 중 가장 오랫동안 머릿속에 가득했던 주제는 도시와 인간의 관계 설정에 관한 것이었다. 제1부는 이러한 의문으로 시작되어 현재 도시가 맞닥뜨리고 있는 위기와 인간의 관계에 대해 생각해보는 장이다. 제2부는 새로운 도시의 움직임과 지향하는 도시에 대한 내용으로 구성했다. 제3부는 본격적으로 도시의 밤을 깨우는 작업을 시작했다. 야간경제 개념과 등장배경, 문화, 관광 등의 영역과 접목시켜 24시간 도시를 표방하고 있는 도시들의 사례도 살펴보았다. 제4부는 야간경제 적용을 위한 성공과 실패의 요인을 살펴보고, 우리나라 도시에 적용할 수 있는 요건과 모델 등에 대해 이야기했다.

가능성을 열어둔다는 것은 무엇이 옳고 그른지 판단하는 것이 아니다. 가능성은 기회라고 바꿔 말할 수 있을 것이다. 우리가 살고 있는 도시는 계층, 인종, 취향, 가치관 등에 관계없이 사람들이 서로 존중하고 행복했으면 하는 바람이며, 그러기 위해서 여러 가능성을 열어두고 접근하자는 것이 저자의 바람이다. 사실 야간경제라는 주제가 국내 정서상 다소의 거부감과 우려가 있을 수도 있고, 이해하기 어려운 주제일 수도 있다. 그럼에도 변화의 시기를 대응하는 최선의 방법은 모든 가능성의 문을 여는 것부터 시작된다는 점에서 야간경제를 이야깃거리로 선택했다. 현재까지 야간경제를 별도 주제로 다루는 국내서적과 자료는 부재하다. 야간경제 분야는 기존 경제체제 내에 있으면서도 없는 것처럼 혹은 숨겨져 있는 듯 여러 부문에 걸쳐있기도 하다. 이를 별도로 분리해서 집중조명하고 잠재된 도시의 가능성을 열어보자는 취지에서 마지막 탈고의 과정에 이르기까지 긴 여정을 거쳤다. 세계도시들이 야간경제를 통한 경제 활성화와 일자리 창출의 길을 찾는 노력 또한 도시의 가능성을 확대시키는 노력이다. 야간경제는 어느 도시에나 존재하는 것이다. 그것을 어떻게 활용하고 조정하느냐는 도시의 주인이 결정할 문제이다.

CONTENTS

제3부

야간경제의 출현

제4부

도시전략 야간경제

제1부

위기의 도시, 도시는 변화하는가?

1.1. 뺏고 빼앗기는 도시

미래도시는 인구를 뺏거나 빼앗기는 도시로 양분될 것이라 예측된다. 몇몇 도시에 인구가 집중되는 현상은 일부 국가들에 한정된 이야기가 아니다. 유엔 인구보고서는 2030년이 되면 전체 인류의 70%인 50억 명이상이 도시에 살게 될 것이라고 전망했다. 1990년 인구 1000만 명이상의 도시를 칭하는 메가시티 수는 10개에 불과했다. 2014년 메가시티 수는 28개로 급속하게 증가했고, 2030년엔 40개 이상의 도시가 메가시티 급의 도시가 될 것으로 예측하고 있다.

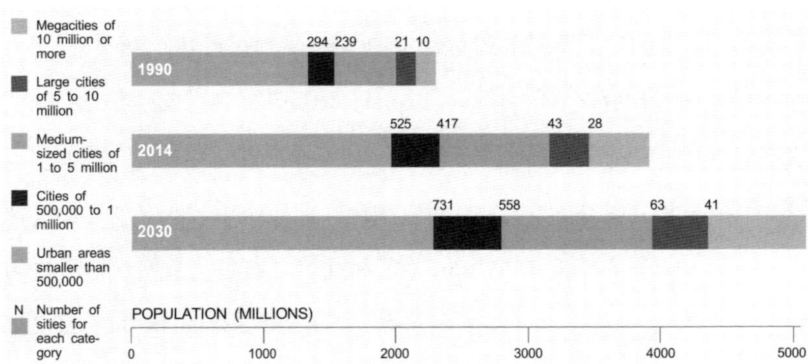

Global Urban Population Growth is Propelled by the Growth of Cities of All Sizes
UN(2014), World Urbanization Prospects

신흥국의 도시화 추세에 힘입어 세계적인 수준에서의 도시화율은 급속히 증가하고, 급기야 2050년이 되면 100억의 인구가 도시에 살게 될 것이라는 예측도 등장했다. 인류 태반이 도시에 살게 되면서 수용인구를 초과하는 상황이 전개되고 자원과 환경의 위기를 맞게 될 것이라는 전망은 이를 근거로 하고 있다. 이는 선진국에서 나타나는 인구감소현상과는 서로 상충되고 있어, 인구예측보고에 있어 인류차원과 국가차원으로 갈라진다. 전 지구적 차원에서는 인구증가로 지구 한계치에 도달했다고 하고, 또 다른 한편에서는 인구감소시대를 준비해야한다고 하는 상반된 이슈가 공존하고 있다.

사실 1960년 이래 세계적 기준에서 평균 출산율은 점점 낮아지고 있다. 그럼에도 2015년 기준 세계 평균출산율이 2.5명으로 발표되어 세계 인구가 유지되는 데 필요한 대체출산율 2.1명보다는 높은 수치이다. 인구성장을 주도하는 나라로는 인도, 인도네시아, 미국, 탄자니아 공화국, 콩고, 에티오피아, 파키스탄, 나이지리아 등이다. 이들은 평균 출산율이 여성 1명당 4명 이상을 기록하는 나라들이다. 대신 유럽과 우리나라는 합계출산율이 각각 1.6명과 1.05명(2017년 기준)으로 대체 출산율 이하를 기록하고 있다. 한국은 세계적으로도 유례를 찾기 어려운 저출산과 고령화 추세를 보이고 있어 세계적인 관심을 받고 있다.

2017년 유엔인구기금(UNFPA)『세계인구현황보고서』에 따르면 198개국 중 합계출산율 1.3명 이하의 초저출산국으로 보고된 나라는 9개국뿐이다. 이중에서도 한국은 2001년 이후 홍콩, 마카오, 그리스, 포르투갈, 폴란드 등과 함께 초저출산국으로 분류되고 있다. 10여년 이상 줄곧 초저출산 현상이 지속되면서 향후 재난에 상당하는 위협으로 다가올 것이라는 예측이 위기감을 증폭시키고 있다. 이와 함께 OECD회원국 중 평균 합계출산율 1.68명 이하를 기록하는 유일한 국가가 한국이다.

그보다 더 심각한 것은 2004년 이후 저출산 고령화문제를 국가적 아젠다로 설정하며 다양한 방법과 해결책을 제시하고 있으나, 점점 더 상황이 악화되고 있다는 데 우려가 더 크다. 현재까지 총인구는 증가하고 있으나 2031년 5,296만 명을 정점으로 총인구 감소현상이 전망되고 있다. 게다가 2016년 생산가능인구(15～64세)가 3,763만 명으로 정점을 기록한 후 급속히 감소하고 있어 인구구조의 고령화로 이어지고 있다.

범국가적 인구구조와 인구수의 변화로 인해 도시들 간 인구증가 대책의 실효성이 도시의 경제력과 지속가능성을 가늠하는 잣대 역할을 하게 되었다. 생산가능인구가 증가하는 도시는 재정수입이 증가해 기반시설 구비와 산업여건 등에서 유리하게 작용한다. 이는 투자와 소비 진작으로 이어져 경제 활성화와 정주여건이 충족되게 된다. 결국 도시들 간 얼마나 많은 인구를 유입시키고 정주하게끔 하느냐가 도시경쟁의 주요 테제로 떠오르게 되는 것이다.

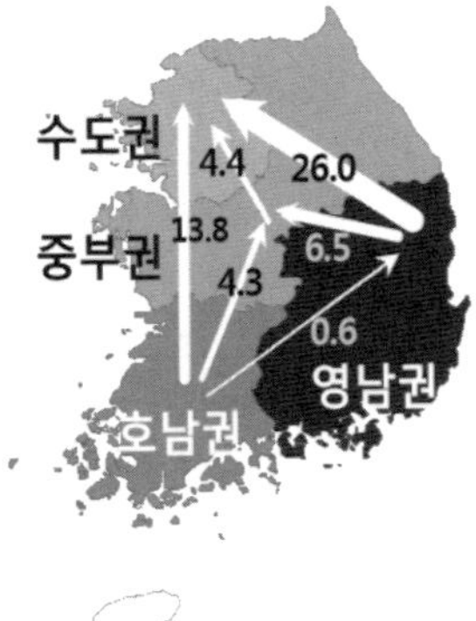

20~30대 권역별 인구순이동

자료: 통계청(2016)

주: 제주(순유입 4.7) 제외

특히 저출산, 고령화 속도가 빠른 우리나라의 경우 수도권으로 집중되는 일극 집중현상이 가세되면서 지방 소멸 위기까지 겹치고 있다. 20～30대 젊은 층의 수도권 집중 현상이 소득과 정주여건의 격차에 기인하고 있다는 데 일극집중현상이 단기적일 수 없어 더욱 심각하다.

우리나라의 인구구조 변화에 따른 지역소멸위험에 대해 한국고용정보원의

〈한국의 지방소멸에 관한 7가지 분석〉이라는 보고서 내용에 따르면, 인구가 줄어 지방소멸이 가시화할 날도 멀지 않음을 알 수 있다. 인구절벽이 현실화되는 상황이 도래하면 도시들 간 인구쟁탈전이 벌어질 것은 명약관화(明若觀火)하다.

지방소멸지수로 산정한 기준은 마스다 히로야가 쓴 『지방소멸』이라는 책에서 65세 이상 고령자인구에 대한 20~39세 여성인구 비율을 지방소멸위험지수로 하고 1.0을 최소방어선으로 한다. 아래 그림에서 보면 최소방어선 이하 지역은 지속적인 인구감소로 인해 지역소멸이 우려되는 지역이다. 1.0이하는 소멸 주의단계, 0.5미만은 소멸 위험단계로 구분할 수 있다. 소멸지수 1.0이상 되는 지역은 수도권을 포함한 광역시 이상의 도시에 불과해 몇몇 대도시 위주로 인구집중 현상을 보이고 있다는 점을 알 수 있다.

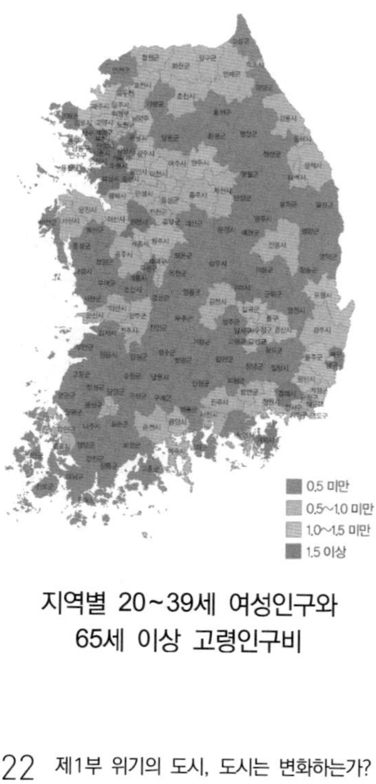

지역별 20~39세 여성인구와 65세 이상 고령인구비

대도시에서도 단순히 최소방어선 이상을 보인다고 하여 안심할 수준은 아니다. 7대광역시 중에서도 부산 0.82, 대구 0.93으로 최소방어선 기준치를 하회하기도 했다.

지방도시들 중 경기도를 제외한 다른 도시들은 모두 지방소멸주의단계로 기록되었다.

수도권과 대도시에 거주하는 젊은 층들도 주거비, 교육비 부담을 호소하고 있고, 경제적 안정성하락으로 인해 결혼과 출산을 기피하는 현상을 보여 잠재적으로는 머지않아 최소방어선이 무너질 수 있다는 우려를 안고 있다.

또한 지속적인 저출산과 고령화 현상으로 인해 대도시 내 자치구별로도 인구감소와 유출을 염려해야 할 상황이다. 도시별 인구이동에도 유형별로 각각 다른 모습을 보이고 있어 개별 도시여건과 특성에 차이가 있다. 특히 청년인구의 증가와 감소에 영향을 미치는 요인으로 산업경제적인 측면과 교육, 주거, 환경, 복지 등 다양한 정책들이 통합적으로 작용하고 있다. 이는 국가균형발전과도 연관되는 것으로 단순한 인구전략으로 대처할 수 없다. 즉 지역개발과 인구이동, 인구구조 문제 등 다각적이고 종합적으로 고려되어야 할 사항이다.

지역별 인구이동 유형별 분포

유형	특성	지역
전반적 증가형	거의 모든 연령대에서 인구유입	경기, 인천
청년인구 증가형	20~30대 젊은 인구만 유입	서울, 울산
부양인구 증가형	아동과 고령인구만의 유입	대전, 광주
청년인구 감소형	20대 인구 유출 다른 모든 연령대에서 인구유입	충남, 충북, 경남, 제주
인구구조 악화 감소형	모든 연령대에서 인구 유출	부산, 대구, 강원, 전북, 전남, 경북

출처: 이상림(2014), 시·도 단위 인구이동 유형과 지역고령화

현재까지 진행되고 있는 출산지원정책, 인구유입전략 등의 실효성이 의심받고 있어 획기적인 인구정책이 미흡한 상황에서 도시들 간

인구를 뺏고 빼앗기지 않으려는 노력이 더욱 가속화될 것은 당연한 일이다.

국내 도시들 간 인구를 유치하기 위한 노력들은 국내로만 한정되는 일은 아니다. 세계 도시들 간 인구쟁탈전은 국내보다 더욱 치열한 전쟁터를 방불케 한다. 특히 생산가능연령인구와 젊고 창조적인 인재들을 유치하기 위해 다양한 유인책을 도시생존전략으로 내세우고 있다. 세계 도시들에서 나타나는 인구변화 속도와 이동패턴은 도시들마다 다른 모습을 보인다. 개발도상국의 경우 메가시티에 더욱 집중되는 현상을 보이고, 미국 등에서는 상업과 경제 중심지가 있는 도심으로 인구가 집중되는 특성을 보이기도 한다.

인구가 집중되는 대도시와 경제·산업 중심지는 경제적인 기회가 많고 높은 삶의 질을 영위할 수 있는 환경이 갖추어진 곳이라는 공통점을 갖는다. 인구집중은 기술력과 인재가 충만한 여건을 조성하는 토대가 된다. 또한 일자리 창출과 편리한 생활을 위한 인프라 구축을 가능하게 하는 원동력이 되어 도시경쟁력 상승의 요인으로 작용한다.

이에 세계 각 도시들은 삶의 질 향상과 좋은 일자리 창출 기회를 만들기 위해 인재양성과 기술개발을 위한 투자촉진 전략을 펴고 있다. 인류문명 발전의 토대로서 도시는 본연의 특성상 다양한 기술력과 인재를 선호하고 자유로운 생각과 창의력, 기업가정신을 강조한다. 2000년대 들어 변화와 복잡성, 불확실성이 뉴 노멀로 인식되면서 문제해결능력, 민첩성, 혁신기술 등의 중요성이 강조되었다.

인시아드(INSEAD) 경영연구소에서 발표하는 세계인적자원경쟁력지수(GTCI: Global Talent Competitiveness Index) 상위그룹에 속하는 도시들은 공통적으로 다음과 같은 특성을 갖는다.

공통된 특성으로는 경제적 수요에 맞는 교육시스템, 유연하고 기업가정신을 우선시 하는 고용정책, 민관 이해관계자의 높은 연계성 등이 있다. 2018 인적자원경쟁력 상위에 랭킹된 도시로는 스위스 취리히, 스웨덴의 스톡홀름, 노르웨이 오슬로, 덴마크 코펜하겐, 핀란드 헬싱키 등이 선정되었다. 해당 도시들은 교육, 생활환경, 사업여건 등에서 다른 도시들에 비해 경쟁력을 갖춘 도시로 분류되었다.

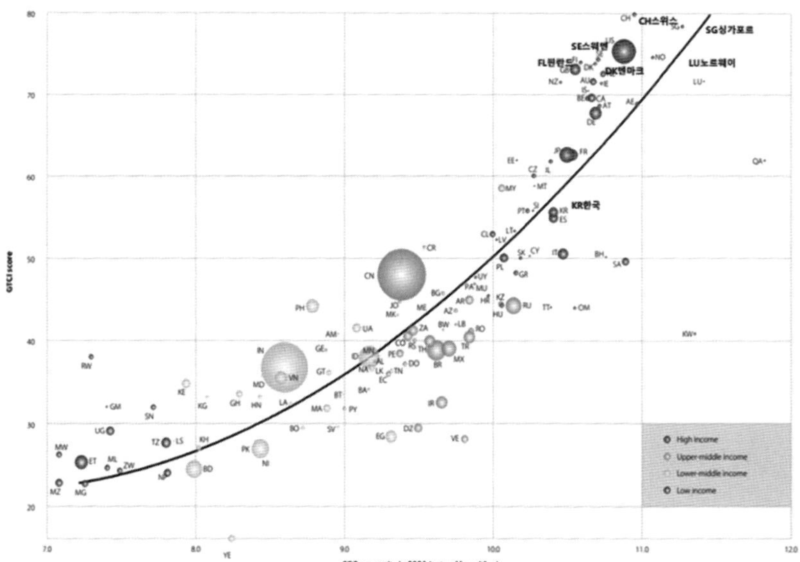

Note: GDP per capita in PPP$ and population data (represented by the size of the bubbles) are drawn from the World Bank's World Development Indicators database. The trend line is a polynomial of degree two (R2 = 0.77).

2018 세계인적자원경쟁력지수
(Global Talent Competitiveness Index 2018)

인적자원경쟁력지수(GTCI)가 높은 도시들이 속한 국가로는 스위스, 싱가포르, 미국, 노르웨이, 스웨덴, 핀란드, 덴마크 순을 보였다. 글로벌 인적자원경쟁력 순위와 소득그룹별 분류에 따른 분포를 살펴보면, 소득과 세계인적자원경쟁력지수(GTCI)가 서로 비례하고 있음을 알 수 있다. 즉 인적자원경쟁력 분야에서도 상위를 기록하는 국가들은 모두 고소득그룹으로 분류된 국가들이었다.

우리나라는 비즈니스 환경(Enable), 매력도(Attract), 성장성(Grow), 지속성(Retain), 고용·기술(Vt, Vocational & Technical Skills), 혁신·첨단기술(Gk, Global Knowledge Skills) 중에서 첨단기술력 부문(GK Skills)에서만 15위를 기록했고, 나머지 부문에서는 부진한 점수를 보여 전체 순위 30위에 머물렀다. 그 중에서도 세계적으로 유능한 인재를 유치할 수 있는 매력도(Attract) 부문에서 81위를 기록해 가장 취약한 점수를 보였다. 우리나라는 고소득 그룹에 속하는 국가임에도 불구하고 수년째 30위 안팎에 자리하면서 인적자원 양성의 성과가 미진하다는 평가를 받고 있다.

특히 4차 산업혁명을 주도할 경쟁력 있는 인적자원은 세계를 이동의 공간적 범위로 삼아 국가경계를 초월하는 세대적 특성을 갖는다. 즉 세계적인 인재 유치만이 미래시대 국가 혹은 도시 경쟁력의 전략이 된다. 일차적으로는 글로벌 스탠다드에 맞추는 전략적인 작업이 필요하다.

각국은 인재유치를 위한 다양한 방법을 제시하며 적극적으로 그들을 유인하고 있다. 미국은 학부 때부터 우수 학생을 유치하기 위한 재정지원과 선도적인 교육프로그램을 제공한다. 중국도 천인계획

(千人計劃)을 수립해 2,000명 규모의 인재영입 계획을 수립해 운영하고 있으며, 특히 과학기술인력과 기술특구 등을 유치하고 있다. 일본은 90년대부터 외국인을 대상으로 장학금, 이주지원 프로그램을 운영하고 있으며, 주요 기업에서는 국제화 지표를 만들어 인재유치를 위한 실질적인 노력을 기울이고 있다. EU는 역 내 국가들 간 전문인력 교류와 역외 국가들의 의료, 엔지니어링 분야를 연구하는 전문 인력을 유인할 목적으로 유럽연합 블루카드(EU Blue Card)[1]제도를 시행하기도 한다. 그 외 호주, 칠레, 캐나다, 러시아 등에서도 해외 고급인력 유입과 첨단 분야 투자유치를 촉진할 수 있도록 하는 창업비자(Startup Visa)를 발급하고 있다. 우수 인재 영입을 위한 도시들 간 치열한 경쟁은 그들에게 국가 혹은 도시의 미래가 달려있다고 판단해서이다. 이처럼 치열한 인재 유치 경쟁에서 우위를 차지하기 위해서는 단기적인 정책을 제시하는 것보다 일자리, 교육, 문화, 삶의 질 등 전반적인 여건 개선이 우선되어야 할 것이다. 이는 국제적 혹은 국내적 차원의 인재유치와 이동에 모두 적용되는 것이다.

1.2. 일자리와 네 번째 산업혁명

혁명이라는 말이 지금처럼 빈번하게 사용되는 것도 인류 역사상 유래를 찾기 어려울 것이다. 한 때 혁명이라는 말은 궁극의 위기에 놓였던 몇 안 되는 변혁기에나 가능했던 일이 아닌가 싶다. 혁명(Revolution)이라는 말은 별이 주기적으로 궤도의 한 지점에 회귀하는 현상을 일컫는 라틴어 레볼루티오(Revolutio)를 어원으로 한다. 우주의 질서를 가리키는 것으로 격렬한 변화보다는 질서정연한 천체 순환과 같은 거대한 큰 흐름을 말한다. 그런 의미에서 본다면 네 번째 산업혁명도 결코 완전히 새로운 것이 되진 않는다. 비분절적인 시간의 흐름에 이름을 부여한 것에 불과할 뿐 지금 현재도 매순간 흐르고 있다.

한편 혁명과 비슷하게 사용되는 말로 혁신(Innovation)이라는 말이 있는데, 이는 새로운 관습, 의식 등의 변화를 가져오는 활동을 강조하는 측면이 강하다. 어쩌면 현재의 상황에서 혁명이라는 표현을 즐겨 쓰는 것은 혁신의 단계를 넘어 모든 것이 변화하는 혁명(Revolution)의 시대를 살아가고 있음을 반증하는 것인지 모르겠다.

산업혁명(Industrial Revolution)이라는 용어는 1844년 프리드리히 엥겔스가 《The Condition of the Working Class in England》에서 처음 사용한 말이다. 이후 40년이 흘러 영국의 경제학자 아널드 토인비가 그의 저서 『산업혁명(The Industrial Revolution)』을 통해 산업혁명이라는 말을 구체화시키면서 전 세계적으로 널리 사용되게 되었다.

당시 1784년을 필두로 논의된 18세기 산업혁명은 철, 강철이라는 신소재, 석탄과 증기기관과 같은 신 동력원, 면직 산업에 새롭게 도입된 방적기, 역직기와 같은 신 기계, 새로운 공장식 생산과 노동 분업, 증기기관차, 증기선과 같은 운송 및 통신 수단에서의 신기술 발전 등으로 대표된다. 신소재, 신기술, 신 운영체제 등이 등장하면서 기술과 과학의 결합을 통해 정치·경제·사회 전반에서 다양한 변화를 가져오게 되었다. 드디어 기계가 인간의 노동력을 대체하는 시대가 도래하게 된 것이다.

이후 18세기 말 산업혁명 이후 1세기마다 새로운 산업혁명의 주기를 시간 축으로 연결하는 작업이 이루어졌다. 19세기 말은 2차 산업혁명으로 설정하고 20세기 말을 3차 산업혁명으로 설정했다. 21세기에 들어서면서 네 번째 산업혁명이 언급되기 시작하면서 어느덧 자연스럽게 4차 산업혁명의 시대에 살고 있음이 당연한 듯 받아들여지게 되었다.

네 번째 산업혁명에 관한 이야기가 회자되면서 관심 없던 사람들까지 이전의 산업혁명에 대해 관심을 갖게 되는 계기가 되었다. 4차 산업혁명에 대해 새로운 무언가를 염원하는 바람과 막연한 두려움에 이르기까지 다양한 논의가 이루어지고 있다. 4차 산업혁명에 대한 관심과 용어를 사용하는 정도가 국가별로 정책과 여건 등에 있어 차이가 있음을 감안하더라도 우리나라에서 이에 대한 관심은 과도한 수준이라고 인정되고 있다.

3차 산업혁명이라는 말은 2013년 제레미 리프킨이 발표한 저서 「3차 산업혁명(The Third Industrial Revolution: How Lateral Power Is Transforming Energy, the Economy, and the World)」을 시작으로 한다.

4차 산업혁명이라는 용어가 탄생하는 과정에는 3차 산업혁명에 대한 인정이 필요했는데, 2011년 독일 하노버 산업박람회에서 제조업과 IT 결합을 선보이며 인더스트리 4.0이라는 용어를 사용했다. 당시 사용한 인더스트리 4.0은 4차 산업혁명을 지칭하는 것이 아니라 독일 정부가 역점을 두는 제조업 분야의 디지털화를 통한 스마트 팩토리 기술 전략 수준이었다. 이후 2015년 독일 하노버 산업박람회에서 앙겔라 메르켈 총리가 앞으로 세계를 리드할 핵심 키워드로 4차 산업혁명을 제시하기에 이르렀다. 2016년 세계경제포럼(World Economic Forum, 이하 WEF) 의제로 4차 산업혁명이 제기되면서 세계적인 관심이 집중되었다.

4차 산업혁명에 대응하기 위한 독일의 'Industrie 4.0', 미국 GE 등의 'Industrial Internet'은 생산시설 및 유통 등 산업면에서 IOT (Internet of Things)를 도입해 ICT네트워크 형성을 구상한 것이다. 2013년 마르코 안눈치아타(Marco Annunziata) GE 수석 이코노미스트는 TED 강연을 통해 'Industrial Internet'은 ICT 기술을 활용해 생산성 향상과 비용 절감을 지원하는 산업서비스로 빅 데이터를 분석하고, 운용·보수 및 제품 개발에 활용함으로써 제조업 비즈니스 모델을 바꾸는 노력이라고 하였다. 빅 데이터 분석을 통해 운용 최적화와 고장의 전조를 발견하는 등 효율성 향상을 기할 수 있다. 또한 제조업 분야의 생산 설비, 유통, 소비 등과 ICT 네트워크 형성을 통해 효율적인 생산을 실현하는 것도 포함된다.

21세기 들어서면서 등장하는 네 번째 산업혁명은 근본적인 변화(Fundamental Change)를 제기하는 계기를 제공하고 있다. 세계경제포럼 클라우스 슈밥 회장은 4차 산업혁명은 '3차 산업혁명을 기반으로 디지털, 생물학, 물리학 등의 경계가 없어지고 융합되는 기술혁명'이라고 했다(The Fourth Industrial Revolution: What It Means, How to Resopnd", World Economic Forum, Klaus Schwab. 2016. 1. 14). 즉 별도로 동떨어진 기술혁명이 아니라 3차 산업혁명의 연장선에서 기존 것들과의 융합을 말한다.

인류가 이룩한 기술발전을 통해 지금까지 네 차례의 산업혁명이 기록되고 있다. 이미 증기기관의 발명에 따른 1차 산업혁명, 석유·전력 사용에 의한 2차 산업혁명을 통해 기계가 인간 노동력을 대체하는 변화를 경험했다. 2차 세계대전을 거치면서 군사기술과 전자, 화학공업의 대 발전을 겪으면서 경공업에서 중화학 공업으로 산업의 변화를 가져왔다. 1970년대 이후 반도체와 퍼스널 컴퓨터가 등장하고, 인터넷이 발달되면서 ICT 활용에 의한 3차 산업혁명을 체험한 바 있다. 인터넷 발달로 수평적인 커뮤니케이션이 발달되면서 정보공유가 확산되었다. 그리고 현재는 3차 산업혁명 기반의 기술과 지능화, 디지털과 물리 세계의 결합, 바이오 분야의 혁신까지 아우르는 변화의 시대를 겪고 있다. 물론 1차 산업혁명에서 4차 산업혁명에 이르기까지 혁명에 견주는 변화를 가져오는 동인은 모두 기술(Technology)을 전제로 하고 있어 기술결정론적 시각에 국한된다는 한계성을 제기하는데 있어 완전히 자유롭지 못한 점은 있다.

4차 산업혁명이 다보스 포럼에서 주제로 선정되면서 확산되기 시작했지만, 논의의 출발점이 되었던 독일에서는 널리 사용되지 않은 개념이기도 하다. 독일 연방정부가 2006년부터 미래 하이테크 전략으로 추진하고 있는 10대 미래과제 실행계획 중 아홉 번째가 바로 인터스트리 4.0이다. 연방 경제에너지부 홈페이지에 따르면, 인터스트리 4.0은 정보와 소통기술을 기반으로 하는 인간과 기계와 산업 생산과정의 지능적인 연결을 말하며, 산업생산 기획, 개발, 생산, 판매, 재활용에 이르는 전 과정을 디지털화하는 것이라 요약할 수 있다.[2] 현재까지 논의되고 있는 산업혁명의 발전단계별 특징을 살펴보면 다음과 같다.

단계별 산업혁명의 특징

단계	시기	키워드	특징
1차 산업혁명	18C	기계화	▶ 동력–수력 및 증기기관, 기계식 생산설비 (1.0 Mechanical Production Facilities Water and Steam)
2차 산업혁명	19~20C	전기화	▶ 자동화–노동 분업, 전기, 대량생산 (2.0 Mass Production Electricity)
3차 산업혁명	20C후반	정보화	▶ 디지털–전자기기, IT, 자동화 생산 (3.0 Use of Electronics and IT Automation)
4차 산업혁명	2015~	지능화	▶ 융합–사이버 물리시스템 (4.0 Cyber-Physical Production System)

자료: World Economic Forum

한편 4차 산업혁명의 도래에 맞는 전략을 강구하고 국가 생존전략으로 삼고 있는 우리에게 경제사회 사상가 제레미 리프킨은 4차 산업혁명은 아직 도래하지 않았다고 일침을 가하기도 한다. 제레미 리프킨은 경제적인 혁명의 시기는 신 커뮤니케이션 기술과 신 에너지 체계가 결합될 때 일어난다고 했다. 그는 과학기술의 발전이 정치, 경제,

사회에 어떤 영향을 미칠 것인지 예측하며 엔트로피(1980), 노동의 종말(1995), 소유의 종말(2000), 공감의 시대(2010), 제3차 산업혁명(2011), 한계비용 재로사회(2014) 등의 책을 펴낸 세계적인 베스트셀러 작가이자 미래전략가이기도 하다. 현재 우리는 3차 산업혁명의 진전으로 자동화, 디지털화가 진행되고 있는 상황이라고 한다. 그리고 이를 통해 공유경제 시대로 나아가는 방향을 설정한 것일 뿐, 여전히 3차 산업혁명의 시대를 살아가고 있다고 강조한다. 3차 산업혁명은 아직 진행 중이라는 제레미 리프킨은 4차 산업혁명이라는 말은 세계경제 포럼이 마케팅 차원에서 도입한 말이라고 주장하며, 누구도 4차 산업혁명에 대한 명확한 정의를 내리지 못함을 그 이유로 설명한다.

일각에서도 4차 산업혁명은 과장된 개념이며, 2010년대 초반부터 인더스트리 4.0을 표방하고 있는 독일이 자국의 제조업 경쟁력 보호를 위한 전략에 불과하다고 주장하기도 한다. 또한 세계경제포럼의 슈밥 회장이 독일 출신이라는 점을 근거로 들며 인용하기도 한다. 특히 변화 측면에서 살펴볼 때 네 번째 산업혁명으로 명명한다면, 기술발전과 산업을 통해 사람들의 생활양식과 구조 자체가 근본적으로 변하는 인식체계의 변화(Paradigm Shift)가 일어나야 한다. 그렇지만, 현재 특징적으로 눈에 띄는 변화를 찾아보기 어렵다.

미국 MIT공대 에릭 브리놀프슨과 앤드류 매캐피는 ICT기술과 인공지능, 로봇 기술을 제조업 분야로 가져와 디지털과 자동화를 추구한다는 의미에서 4차 산업혁명이라 지칭되는 현상을 '제2의 기계시대'라고도 했다. 지칭하는 용어의 적합성 여부를 떠나 4차 산업혁명의 대표적인 기술이라 지칭되는 인공지능과 로봇 등의 기술은 기존 컴퓨터 기술과 자동화 발전의 연장선상에 있는 것이지 별개의 생산요소와 기술이 투입된 것은 아니라는 것이다.

제레미 리프킨 등의 주장에도 불구하고 2008년 금융위기 이후 전 세계는 새로운 돌파구를 찾느라 바쁜 와중에 세계경제포럼이 4차 산업혁명이라는 화두를 던진 셈이다. 4차 산업혁명에 대한 관심 정도는 주요 선진국들과 우리나라가 차이를 보이고 있다. 일부에서는 우리나라에서만 유독 4차 산업혁명의 열풍이 불고 있는 현상이라고까지 한다. 이는 정보통신기술(ICT)의 융합을 통해 새로운 혁명의 시대를 구현하고자 하는 국가들의 정책과 비전에 따라 온도차가 다르다고 표현하는 것이 더 적합할 것이다. 물론 기술 중심으로 지나치게 과장하거나 조급하게 접근하기보다는 장기적인 관점에서 인간이 중심 되는 산업혁명의 발판을 조성해야 할 것이다.

4차 산업혁명을 지원하는 6대 핵심기술로는 빅데이터, 인공지능(AI), 로봇공학, 양자암호, 사물인터넷(IOT), 무인운송수단, 3D프린팅, 연결·표시기술(5G, VR, AR 등)이 있다. 특히 인공지능(AI)의 등장은 4차 산업혁명의 핵심이라고 할 수 있다. AI기술력은 2016년 3월 Google이 개발한 알파고(AlfaGo)와 세계 최고의 바둑기사 중 한사람인 이세돌의 경기에서 4승 1패로 승리를 거두면서 AI가 인간을 능가할 수 있음을 증명하였다.

기술 발전의 연장선에서 볼 때 기술 발전이 가속화되는 과정에 어느 순간 기존의 해석과 기준이 적용되지 않는 지점에 이르게 된다. 이를 특이점(Singularity)으로 번역하기도 하고 싱귤레러티라고 표현하기도 한다. 특이점을 주장하는 대표적인 학자로 버너 빈지(Vernor Vinge)

와 레이 커즈와일(Ray Kurzweil), 존 폰 노이만 등이 있다. 수학자이자 소설가인 버너 빈지(Vernor Vinge)는 1983년 잡지 기고문과 1993년의 논문 '다가오는 기술적 특이점'을 통해 최초로 그 개념을 정의했다. 존 폰 노이만은 인공지능(AI)의 발전이 가속화되어 모든 인류의 지성을 합한 것보다 더 뛰어난 초지능이 출현하여 인류 역사를 단절시킬 수 있다고 하는 기술적 특이점(Technological Singularity)을 제시하기도 했다. 구글 엔지니어링 담당이사 레이 커즈와일은 "인공지능은 화성에서 온 외계인이 아니라 인간이 만든 산물로 인간의 삶을 풍족하게 해줄 도구로 두려워할 필요가 없다"고 말하고 있다. 기술적 특이점에 대한 논의는 연구자들마다 다르지만 최근 딥러닝(Deep Learning, 심층학습)과 같은 AI기술의 진전을 통해 특이점(Singularity)이 현실화 될 가능성이 높아지고 있음을 느끼고 있다.

AI는 로봇 기술과 결합하여 더 큰 사회적 영향력을 가지게 된다. 일본 소프트 뱅크의 감정로봇 페퍼(Pepper)는 감정 엔진과 클라우드가 연동하는 클라우드 AI를 탑재해 2014년부터 판매되고 있다. 현재까지 로봇에 탑재되어 있는 AI의 능력에 한계는 있지만, IBM의 AI시스템 왓슨(Watson)을 탑재해 스스로 학습하는 능력과 데이터를 발전시켜 영업판매, 금융컨설팅, 고객 응대, 안내 서비스 등 커뮤니케이션도 가능해지게 되었다.

AI와 이를 적용한 로봇의 등장은 우리의 예상보다 빨리 사회전반에 큰 변화를 가져오고 있다. 일례로 2018년 부산 신항에 국내 최초 무인자동화 기반의 스마트 항만 구축 계획에 관한 논란을 들 수 있다. 정부가 신규 항만터미널을 건립하면서 국제적인 물류 경쟁력을 향상시키기 위해 인공지능(AI), 로봇기술 등을 활용한 완전무인자동화 시스템을 도입하기로 한 가운데 3천개 이상의 일자리가 사라질 수 있다는 분석이 나왔다. 항만의 무인자동화는 생산성 향상과 비용 절감효과 등의 큰 장점이 있지만, 기존 근로자들의 일자리를 없애버리는 결과를 낳는다. 해양수산개발원은 현재 3조 2교대로 운영하는 기존 장비 운전인력과 사무직 등 약 80%의 일자리가 사라질 것으로 전망하고, 항만운송노동연구원도 터미널 현장 근로자의 88%가 일자리를 잃을 것으로 예상했다. 4차 산업혁명을 통한 신성장 동력 확보와 일자리 감소라는 딜레마를 실제로 경험하게 되는 사례이다.

기술혁명으로 새로운 시대를 열어가자는 의도로 시작된 4차 산업혁명도 사실은 지속적인 성장을 당연한 상식으로 받아들인 것에서부터 출발한다. 경제가 인류 생존과 발전의 도구로서의 역할을 했다면, 여기에 영향을 미치는 것이 결코 기술만은 아니라는 반론이 등장하면서 4차 산업혁명의 실체와 적용에 관한 고민들이 계속되고 있다. 물론 격동의 신세기에 인류는 분명 새로운 해법을 찾을 것이라는 낙관론도 지양해야 하지만, 4차 산업혁명만이 인류 미래 발전을 약속한다는 기술 결정론적 관점도 금기해야 할 것이다. 무엇보다도 역사적으로 산업혁명을 이끌었던 동기는 기술이 아니라 인간의 필요성에 기인하고 있다는 사실에 주목할 필요가 있다. 기술은 만병통치약이 될 수 없다. 정의와 가치로 무장한 사람중심 4차 산업혁명의 길만이 무수히 생겼다가 사라지는 개념들 속에서 제 갈 길을 찾을 수 있을 것이다.

1.3. 양극화와 새로운 2 : 8시대의 도래

집단의 성장은 상위 20%가 주도하고 나머지 80%는 이를 따른다. 8대 2법칙이라고도 하는데 처음 주창한 사람의 이름을 따 파레토 법칙이라고 한다. 자본과 관련된 것 뿐 아니라 조직운영, 게임이론, 엔지니어링 등 다양한 분야에 파레토 법칙을 적용했다. 100여년 전 이탈리아 경제학자 빌프레도 페데리코 다마조 파레토(Vilfredo Federico Damaso Pareto)는 당시 이탈리아의 소득불균형에 대해 문제의식을 가지고 있었다. 그는 이탈리아 사람들의 재산분포를 살펴본 결과 20%의 사람들이 전체 부의 80%를 가지고 있다는 것을 발견했다.

연구결과는 분배의 불평등을 나타내는 지수로 사용되기도 하고, 사회현상을 관찰해 미래를 예측하는데 활용되기도 하면서 사회, 경제, 마케팅 등 전반적인 분야에서 인용되고 있다. 그뿐만 아니라 인류발전의 과정과 역사 서술에도 인용되면서 인류발전에 기여하는 20%의 영향력 있는 계층에 대한 투자와 발전을 독려하며, 선택과 집중전략의 이론적 근거로 이용되기도 한다. 이를 경제학적으로 해석해 20%가 부의 80%를 가져가는 것은 당연한 사회현상이니, 20%의 독점을 막지 말고 충족시켜 낙수효과를 가져와 발전을 도모하자는 전략으로 해석되기도 했다.

파레토 법칙은 파레토 최적, 파레토 효율 등으로 명명하면서 100년 이상 경제학과 경영학 등에 적용되었다. 오랜 기간 진리로 받아들여지면서 사고체계와 가치관을 지배했다. 한정된 공간과 재원으로 상품을 공급해 이익을 추구하던 기존 경제체제에는 효율적인 선택과 집중전략은 타당해보였다. 사실 파레토 법칙은 탑다운 방식의 단방향식 의사결정과 생산체계에 준용해 최적, 효율을 요구하던 시대적 요구에 적합했다. 하지만 다양하고 다원화된 사회경제시스템으로 전환된 이후 기존 방식을 그대로 적용하는 데에 한계성이 드러나기 시작했다. 사실상 디지털화와 세계화를 통해 확장된 시·공간의 변인들을 설명하고, 통제하기 어려운 상황에 대한 논거를 제시하지 못했다.

그러다가 2000년대 이르러 기술전문 잡지 와이어드의 크리스 앤더슨(Chris Anderson)이 주장한 롱테일(Long Tail) 법칙이 등장했다. 롱테일이라는 말은 80%를 차지하는 긴 꼬리 그래프 모양을 따서 만든 말이다. 파레토 법칙과는 상반되는 면이 많아 80%의 가치와 영향력에 대한 부분에서 서로 다른 대척점에 있다.

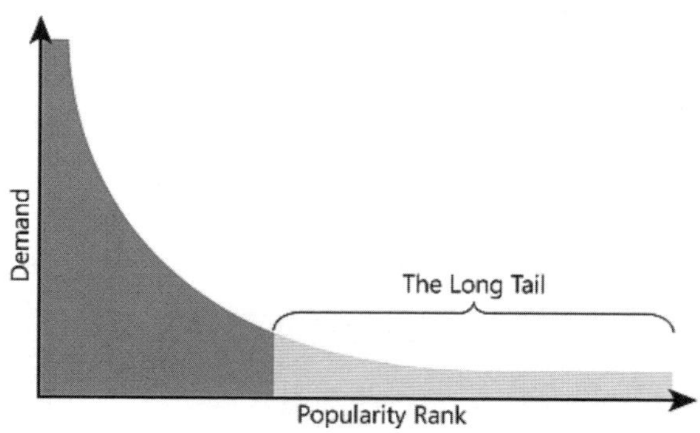

파레토 법칙에서는 20%의 영향력이 큰 것으로 말하고 있지만, 롱테일 측면에서 보면 전체 구간으로 보아 80%가 차지하는 범위가 더 넓고 길어서 더 큰 영향력을 미친다고 하는 것이다. 그동안 소외되

거나 마이너로 취급받던 비주류를 니치 시장으로 끌어들이고, 이들을 합쳐 유의미한 숫자로 만들어낸다는 것이다. 기존 파레토 법칙이 소품종 대량 생산시스템을 설명하는데 유리했다면, 롱테일 법칙은 다품종 소량생산체제와 Web 2.0시대를 설득하는데 이용되고 있다. 앤더슨이 주장하는 롱테일 경제학에서도 기존 히트상품 중심의 사고에서 벗어나 틈새시장을 공략해야 한다고 했다. 아마존, 넷플릭스, 이베이, 구글 등의 사례를 들어 롱테일의 영향력을 강조하고 있다.

사실 롱테일 이론이 등장하게 된 배경에는 디지털 경제라는 배경이 자리하고 있다. 이는 사용자가 직접 콘텐츠 생산에 참여하고 공유하는 쌍방향 기술인 Web 2.0 기반이 갖추어져야 롱테일의 영향력을 펼 수 있다는 것이다. 웹기반을 토대로 하는 디지털 경제에서 롱테일의 영향력이 커질 수 있도록 기여하는 엔진으로는 다음 세 가지를 들 수 있다.

첫째, 저렴한 콘텐츠 생산비용을 들 수 있다. 인터넷이라는 공유제를 통해 큰 돈 들이지 않고 디지털 콘텐츠를 생산하고 유통시킬 수 있다. 게다가 콘텐츠를 보관하고 유지하는데 있어서도 비용이 저렴하다. 대형 저장소나 창고를 만들 필요 없이 인터넷 클라우드에 저장할 수 있을 뿐만 아니라 필요할 때마다 제때 만들면 된다.

둘째, 콘텐츠 유통 비용이 저렴하다. 인터넷 망만 있다면 동영상 공유사이트를 통해 언제든지 유통시킬 수 있고 또한 접근할 수 있다.

셋째, 콘텐츠 생산자와 소비자를 이어주는 중간자가 확산되고 있다. 롱테일이 영향력을 발휘하기 위해서는 각자가 생산한 너무나도 방대한 콘텐츠를 걸러주고 골라주는 중간자의 역할이 중요하다. 대표적인 영향력 있는 중간자 역할자로 꼽을 수 있는 것이 구글이나 네이버 검색이다. 이들은 평판, 후기 등을 통해 롱테일 세상에서 생산자와 소비자를 연결하는 중간자적 역할을 하고 있다. 여태 변두리에 있거나 소외되었던 롱테일 영역의 반격은 산업, 문화, 경제, 정치 등 거의 모든 분야에서 일어나고 있는 현상이다. 경제 분야에서 나타나고 있는 공유경제도 대표적인 롱테일의 확산이라고 말할 수 있다.

파레토 법칙과 롱테일 법칙은 산업구조에 따른 부의 집중과 영향력을 설명하는 기준으로 설명되기도 하지만, 인류 발전 과정을 설명하는데 인용되기도 한다. 파레토 법칙은 20%의 상위계층 혹은 리더에 의해 인류 문명과 발전이 만들어지고, 나머지 사람들은 수용과 추종의 역할을 한다는 설명의 이론적 근거가 되기도 했다. 이와는 대조적으로 롱테일 법칙에서는 소외된 계층의 영향력이 점차 커지게 되고 급기야 더 큰 영향력으로 확산되면서 전체에 영향을 미치게 될 것으로 예측한다.

하지만 인류 발전과정을 설명하는데 있어 파레토 법칙과 롱테일 법칙 중 어느 하나의 기준이 절대적이라고 단정 지을 수 없다. 법칙과 원리, 이론은 당시의 지식구조와 의미, 시대상 등 그 시대에 공유되고 있는 암묵적인 언어표현이다. 여기에서도 법칙이라는 표현을 썼지만 절대적 자연법칙과 같은 것을 말하는 것은 아니다.

최근에는 상위 20%가 주도하거나 소외된 롱테일이 세상을 변화시킨다고 하는 파레토법칙과 롱테일법칙에 관한 논의도 변화를 맞이하고 있다. 사회를 움직이는 세력과 자본을 해석하는 데 있어 새로운 기준이 출현하고 있다. 특히 ICT와 블록체인 기술에 대한 관심이 높아지면서 분산권력형 사회를 지향하는 논의에 자리를 내어주고 있다.

신자유주의의 부상과 교통·통신기술의 발전은 90년대 이후 ICT 기술과 인터넷 기업들이 수혜자로 자리하는데 기여했다. 아마존, 구글, 페이스북 등과 같은 이들 기업은 수수료와 광고 등을 통해 세계 굴지의 기업으로 성장하였다. 이들 기업들은 표면적으로는 경제적 이득을 목표로 운영하지 않는다. 대신 정보를 기업의 최고 가치와 목표로 삼는다. 과거 생산요소 투입을 통한 금전적 이익을 기업의 궁극적인 목표로 삼았다면, 정보사회에서는 정보를 가공·처리·유통하는 과정에서 세상을 움직이는 동력이 생성된다. 이들은 이러한 특징을 기업 운영시스템으로 장착하고, 나름의 플랫폼으로 내적 생태계를 구축하며 정보의 집중을 가져왔다.

정보의 힘은 독재정권을 붕괴시킬 정도로 막강하다. 정치, 경제, 사회, 가치관, 사상체계 등 세상에 알려진 그 무엇도 정보와 유리시켜 생각할 수 없다. 최근 페이스북, 구글 등의 정보유출사건 파문이 큰 파장을 가져오는 이유도 여기에 있다. 정보의 집중은 세상을 움직일 수 있는 열쇠를 한사람이 가지고 있는 것과 같다.

이에 몇몇 기업과 시스템에 집중된 중앙집중적 플랫폼을 변화시키는 전략으로 블록체인이 등장하게 되었다. 블록체인은 정보 분산을 통한 보안과 권력의 분산을 지향한다. 수수료나 중앙의 간섭 없이 P2P(Peer to Peer)거래를 가능하게 하는 것이다. 블록체인은 중앙집중식의 정보 플랫폼을 해체하고 분산장부를 만든다. 각 분산장부에서 정보를 공유하고 연결해 안전성과 신뢰성을 구축하자는 시스템이다. 기존 플랫폼 비즈니스로 생태계를 구축하고 있는 기업들은 블록체인이 성장할수록 광고와 수수료를 통한 그들의 수익체계가 피해를 받기 때문에 엄청난 반발을 하고 있다. 현재 분산시켜 연결한다는 블록체인의 이상과 권력 분산과정의 현실이 끊임없이 투쟁 중이다.

그래서 블록체인에 대한 기술연구와 검증작업은 아직도 진행 중이다. 인터넷의 등장으로 가상공간이라는 또 다른 차원의 문이 열렸고, 거기에 참여하는 모든 사람들에게 접속 기회를 주고 새로운 라운드가 제안되었다. 그랬던 것처럼, 블록체인 기술 또한 새로운 분산권력을 지향하고 있는 중이다.

한편 스페이스 엑스·테슬러 모터스 CEO 엘론 머스크는 인공지능(AI)이 상용화되면 20%인간만이 의미 있는 직업을 갖게 될 것이라고 전망했다. 인공지능이 인간이 하던 일의 80%를 빼앗게 되어 결국 20%의 직업이 있는 인간과 80%의 직업이 없는 인간으로 나뉘게 된다는 것이다. 옥스포드 대학 프레이 교수는 2013년 발표한 논문에서 10～20년 후 직업의 47%가 기계로 대체된다고 했다.[3]

일본의 경영컨설턴트 스즈키 타카히로는 「직업소멸」에서 "30년 후에는 대부분의 인간이 일자리를 잃고 소일거리나 하며 살 것"이라고 전망했다. 그는 인간의 다리, 뇌, 팔, 얼굴(표정), 손가락 순서로 AI 기술이 인간의 능력을 뛰어넘을 것이며, 2035년에는 인간능력을 초월하는 로봇이 등장할 것이라고 했다. 이와 같은 맥락으로 한국고용정보원의 연구(2017년)에서도 현재 사람이 수행하는 업무의 상당부분이 쓸모가 없어질 것이라고 예측했다.

2016년 세계경제포럼(WEF)에서는 기술변화로 인해 선진국과 신흥국을 포함한 15개국에서 약 200만개의 일자리가 새로 생기지만, 약

700만개의 일자리가 사라지게 되어 결국 전체적으로는 약 500만 개의 일자리가 없어질 것이라고 했다. WEF는 2015년부터 2020년까지 일자리가 가장 많이 사라지는 직업군은 사무 및 행정(475만개)분야인 반면, 일자리가 가장 많이 생기는 직업군으로는 사업 및 재정운영(49만개)이라고 했다.

직업별 순고용 증감 현황(2015~2020)

(단위: 천명)

순고용 감소		순고용 증가	
사무/행정	-4759	사업/재정운영	492
제조/생산	-1609	경영	416
건설/채굴	-497	컴퓨터/수학	405
디자인/스포츠/미디어	-151	건축/엔지니어링	339
법률	-109	영업/관리직	303
시설/정비	-40	교육/훈련	66

자료: World Economic Forum, The Future of Jobs Survey

생산적인 일을 하는 '직업'이라는 형태가 없어지는 미래가 예견된다면 소수의 직업을 가진 자와 직업이 없는 다수의 사람이 사는 세상은 어떤 모습일까? 인문학적 시각에서는 신기술 발전으로 육체적으로 편안해지는 인간이 실현되면서 정신노동의 영역까지 더욱 편해지고자 하는 인간욕망의 수레바퀴에 편입되게 되었다고 해석하기도 한다.

직업 없는 소득과 소득 없는 직업이 생기게 된다. 직업이라는 형태로 소득을 창출하는 방식이 이전의 패러다임이었다면, 신 산업혁명의 시대에는 소득 없는 직업에 대한 가치를 부여해야 할 필요가 있다. 신기술발전의 가속화는 직업의 변화와 감소에 대한 우려와 걱정을 점차 현실화하면서 디스토피아적인 미래를 예견하기도 한다. AI로봇은 단순 노동자의 일자리를 빼앗고, 산업이 창출하는 경제적 부가가치는 AI 로봇에 다시 투자하게 되어 기술력을 갖는 국가와 투자자에 집중되게 된다. 이런 상호 연쇄작용에 의해 국가 간 혹은 국가 내 빈부격차가 확대된다. 일자리가 없어지면서 거리에는 실업자가 넘쳐나게 되고 사회적 혼란과 소비가 고갈되는 문제가 발생하게 된다. 그리고 이를 해소하기 위한 대책으로 기본소득과 같은 부의 분배에 관한 새로운 시책이 필요하다는 것이 일반적인 미래 예측 시나리오이다. 시간이 흐를수록 더욱 더 정교해진 기계가 인간의 삶에 깊숙이 개입하게 되는 미래, 신인류는 무엇을 할 것인가 그것이 고용, 직업, 노동의 미래를 논하는 주제가 될 것이다.

1, 2차 산업혁명으로 기계가 도입되면서 일자리를 잃어버렸던 노동자들은 공장의 노동자로 새로 편입되었고, 1875년부터 100년 동안 영국 근로자 소득은 3배가량 증가했다. IT 혁명이라 불리는 3차 산업혁명에 의한 노동 생산성은 이전 생산성 속도를 상회하는 큰 성장을 보였다. 그렇다면 AI, 로봇 등 신 ICT 기술을 동력으로 하는 4차 산업혁명이 과연 새로운 산업 변화를 어떻게 어떤 형태로 가져올 것인가 하는 물음에 세계경제는 주목하고 있다.

아직까지는 기존 산업에 대한 파괴적인 혁신이 신 산업의 부가가치 창출을 상쇄하는지, 아니면 기계에 의한 노동 대체로 노동 부가가치 자체의 축소가 일어나고 있는지 분명하지 않다. 그럼에도 분명한 것은 눈에 띄는 노동 생산성의 향상이 보이지 않는 것이다.

노동과 산업구조라는 두 가지 측면의 변화를 감안하면 현 단계에서 노동대체에 따른 비관적인 예측은 다소 치우친 견해라고 볼 수도 있다. 이전까지 산업혁명의 과정을 볼 때 사라진 직업도 있지만, 분명 새롭게 탄생한 직업이 더 많았다.

그렇다면 4차 산업혁명의 도래로 인해 인공지능, 바이오 등 새로운 하이테크놀로지에서 필요로 하는 전문기술 분야의 고용증가를 기대하는 것도 무리는 아닐 듯싶다. 다만 급속한 기술발전과 현 정치·경제·사회 시스템 사이의 간극이 커지고 있어 이들의 차이 극복에 민감하게 반응해야 할 필요성은 분명히 있다.

4차 산업혁명을 준비하기 위한 5대 요소별 5 국가 순위

순위	국가	노동시장 유연성	기술수준	교육 시스템	SOC 수준	법적보호	전체
1	스위스	1	4	1	4.0	6.75	3.4
5	미 국	4	6	4	14.0	23.00	10.2
12	일 본	21	21	5	12.0	18.00	15.4
13	독 일	28	17	6	9.5	18.75	15.9
25	한 국	83	23	19	20.0	62.25	41.5
28	중 국	37	68	31	56.5	64.25	55.6

자료: UBS(2016), 『Extreme Automation and Connectivity: The Global, Regional and Investment Implications of the Fourth Industrial Revolution』

기업·산업의 변화에 대한 미래의 사회적 고용 변화에 대응할 수 있는 교육제도 등을 갖춰 가면서 새로운 시대에 적응할 필요가 있다.

결론적으로, 4차 산업혁명 혜택을 최대화하기 위해서는 노동시장 유연성과 기술 인프라, 교육, 법과 제도적 문제 등을 개선해야 하는 필요성으로 귀결된다.

1.4. 이제껏 경험하지 못한 속도와 범위

미래학자들에 의하면 인류는 이전까지 경험하지 못했던 변화의 속도(Velocity)와 범위(Scope)를 경험하게 될 것이라고 예측하고 있다. 폭발적인 과학기술의 발전으로 인간이 생각하지 못할 수준의 새로운 문명이 탄생하는 시점이 다가온다고 한다. 싱귤레리티(Singularity, 특이점)가 언급되고 있는 이유도 바로 여기에 있다. 싱귤레리티 연구자들 중 레이 커즈와일(Ray Kurzweil)이 말하길 2045년이 되면 인공지능(AI)이 인간지능을 완벽하게 뛰어넘는 특이점(Singularity)이 도래하게 될 것이라고 했다. 인류가 겪었던 이전의 산업혁명 경험을 초월하는 예측불가의 급격한 변화를 겪을 것이다. 그리고 이러한 변화의 결과에 대해 긍정 혹은 부정으로 단언할 수 없다.

현재의 기준으로는 단연코 미래에 대한 긍정적 혹은 부정적인 결론을 제시할 수 없다. 사실 과거, 현재, 미래라는 시간적 상황은 그때 당시의 기준으로만 이해할 수 있는 특수성이 있다. 그럼에도 예상할 수 있는 긍정적인 효과로는 경제적 번영, 노동생산성 향상, 새로운 일자리 창출 등을 꼽을 수 있을 것이다. 부정적인 영향으로 기계가 인간의 대체물로 등장하면서 노동시장 붕괴가 일어나고, 지역 간 또는 계층 간 교육·기술의 격차로 인해 불균형이 심화될 것으로 예상된다.

4차 산업혁명이 특이점(Singularity)의 시대를 견인한다는 점에서 4차 산업혁명의 영향력은 막대하다. 인간 활동과 관련된 4차 산업혁명이 가져올 변화는 크게 인간의 대체, 인간과 기계의 상호작용, 인간

능력의 확장, 인간의 활동 공간 확대의 4가지로 정리할 수 있다. 이들 변화는 새로운 기술이 기존 위험을 줄이는 대응이라는 긍정적 측면과 새로운 기술로 새로운 위협이 부상한다는 부정적 측면을 동시에 가지고 있다.

분명한 것은 이전보다 변화의 속도(Velocity)와 범위·깊이(Breadth &Depth)측면에서 확연한 차이를 보인다는 점이다. 기존 변화가 선형적인 속도였다면, 지금의 변화는 기하급수적인 속도와 범위로 진행되고 있다. 1965년 인텔의 고든 무어가 주장한 '반도체 성능이 2년마다 2배로 증가'한다고 하는 무어의 법칙(Moore'S Law)은 이미 2010년에 깨졌다. 변화의 속도를 예측하는 무어 법칙과 함께 변화의 범위·깊이를 예측하는 메칼프의 네트워크효과(Metcalfe's Network Effects)도 변화의 정도를 상징하는 말로 인용되고 있다. 메칼프는 네트워크의 가치가 사용자 수의 제곱에 비례한다고 했다.

전 세계 곳곳으로 인터넷이 보급되고 IOT시대를 준비하면서 메칼프의 네트워크 효과는 사람은 물론이고 만물이 연결되면서 기하급수적인 가치 상승이 예측되고 있다. 이는 인간이 예측할 수 있는 그 이상의 효과를 발휘하면서 변화를 주도하는 요소가 되기도 하고 결과가 되어 변화의 속도, 범위와 깊이를 촉진한다.

맥킨지 연구소는 『미래의 속도(No Ordinary Disruption)』라는 책에서 우리가 겪게 될 변화는 18세기 산업혁명보다 10배 더 빠르고 300배 더 크며 영향력은 3000배 더 강하다고 했다. 기술발전의 대폭발 시대에 돌입해 인간 대변혁이 일어나고 있다고 표현할 수 있을 것이다. 인간은 본능적으로 변화를 좋아하지 않는 속성이 있다. 변화는 익숙한 것으로부터 벗어나 기존 삶에서 벗어나는 것을 의미한다. 당연히 기존의 것들에 둘러싸여 살다가 새로운 것과 마주할 때 두려움과 경계심은 당연한 것이다.

현재 우리가 살고 있는 비약적 변화의 시대도 인간에게는 엄청난 두려움과 혼란을 가져오는 것임에는 분명하다. 여기에 덧붙여 21세기 새로운 세기의 시작이라는 시간적 부담감과 신 첨단기술의 출현으로 암담한 미래가 예견된다는 미래 전망 등이 변화에 맞서는 현 세대의 고통을 가중시키고 있다.

수많은 상상과 전망을 차치하더라도 이전의 산업혁명이 인간의 삶에 풍요와 편리를 선사했던 것처럼, 4차 산업혁명 또한 기계의 부상이 아니라 인간의 능력을 강화한다는 점에 집중해야 할 것이다. 이를 통해 세계 공통의 문제인 기아, 기후변화, 질병 등을 해결할 수 있는 지식, 재능 및 도구, 통찰력, 정보 분석을 통한 솔루션 탐색에 활용되어야 할 것이다. 다음은 인간 활동과 관련된 4가지 변화를 정리한 내용이다.

■ 인간의 대체

기계가 인간을 대체한다는 예측은 가장 많이 지적되는 영역이다. 공장 노동자와 판매원 등 소위 단순 노동 영역에서 대체가 빠른 것으로 알려져 있었지만, 최근에는 급격한 기술발전으로 무인자동차가 등장해 자동차 드라이버도 대체 후보가 되고 있다.

공장과 같이 생산을 위해 통제된 환경과 달리 외부환경은 매번 매순간 다르기 때문에 대체가 어려운 것으로 알려져 있다. 그럼에도 건설, 농업, 의료 등 분야에서도 점차 기계로 대체가능한 경우가 증가하고 있다. 해당 분야의 직업은 많은 고용을 흡수하고 있어서 기계로 대체될 경우에는 고용에 심각한 영향을 미칠 수 있다. 현재의 공장, 건설, 농업, 간호 등은 젊은이들에게 환영받지 못하는 측면도 있어, 일자리 확보가 중요한 과제가 되고 있다.

■ 인간과 기계의 상호작용

대표적인 특이점(Singularity)주의자인 버너 빈지(Vernor Vinge)는 1993년 당시 컴퓨터공학자와 공상과학소설가라는 직업에 걸맞게 인간의 영혼이 기계로 이동한다는 예측을 하기도 했다. 레이 커즈와일(Ray Kurzweil)은 현재의 인공지능 발전 속도를 고려할 때, 2045년경 인공지능이 인간을 뛰어넘는 특이점에 도달할 것이라고 예측했다. 그래서 당분간 인간과 기계의 상호작용(Human-Computer Interaction) 기간이 이어질 것으로 예상된다.

인간과 기계의 상호작용은 컴퓨터(기계)를 인간의 쓸모에 맞게 활용하여 둘의 상호작용을 개선하는데 목적이 있다. 장기적으로는 컴퓨터를 도구로 활용하여 인간 자유의지와 창의력, 의사소통 능력을 증진시키는데 있다. 이미 법, 의료, 행정 등의 분야에서 AI가 판례를 검색하거나 의료진단 시 병명 후보를 제시하는 등 인간과 기계의 상호작용이 현실에 구현되고 있다. AI가 인간보다 우월한 점으로 평가되는 것으로는 사실상 무한에 가까운 저장용량, 일체의 선입견에 의존하지 않는 객관성, 빠른 검색능력을 가졌다는 점 등이 있다.

인간과 기계의 상호작용으로 인해 지금까지 화이트칼라 노동시간의 대부분을 차지했던 업무자료 작성에 이전 보다 적은시간을 배분해도 충분히 가능하다. 절약되는 시간과 노력은 기획, 판단 등의 고급 업무에 배분하여 전체적 효율성을 기할 수 있다.

제조업 분야에서도 고객의 구매 내역, SNS를 통한 소비성향 등 빅 데이터를 AI로 분석하여 고객과 긴밀한 관계를 구축하고 이를 기반으로 하는 제품 개발까지 실현하고 있다. 이에 따라 제조·유통 등 모든 데이터가 연속적으로 수집되고 해석되어 생산효율성과 비용 절감의 혁신을 가져온다. 이처럼 인간과 기계간의 상호작용은 다양한 분야에서 노동 생산성 개선, 고객만족도 상승, 삶의 질(QOL) 향상 등 다양한 분야에 기여한다. 현재까지는 감성적인 커뮤니케이션 등 종합적인 역량이 요구되는 영역에서 인간을 대체하기는 쉽지 않다. 하지만 이것도 시간문제일 뿐이다.

■ 인간 능력의 확장

AI · 로봇 · IoE는 인간능력 확장을 위한 도구적 이용으로 기대되는 분야이다. 예를 들어, 제조업의 조립작업이나 설비산업의 시설점검 등에서 안경 형태의 웨어러블 기기를 착용하게 한 후 작업지시서와 도면 등을 해당 대상물에 겹쳐 투영하면 복잡한 작업을 훨씬 쉽게 할 수 있다.

인간의 일상 삶에서 요구되는 다양한 판단에도 새로운 기술을 접목할 수 있다. 가정마다 로봇이 보급되어 가족들에게 좋은 조언자가 될 수 있다. 일상생활에 휴대단말기나 웨어러블 기기를 활용하면서 얻은 데이터를 바탕으로 가족의 취향에 따른 생활제안, 서비스 제공

등의 컨시어지(Concierge) 기능으로도 진화해 나갈 수 있다.

인간 고유의 신체능력 확장에 기여하는 신기술의 역할은 현재에도 여러 면에서 적용되고 있으며, 기술의 발전은 인간능력의 확장에 기여한다. AI 소형화로 보청기, 돋보기 등의 기능향상을 기대할 수 있고, HAL(Hybrid Assistive Limb)의 실용화로 경량화와 착용감 증진 등을 통한 보행지원로봇은 고령자, 장애인의 일상생활 지원에 큰 역할을 할 것이다. 또한 뇌 연구의 진전으로 기계 지원을 통한 기억영역능력 향상을 통해 치매환자의 삶의 질(QOL) 향상 등에도 기여할 수 있게 된다.

■ 인간의 활동 공간 확대

2016년 여름 포켓몬 GO가 세상의 이목을 끌었다. 당시는 VR(가상현실: Virtual Reality) 기능이 탑재된 플레이스테이션(PlayStation) 발매 등을 포함하여 "VR원년"라는 호칭이 퍼지고 있던 시기이다. VR은 사람들이 가상공간에서 활동하면서 실제와 같은 시·공 체험을 구현하는 기술이다. 이와 유사한 AR(증강현실: Augmented Reality)은 가상현실(VR)의 하나로 실제 환경에 가상 사물이나 정보를 합성해 실제처럼 보이게 하는 컴퓨터그래픽 기법이다.

가상세계를 기반으로 하는 VR을 현실 환경과 결합시켜 가상과 현실의 경계를 모호하게 하여 시공 개념의 확장을 가져왔다. 이들은 게임, CG, 산업용 이미지, 문자 등을 통해 현실과 가상의 경계를 허물면서 영역을 넓혀가고 있다.

VR기술의 진전은 일상생활 속까지 침투되어 가상쇼룸 및 가상박물관 등을 경험할 수 있게 되었다. 이는 관련 기기의 가격하락과 웨어러블 기기의 진화 등으로 일상의 많은 장면이 VR로 대체가능하다는 것을 보여주는 예시이기도 하다. VR기술을 활용한 화상회의는 물론이고, VR체험관광도 가능하다.

2003년 린든 랩이 개발한 인터넷 가상세계 시뮬레이션 게임 세컨드 라이프(SecondLife; 이하 SL)를 통해 이전과는 다른 새로운 공간창출이 상상이 아님을 인식하게 된다. SL은 한마디로 가상공간에서 본인의 분신인 3D아바타로 일상적인 삶을 살아가는 또 다른 인생을 사는 게임이다. SL 창작자 필립 로즈데일은 미래 컴퓨터 환경은 3D영상이 주가 될 것이며, 자신이 꿈꾸는 모든 일이 가상공간에서 가능하게 한다는 기획의도로 시작했다. SL에서의 활동은 가상공간에서만 멈추지 않고, SL 공식통화인 린든 달러를 매매, 교환, 투자 등의 경제활동과 연관할 수 있어 현실세계에서 실제 돈벌이 수단으로 이용되기도 한다.

SL에서 유통되는 돈의 규모가 증가하다보니 IBM, 델, 도요타, 소니, 선마이크로시스템스와 같은 세계 유수의 기업들이 사이버지점을 개설하고, 하버드, 스탠퍼드 대학 등 미국 명문대들도 SL에 캠퍼스를 열었다.[4] 2007년 다중접속 온라인가상공간 SL의 이용자가 최고 110만명 이상이 접속할 정도로 번성하기도 했다.

이후 페이스북, 트위터, 인스타그램 등 소셜네트워크서비스가 부상하고, 콘텐츠와 언어체계 등 문제점이 노출되면서 영향력이 축소되고 있긴 하다. 이는 신기술과 시스템의 변화에 따른 자연스러운 과정으로 SL도 환경에 따른 변화를 진행하고 있는 중이다. 그럼에도 인간활동공간의 확장을 논의함에 있어 SL의 사례를 든 것은 막연히 생각으로만 가졌던 가상세계를 실현하고, 가상세계와 현실의 융합시대를 여는 사건이었음은 분명하다.

혹자는 2030년 혹은 불과 10년 후 정도만 되어도 가상공간은 현실공간과 유사한 규모로 성장할 것이고, 가상공간에서만 생활하는 사람들도 출현할 것이라고 한다. 디지털 세상이 보편화되면 인간관계보다 분석능력이 중요시 될 것이라는 예측 등도 변화되는 세상에 등장했던 한 때의 주장에 불과하게 되었다. 현재 우리는 실제보다 디지털 세상에서 더 많은 사회생활을 하게 되면서 새로운 가상공간에서 인간관계, 커뮤니티, 정체성을 갖게 된다.[5]

2015년 애플와치의 출현은 웨어러블 기기를 통한 라이프 로깅(Life-Logging) 시작을 알리는 계기가 되었다. 라이프 로깅은 일상생활을 기록하고 정보를 관리하는 것을 말한다. 이를 위해서는 웨어러블 컴퓨터(Wearable Computer)가 있어야 한다. 증강현실(AR)과 라이프 로깅 모두가 사적 정보의 기록이라는 점에서는 동일성을 갖지만, AR은 실제 현상 데이터를 축적하지 않는다는 점에서 차이가 있다. 라이프로깅은 실제 정보를 겹겹이 저장해 분석하여 현실세계를 풍성하게 한다는 점에서 적용의 장애가 적다는 장점이 있다.

간편하고 휴대가 용이한 웨어러블 기기가 등장해 다양하게 라이프로깅이 이루어지면서 일상적인 삶이 정보가 되고 인간과 일체가 되는 기록장치가 등장하게 된 것이다. 운동, 구매, 통신 등 삶의 모든 것이 기록되는 세상이 되면서 개인적 또는 사회적으로 유용하는 문제가 발생하기도 하여 다양한 이슈가 제기되기도 한다. 라이프로깅 자체에 생체, 위치 정보 등 존재를 위협할 수 있는 정보가 포함되어 있어 높은 보안성이 요구된다. 라이프로깅은 인간이 갖고 있는 기본적인 기록의 욕구에서 비롯된바 시간적, 공간적 제약을 극복하기 위한 인류의 지속적인 노력이 테크놀로지의 발전과 결합하여 나타난 일종의 융합현상이라고 볼 수 있다.[6]

라이프로깅의 긍정적 유용과 관련하여 개인에게는 축적된 정보를 바탕으로 컨시어지 서비스를 제공하거나, 기업에게는 사용자경험을 기반으로 제품개발 및 마케팅재원으로 활용할 수도 있다. 또한 가상공간의 라이프 로그 데이터를 기반으로 고인의 생존도 가능하게 하여 시공을 초월하는 환경을 구현할 수도 있다. 기술과 인간의 상상력으로 구현한 가상세계의 한계가 어디까지 인지 알 수 없다.

결국 인류는 과거로 거슬러 올라갈 수도 있고, 미래를 상상으로 그려볼 수도 있는 또 하나의 활동공간으로서 저장 공간을 손에 넣게 된 것이다. 더 나아가 방대한 데이터와 정보과부하의 환경은 거듭 발전하는 하드웨어와 인공지능(AI)이 정리하고 분석해 새로운 시·공간으로 확장될 것이다.

■ 새로운 위험에 대한 대응

통상적으로 도시문제라 인식되던 교통사고, 범죄 등은 감소되고 있지만, 이와 반대로 테러위험과 기상이변 등 일상생활에서 느끼는 위협요인은 나날이 증가하고 있다. 기존 문제들 중 범죄, 교통문제는 AI를 통한 실시간 이미지 분석으로 제어할 수 있게 되었고, 재해 피해조사와 대책에 있어서도 무인 항공기 등 신기술을 적용할 수 있게 되었다. 기존 도시문제 뿐 아니라 예측 불가능한 상황들의 예방과 대처에 있어 기술부문과의 접목은 이미 필수요인이 되었다.

특히 첨단 지능형센서는 4차 산업혁명의 핵심기술이라고 할 정도로 중요하다. 쉽게 말해 인간의 오감(시각, 청각, 후각, 미각, 촉각)을 기계화하는 작업이 이루어지고 있다. 트릴리온센서(Trillion Sensor)[7]시대가 오면 위험요인에 대한 상시 감시시스템과 실시간대응이 가능하게 된다. 사물인터넷, 자율주행자동차, 드론, 3D프린터, 지능형로봇 등 4차 산업혁명의 첨병역할을 하는 신기술을 현실에 구현하기 위해 지능형센서 기술은 필수적이다.

한편, 신기술의 발전과 경제적 풍요로움, 편리함은 인류를 위협하는 새로운 위험요인이 되기도 한다. 기술발전이 가져오는 위험은 특정 집단과 국가에 한정되지 않아 어느 대상이라도 위험에 노출될 수 있다. 안전을 위한 카메라와 센서는 개인의 사생활침해와 불안전한 보안망의 문제를 안고 있다. 세상의 모든 것을 연결하는 IoE는 생활의 편리함을 선사하지만, 일단 실패할 경우 예측할 수없는 문제를 양산시킨다. 공상영화에 등장하는 AI와 로봇의 반란이라는 고전적인 주제에 대해 단순히 허무맹랑한 이야기 정도로 간과할 수 없는 것도 그 이유이다. 새로운 기술은 기존의 위험에 새로운 솔루션을 제공하는 동시에 이전보다 더 복잡한 새로운 위험을 추가한다. 그리고 새로운 위험에 대한 대책 또한 새로운 기술을 사용하게 될 것이다.

1.5. 새로운 정상과 비정상의 출현

인류는 더 이상 매일 생존을 위한 투쟁을 할 필요가 없게 되었다. 자연의 법칙을 수동적으로 받아들이며 기아와 역병에 시달려야 했던 생존방식을 접고, 인간 스스로의 방식으로 자연과 협력적 계약관계를 체결하는 특별한 역할을 부여했다. 기술의 발전과 과잉 잉여산물 덕분에 가능했던 일이다. 이는 인류 역사에서 문명이라는 새로운 개념을 창출하게 되는 순간으로 기억되고 있다. 문명은 현생 인류를 지구의 다른 생명체와 구분 짓는데 인용하기도 하고, 기술과 발전의 총체라고 하여 야만과 구별하는 개념으로 사용하기도 한다.

문명(Civilization)은 문화(Culture)와 혼동되어 사용되는 경우도 있지만 분명히 구분되는 개념이다. 문명은 사회를 통해 만들어 놓은 각종 정신적·물질적 발전의 총체를 일컫는다. 이에 비해 문화는 한 사회의 행동양식과 상징체계를 나타내는 말로 사상, 의상, 언어, 법, 도덕 등의 규범과 가치관 등을 통틀어 표현하는 생활양식이다. 또한 문명은 문자의 발견, 도시형태 출현 등 물질적 발달기준을 강조하는데 사용되는 반면, 문화는 고유의 정체성 등 정신적 가치를 강조한다는 점에서 서로 차이가 있다.

동양권에서 사용하는 문명(文明)이라는 말에서 문(文)은 글이라는 뜻을 갖는다. 문(文)이 있기 전 어둠으로 대표되는 무지를 밝게 드러낸다는 의미에서 문명이라는 말을 썼고, 문명은 사람의 글로 표현되는 생각과 산물의 체계라고 정의한다. 18세기 유럽에서는 문명을 식민지

개척과정을 거치면서 유럽과 비유럽의 차이를 알리고 야만과 구분하기 위해 사용했다.

이는 문명(Civilization)이라는 말이 도시(City)를 의미하는 'Civitas'에서 유래되었고, 문화(Culture)가 경작(Cultivation)을 의미하는 말에서 시작되었다는 점을 보더라도 둘의 개념적 차이를 짐작할 수 있다. 문명을 만들어내는 주요 요소로는 우선적으로 사회가 형성되어야 한다. 물론 사회(社會)라는 말도 18세기까지 한국에서는 없었던 말이다. BC 1세기경 로마시대 철학자 키케로가 사회라는 말을 처음 사용했다. 그러다가 19세기에 이르러 비로소 마르크스에 의해 사회주의라는 말이 다시 등장하게 되면서 사회라는 말이 급부상하게 되었다. 문명은 문자나 기호를 통한 의사소통수단의 표기체제인 문자와 사회·문화·노동의 중심지로서의 도시, 국가를 통해 발현된다.

흔히 사용하는 18세기 이후 산업사회를 거쳐 오면서 문명은 문화를 이끌기도 했고 새로운 문화를 창조하기도 했다. 인간문명의 발전에 있어서도 새로운 문명은 인간 삶의 양식을 통제하기도 한다. 유발 하라리는 『호모데우스』에서 "오직 살아남기 위해 투쟁해야 했던 인간은 이제 스스로를 신으로 업그레이드 하려고 한다. 생명공학기술을 통해 삶을 연장하고 불멸을 지향하면서 호모사피엔스는 호모데우스로 바뀌게 될 것이다"라고 말한다. 이를 단순히 어느 학자의 상상력으로 치부할 수 없는 것이, 머잖아 경제력으로 인간의 수명이 결정되고 재생산능력이 통제되는 새로운 문명이 기다리고 있는지도 모를 일이다.

기술과 문명이 변화하고 인간존재 자체가 변화된다는 가정이 현실화된다면, 기존에 표준, 상식, 규범 등으로 여겨지던 가치에도 변화를 동반하는 것은 당연한 일이다. 인류 문명을 이끈 물, 나무, 철, 불, 흙의 다섯 요소 중에서 현대문명의 가장 큰 원동력이 되었던 것은 불의 발견이다. 불은 인류에게 최고의 축복이지만, 다른 한편으로는 두려움의 대상이기도 했다. 불의 두려움을 극복하고 조절할 때 그것은 비로소 인류에게 이로운 것이 되었다. 이것처럼 무엇의 쓰임은 그것을 어떻게 규정하느냐에 따라 보이지 않던 측면과 후면까지도 관심을 가져야 하는 상황으로 변화된다.

2000년대 들어 이전과는 다른 새로운 관점과 접근이 요구되는 상황을 맞이하게 되는데, 뉴노멀[8]이라는 새로운 기준이 등장했다. 2008년 이후 성장을 지속하던 세계경제가 저성장, 저물가, 저소득, 고실업률, 고위험의 경제상황을 맞게 되면서 새로운 정상, 상식이 되어버린 상황을 일컫는 말이다. 이전까지 정상으로 여겨지던 상황이 리셋(Reset)되고, 새로운 정상상태(New Normal)를 규정하게 되는 상황이다. 이는 새롭게 변화된 경제상황을 일컫는 표현에서 여러 분야로 확대되었고, 이전에 비정상으로 보이던 현상이 이제는 새로운 기준으로 제시되는 현상을 지칭하게 되었다.

그러다가 이전과는 차별되는 뉴노멀 시대도 2013년 이후 변동성과 불확실성이 추가되면서 새로운 기준의 적용도 불가한 상황을 맞게 된다. 뉴노멀 시대는 새로운 기준으로 문제를 해결하고 미래를 예측할 수 있었지만, 불확실성이 확대되면서 기준을 적용할 수 없게 되었다. 2008년 금융위기예언을 적중한 뉴욕대 누리엘 루비니 교수는 새로운 정상(뉴 노멀, New Normal)과 대비되는 이러한 상황을 새로운 비정상(뉴 애브노멀, New Abnormal)이라고 했다. 과거에 썼던 전략이 작동하지 않는 상황이 되었고, 이전과는 또 다른 새로운 전략이 필요한 시점이 되었음을 시사하고 있다. 분명 경제현상을 일컫는 뉴 노멀과 뉴 애브노멀이 회자되는 상황은 지속적인 변동성과 불확실성 현상이 나타나면서 해석불가, 대처불가의 상황이 사회전반으로 확대되고 있음을 보여준다.

심각한 변화와 위기로 인식되는 때는 패러다임이 바뀌는 시점이라 봄이 타당하다. 패러다임 전환이라는 말이 너무나 익숙해 진부하게 들리겠지만, 정상과 비정상의 구분이 모호해지는 현상은 분명 패러다임 전환기에 나타나는 특징이다. 새로운 정상(New Normal)과 새로운 비정상(New Abnormal)의 시대를 살아가기 위해서는 인류 공동에게 주어진 시간과 공간이라는 객체를 대하는 태도까지 변화의 압박을 받게 된다. 기존의 성공전략과 사례들도 변동성과 불확실성을 타개하기 위한 검토일 뿐, 매번 다른 변수와 환경에 대응하기 부족하다. 과거의 해법은 더 이상 현재의 답안이 아니게 된 상황이다.

정치·경제·사회활동의 중심지인 도시는 이러한 혼돈과 적응의 상황이 그대로 투영되고 응집된 결정체라고 말할 수 있다. 수천 년간 지속되고 있는 도시는 나름의 회복력과 생존력으로 변화에 대응해 온 것이다. 지금 도시는 한 치 앞도 알 수 없는 변화와 불확실성의 시대를 이어나갈 새로운 대안들을 강구하고 있다. 이중 하나가 경제적 활동 기회를 늘리고 다양성을 증가시키자는 의도에서 시작된 시간 연장이다. 도시의 지상과 지하공간의 구분을 새롭게 해석했던 것처럼 시간의 개념에 있어서도 낮과 밤의 경계를 허무는 작업이 시작되었다.

사실 비분절적인 시간의 흐름을 낮과 밤으로 경계를 나눈다는 것 자체가 불가능한 일인지도 모른다. 과거 수렵시대에 시간은 사냥과 안전을 위한 구분이었고, 산업화시대 시간은 노동을 위한 기준으로서 사용되었다. 인간이 불을 사용하기 시작하면서 어둠을 밝혀 시간을 확장할 수 있었던 것처럼 수세기 동안 이어지고 있는 시간의 개념에도 변화가 찾아왔다. 낮 시간동안 경제활동을 하고, 밤에는 퇴근하여 휴식을 취하던 기존 생활양태들에도 변화가 오고 있다.

최첨단의 기기사용으로 시간과 공간의 구분이 모호해졌다. 현재 시공에서 다른 대륙의 시공을 동시에 연결할 수 있어 고정된 시공의 경계를 넘나들 수 있게 되었다. 또한 인종과 종교를 초월한 교류가 가능해지면서 기존의 특정 질서들만으로 세상의 변화를 통제하기 어렵게 되었다.

시간과 공간뿐 아니라 역할의 경계 또한 새롭게 해석되고 있다. 산업화시대에는 공장에 모인 노동자 집단이 생산을 담당하며 국가경제의 주요한 생산력을 담당했었다. 우리나라도 추격 전략을 펴며 노동자와 농민들이 산업전선에 나서 어떤 나라들 보다 빨리 산업화 대열에 합류하게 되었고, 괄목할 만한 성장으로 전 세계를 놀라게 했다. 하지만 예측할 수 없을 정도로 전례 없는 사건들이 가속화되는 요즘의 상황은 더 이상 과거 성공전략을 교본으로 삼을 수 없게 되었다.

최근 세계적으로 불고 있는 메이커스 운동은 산업화 시대 질서를 대체하는 새로운 정상상태를 설정하였고, 그 속에서 사는 사람들에게도 변화를 독려하고 있다. 한 분야의 전문가 중심체제로 공장 컨베이어 벨트처럼 분업화되었던 과거의 모습들은 융합을 중시하는 모습으로 교체되고 있다.

교육 분야에서도 과학(Science), 기술(Technology), 공학(Engineering), 수학(Mathematics)이 융합된 STEM교육을 강조되고 있다. 최근 들어 급부상한 메이커스 문화는 대중 스스로 제품을 만들고자 하는 수요를 반영한다. 이는 1990~2000년대 들어 소비자 스스로 제품을 제작한다는 DIY(Do-it-yourself)문화가 확대된 것이다. 기업 위주로 운영되던 제조개념에 변화를 줬다는 점에서 동일한 접근이다. 단순 취미생활이던 DIY문화는 DIT(Do It Together)로 진화하여 지식과 공간을 공유하면서 제조와 창조영역으로 확대되고 있다. 이와 같은 변화들은 독일, 미국, 일본 등 주요 국가들과 우리나라에서도 팹랩(Fablab),[9] 해커스페이스(Hackerspace), 테크숍,[10] 팹카페 등의 확산으로 이어지면서 메이커스 문화는 점점 확대되고 있다.

저성장과 저소비로 대표되는 새로운 정상(New Normal)을 돌파하고자 하는 수많은 시도가 있었고, 그것들이 쓸모가 없어지는 새로운 비정상(New Abnormal)을 정상으로 받아들이는 시대에 살고 있다. 어떤 것이 정상이고 비정상인지 알 수 없는 상황이다. 새로운 정상과 새로운 비정상은 과거 비정상 혹은 정상이었을 상황이다. 혼돈이다.

혼돈의 상황을 벗어나는 방법은 판을 뒤집든가 혹은 판에 적응하는 것이다. 판을 패러다임으로 바꿔 표현해 전환 혹은 바꾼다고 하는 것에는 중대한 혁명적 변화를 내포하고 있다. 패러다임 전환이라는 말은 너무도 흔히 사용되지만 사실 여기에는 성공과 실패의 대가가 극명하다는 점에서 혁명과 흡사하다. 따라서 전환기로 판단되는 시기에는 무엇보다도 모든 가능성을 열어두고 다양한 분야의 의견을 들어

보는 작업이 우선되어야 한다. 그러기 위해서는 기존에 문제시되고 부정적이었던 것, 소외되었던 것, 버려진 것 등 주목받지 못한 존재들에 대해서도 선입견 없는 자세로 접근하는 것이 필요하다. 이러한 작업은 에너지, 환경, 도시재생, 경제, 산업 등 다양한 분야에서 전환기에 갖춰야 할 덕목으로 고정관념에서 벗어나는 것부터 시작해야 가능한 일이다.

제2부

새로운 태동, 도시의 희망찾기

2.1. 신산업과 신인류의 등장

도시를 논의하기에 앞서 현재 우리가 겪고 있는 변화와 도전의 환경을 현생 인류가 버텨온 이야기로부터 시작하여 해볼까 한다. 인류는 지구의 지배자로 자리하고 있다. 지배라는 용어에 반감을 느끼는 사람도 있고 생태적인 관점에서 꼭 그렇다고 동의할 수 없는 사람도 있을 것이다. 그럼에도 현재 지구의 지배자는 인간이라고 말하는 사람이 가장 많을 것이다. 인류가 어떻게 지구를 지배하게 되었는지 또 어떻게 지금과 같은 인류문명을 이루게 되었는지가 궁금해진다. 처음 책을 쓸 때 도시와 인간의 관계에 대한 명제로 시작되었던 취지와 다소 거리가 멀어진 건 아닌가 하는 생각도 든다. 하지만 인류가 어떤 존재였는지에 대한 탐색이 현대 문명의 결정체라고 평가받는 도시와 별개의 것이 아닌 것만은 확실하다.

현재 지구에 살고 있는 생명체는 이제까지 지구 역사에서 살았던 생명체의 단 1%에 불과하다. 이 사실은 호모사피엔스라는 현생 인류가 지구 역사에서 얼마나 행운을 타고 난 존재인지 인간의 시·공 개념으로는 가히 상상할 수 없을 정도이다. 20만 년 전 아프리카에서 최초로 탄생한 호모사피엔스는 북유럽, 유럽, 러시아, 북극, 남극과 오세아니아 일부 섬을 제외한 모든 지역으로 확산되었다. 이 시기가 불과 5천년 전까지의 일이다. 지구 역사에서 이렇게 단시간에 지구 전체로 뻗어나간 종족은 찾아보기 어렵다. 특히 날개를 가진 조류도 아니고 포유류인 호모사피엔스에게는 가히 경이로운 일이다. 지구에 살던 수

많은 생명체들의 99%가 절멸되었고, 그 중 1%가 살아남아 현재 지구를 이루고 있다.

그렇다면, 그렇게 많던 생명체들이 절멸되는 과정에서 인류가 살아남게 된 비결이 무엇일까? 이에 대한 답으로 진화론자들은 여러 곳으로 흩어져 분포하게 되었던 호모사피엔스의 이동 성향으로 설명하기도 한다. 지구 역사상 탄생했던 수많은 생명체들 중에서 호모사피엔스가 환경의 변화에 적응하며 지금까지 이어질 수 있었던 것은 여러 곳으로 흩어져 종을 유지하면서도 나름의 다양성으로 적응할 수 있었던 것이다. 또 한편으로 인류가 현존하고 수적으로 확대될 수 있었던 원인으로는 초기 인류가 수렵, 채집의 생활을 접고 농경사회로 변화되면서 정착생활을 했기 때문일 거라고 한다.

이때부터 인류는 다른 생명체와는 차별되게 자연의 시간대로 살던 삶의 방식을 인류 나름의 삶의 방식대로 바꾸게 되었다. 인류의 정착이 시작되면서 자연의 시간에 따라 스스로 자라나던 식물을 인류가 원하는 곳에 원하는 종으로 선택하여 원하는 방식으로 통제할 수 있게 되었다. 그 과정에서 식물뿐만 아니라 동물들까지도 가축 또는 애완동물로 자연의 시공을 벗어나 인류가 만든 삶의 방식에 투입되게 되었다.

인류가 정착과 농경생활을 하게 되면서 생활에 필요한 생산량보다 더 많이 생산되면서 잉여가 발생하게 되었다. 초과로 발생한 잉여생산물은 공동체에게 축복이 되기도 하지만, 한편으로는 분쟁을 야기하는 단초가 되기도 하였다. 이제는 산물에 대한 분배와 통제 등에 관한 새로운 기준이 필요하게 된 것이다. 이는 자연의 법칙이 아닌 인간

사회가 생성되고 이를 운영하기 위한 새로운 법칙을 준용하게 되었다는 것을 의미한다. 이 과정에서 인류가 나아가는 지향과 이념으로서 문명이 탄생하게 된다. 인류는 정착과 농경생활을 하게 되면서부터 나름의 계획을 세우고, 잉여산물을 나누며 다른 부족들과 교역을 하기에 이르렀다. 대내외적으로 지키려는 자와 빼앗으려는 자가 등장하고 갈등과 조정이 필요하게 되면서 정치·경제적 특성이 나타나게 되었다. 1만 년 전 쯤만 하더라도 사냥과 채집으로 근근이 생존을 유지하던 인류가 정치·경제·사회적 특성을 갖게 되고, 문명이라는 개념을 탄생시키는 존재가 된 것이다. 이러한 과정에서 인구가 폭발적으로 증가하게 되었고, 수적으로도 육상척추동물의 98%를 차지하게 (MacCready P, 1999) 되면서 지구의 지배자로 발돋음하게 되었다.

지구의 역사에 비춰보면 지극히 미미한 존재인 인류가 존재할 수 있는 근원에는 단계별 수준의 차이는 있겠지만 기술과 경제발전이 자리하고 있다. 사실 산업혁명 이전까지 경제발전이라는 개념조차 없었다. 이전까지 경제적 요구는 의식주 해결, 방어 등에 집중하는 경향이 강했다. 지금은 당연한 것처럼 생각하는 사회적 또는 경제적 수준향상을 지향하는 발전의 개념은 산업혁명 이후에나 비로소 생긴 개념이다. 인류가 살아온 시간의 물줄기를 역사라는 개념으로 둘레를 치고 막아, 인류가 지속되어 온 역사라고 규정한 것과 같다.

최근 4차 산업혁명이 대두되면서 현존 인류와 구분되는 신인류에 대한 이야기가 속속 등장하고 있다. 새로운 산업혁명으로 다가오는 막연한 기대감이 신인류라는 이름으로 익숙해져가고 있는 듯하다. 신인류 탄생의 동인은 인공지능, 사물인터넷(IOT), 인터넷 네트워크

등 4차 산업혁명의 기제를 요소로 한다. 한편으로 신인류는 현생 인류보다 생물학적 또는 기술적으로 우수하거나 월등한 종족을 통칭하는 표현으로 사용되기도 한다. 이는 신인류 등장에 대한 기대감과 잘 알지 못하는 존재에 대한 두려움 등 복잡한 감정들이 얽히고설킨 현상을 반영하고 있다.

인류가 노마드(Nomad) 생활을 접고 정착으로 변화시켜 시간과 공간의 한계를 스스로 통제해왔던 것처럼 새로운 신인류 탄생을 준비하고 있다. 인류역사의 발전과 관련해 신석기혁명이라 불리는 농업혁명은 신기술이 발명되어 사회 전체가 일시에 바뀐 것은 아니다. 농업혁명은 인류의 정착생활이 이어지면서 그 과정에서 오랜 기간 동안 조정과 발전을 거듭하면서 형성된 결과이다. 이를 인류역사 전반으로 본다면 혁명이라고 지칭할 수 있겠지만, 이마저도 순수 인간의 노력으로 새롭게 만든 것은 아니어서 혁명이라 칭하기에 다소 무리가 있다. 정착과 농경생활이 자연에 대한 인간의식변화를 계기로 이루어진 것이었다면, 산업은 생존에 필요한 것 이상의 교역과 잉여산물의 창출을 목적으로 등장한 것이다. 그리고 과학기술은 생산성향상을 위해 인간 활동을 지원하는 수단이 되었다. 즉 과학과 기술이라는 인류 성과물을 통해 인류발전을 이끌게 한 것은 아니라는 점에서 산업혁명의 한 부분으로 진입시키기에 적합하지 않은 면도 있다.

아무튼 정착과 농업혁명을 통해 농업생산력이 증가했다. 동시에 인구증가현상을 가져오게 되었고, 도시에 몰려드는 사람들이 소비하는 에너지와 식량 등의 물자부족으로 인한 여러 문제들은 새로운 돌파구의 출현을 통해서만 해결 가능하게 되었다. 이때 산업이 등장해

야 할 필수불가결의 요인이 발생한 것이다. 산업은 인간생활을 경제적으로 풍요롭게 하기 위해 재화와 서비스를 생산 활동이라고 정의된다. Industry라는 말은 라틴어 Industria, 프랑스어 Industrie에서 유래한 말로 부지런함, 근면, 열심히, 노력이라는 의미를 갖는다. 유발 하라리가 『사피엔스』에서 언급했듯이 농업혁명 이후 끊임없이 일하게 되는 굴레에 빠지게 된 호모사피엔스에게 산업혁명(Industry Revolution)은 어울리는 표현인지도 모르겠다.

1차 산업혁명이 등장하기 전까지 세계 주요국들은 생산력 향상을 위해 최대한 많은 노동력을 투입하고 모두가 근면하게 살아야 하는 근면혁명(Industrious Revolution)의 시기를 가졌다. 이전에 수많은 사람들이 물건을 만들고 나르는데 투입되었던 시간과 노력을 증기기관이라는 기계로 대체되면서 사회전반이 변하게 되었다. 혁명으로 명명되는 것처럼 재화와 서비스 생산 활동이 임계점을 초월하며, 정치·경제·사회 전체의 변화를 가져오는 거대한 흐름을 보이게 된다.

미래학자 제레미 리프킨은 『한계비용 제로사회』에서 인류발전은 에너지, 통신, 운송수단의 선택에 의해 결정된다고 하였다. 그는 세 가지 기술이 융합할 때 거대한 경제패러다임의 변화를 겪어왔고, 단계를 거치며 혁명처럼 전반에 파급된다고 하였다. 제레미 리프킨이 말한 것처럼 1차 산업혁명으로 등장한 과학기술은 인간의 노동을 기계에너지로 대체하면서 제철, 철도, 직조 등 산업분야는 물론이고 철학, 사상, 의료, 예술 등 전 분야로 영향을 미쳤다. 이후 2차 산업혁명, 3차 산업혁명도 마찬가지다. 최근에 등장한 4차 산업혁명이 가져오게 될 파급력은 이전의 것보다 훨씬 클 것으로 예측되고 있다. 4차 산업혁명의 대표적인 과학기술로 거론되는 로봇, 사물인터넷, 비트코인, AI, 생체인쇄 등만 보더라도 정확한 가늠조차 어려울 정도로 막대한 영향력을 발휘한다. 이미 2015년 세계경제포럼(World Economic Forum)보고서는 로봇과 자동화(2021년), 사물인터넷, 웨어러블 인터넷, 3d프리터를 통한 인쇄 및 제조(2022년), 슈퍼컴퓨터 소형화(2023년), 무인차(2026년) 등에서 대전환(Deep Shift)이 이루어지는 티핑포인트(Tipping Point)시기를 제시하기도 했다.

결국 경제발전과 일상의 편리함을 제공하던 기술혁신은 인류 자체가 바뀌는 신인류 등장에까지 이르게 하는 핵심동인이 되고 있다. 현생인류와는 완전히 다른 새로운 인류가 탄생하게 될 것을 예측하고 있다. 언제나 그렇듯 신기술의 적용에는 반발과 수용의 양측 간 끊임없는 싸움 끝에 접점을 확인하는 과정을 거치며 변형되어 간다. 기술과 인간의 관계성 측면에서 신인류를 포스트 휴먼(Post Human)이라고 하여 기계화된 인간, 사이보그 인간, 트랜스 휴먼(Trans Human)이라고도 한다. 이는 신기술과 인간 사이의 협력과 경쟁을 통해 유토피아 혹은 디스토피아가 모두 가능하다는 상상의 시작점이 된다.

2.2. 네트워크 분산은 새로운 힘으로

개발시대에는 부족한 자원의 효율적 배분에 있어 선택과 집중전략으로 대처해 효과적인 성과를 창출할 수 있었다. 이는 성장과 성공의 시대를 구가할 수 있었던 시대적 가치관으로 평가받았었고, 당시 사회 전반을 지배하는 가치판단 기준이었다. 성장시대의 막을 내리고 성숙의 시대로 접어든 오늘날, 예전 성장일변도의 영광은 시대적 유물이 되었고, 시대적 변화에 적합한 새로운 기준의 출현이 요구받고 있다.

이를 어떤 이는 시대적 변화를 위한 정의(Justice)의 기준을 새로 써야한다고 한다. 한편에서는 4차 산업혁명이라는 말이 등장하는 순간 정의를 새롭게 정의해야 하는 시대적 과제를 안게 되었다고도 한다. 사회를 압도하는 거대한 패러다임이 변화된 만큼 도시에도 성장시대의 개발에 종언을 구하고, 성숙시대를 이어갈 방안으로 새로운 이슈가 등장하고 있다. 사회 전반에 변화의 쓰나미가 덮쳐오면서 새로운 정립, 재정립, 재검토, 재도약 등 다시 돌아봐야하는 것들이 많아졌다.

급속한 도시화와 산업화의 과정을 추격하기 위해 노력했던 우리나라와 같은 신흥국가들의 운명도 이와 별반 차이가 없다. 그들은 늦어진 산업화의 세계적인 대열에 합류하기 위해 중앙정부가 주도하여 한정된 자원으로 성장거점지역에 집중적으로 투자하는 전략을 폈고, 성장부터 정체에 이르기까지 모든 과정 하나하나가 중앙제어시스템을 통해 운영되었다.

그러다가 바야흐로 인터넷을 주요 무기로 하는 네트워크혁명의 시대가 도래 하였다. 네트워크는 연결이다. 연결의 주체와 객체에 따라 다른데 무엇과 연결하느냐는 시대적 필요와 사회적 정의에 구속을 받는다. 연결이 되면 마치 도시에 새로운 도로가 건설되는 것처럼 그곳으로 물자와 자본, 사람이 이동하고 새로운 도시가 하나 만들어지는 것과 같은 현상이 나타난다. 이를 물리적 구조 관점에서 도시에 적용해보면 네트워크를 통해 신도시가 만들어지는 것과 같다. 새롭게 도시가 만들어지면 그 곳에 새롭게 정치, 경제, 사회적 에너지가 투입되면서 모도시의 위성도시나 하위도시로 존재하게 되는 구조를 갖는다. 네트워크로 연결된 도시는 어느 쪽 하나라도 단절되었을 때 모도시 혹은 다른 도시들 모두 크건 작건 그 영향을 공유하게 된다.

이상에서 네트워크로 인한 새로운 도시 창출과 에너지 발원 등을 설명했지만, 이는 단순한 예를 들어 설명한 것이다. 네트워크의 영향력을 면밀히 살펴보기 위해서는 시스템에 대한 이해가 선행되어야 할 것이다. 시스템을 이해하는 구조는 크게 두 가지로 구분된다. 세상의 모든 생물, 조직, 사회 시스템 등의 구조를 이해하는 프레임으로 수목형(Tree)과 리좀형(Rhizome)이 있다.

위계적인 수목형(Tree)구조와 리좀형(Rhizome)구조는 조직이나 생명체가 생존과 지속을 위한 에너지를 얻고 쓰는 방식에 따른 구분이다. 이것은 시스템을 이해하는 분류일 뿐 어느 하나가 더 낫거나 못하다는 것을 의미하는 것은 아니다. 단지 시대

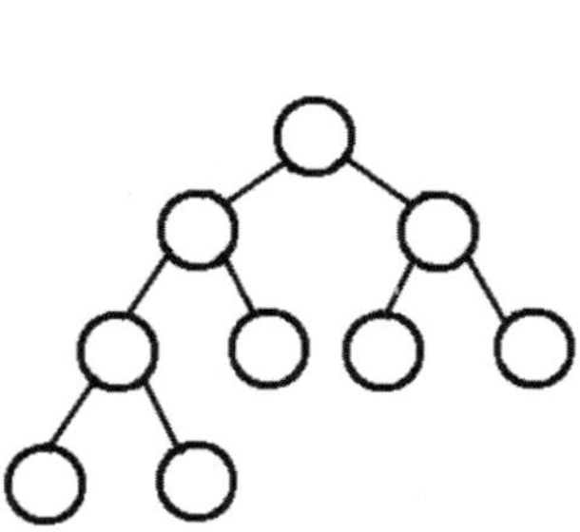

적 요구에 따라 적용에 있어 차이가 있고, 어느 사회나 조직에 존재하는 양상이라고 설명할 수 있다. 네트워크를 개방한다는 것은 기존 위계적인 시스템으로 구성된 수목형구조와 전혀 성격이 다른 리좀형구조와의 융합을 허용하는 것이다.

수목형구조는 우리가 살고 있는 대부분의 사회시스템이 이 구조를 하고 있으며, 여기에는 시스템 전체를 통제하고 관리하는 중앙센터가 존재한다. 이에 비해 리좀형구조는 수목형 구조와 대립되는 말로 통일된 한 체계 내에 통합되지 않는 비위계적(Non-Hierarchial)이고 수평적인 네트워크를 말한다.

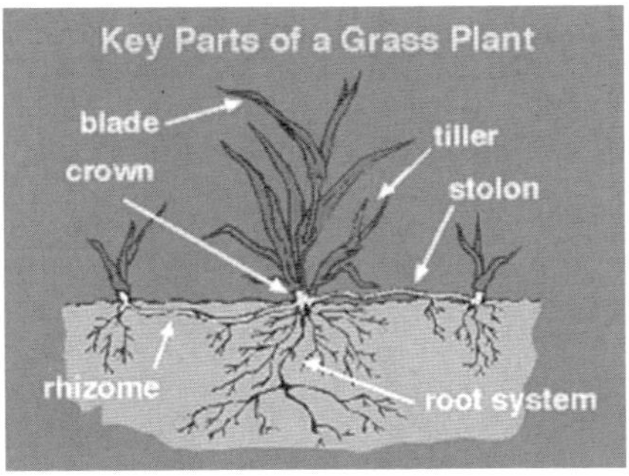

식물뿌리 속의 리좀(Rhizome)
출처: https://store0701.wordpress.com

리좀(Rhizome)이라는 말이 본래 뿌리가 없는 식물의 땅 속 줄기를 말한다는 데에 이해의 실마리를 찾을 수 있을 것이다. 리좀은 땅 속에 있다가 에너지가 충분히 성숙되면 지상으로 자라 올라와 완전히 새로운 식물로 자라게 된다. 결국 뿌리였던 것이 줄기가 되고 몸통이 되고 새로운 식물로 자라나는 것처럼 새로운 다른 형태의 시스템을 만들어 수목형구조를 형성하기도 한다.

그러나 수목형 시스템 속에 존재하는 모든 잔뿌리들의 에너지가 리좀형구조로 진화되어 또 다른 수목형구조를 만들어낼 수는 없다. 수목형구조의 본류는 본래 연역식으로 연결된 가지를 중심으로 에너지가 집중되는 특성을 갖는다. 이 구조에서는 중앙의 통제에 따라 에너지 분배가 이루어지고, 성숙과 발전의 양상 또한 이에 따른다. 그리고 구조를 유지하고 이어주는 네트워크는 각 구조에 따라 네트워크 방식을 조정한다.

폴 바란(Paul Baran, 1964)은 네트워크를 중앙집중식(Centralized), 탈집중형(Decentralized), 분산형(Distributed)의 구조로 구분하였다. 아래 그림의 네트워크 유형 중에서 A유형의 중앙집중식 네트워크는 일대일(One to One) 네트워크를 구성하고, C유형의 분산형 네트워크는 전체 대 전체(All with All) 네트워크를 만든다. 분포 정도가 중앙집중식보다 큰 경우 분산된 네트워크로 간주된다.

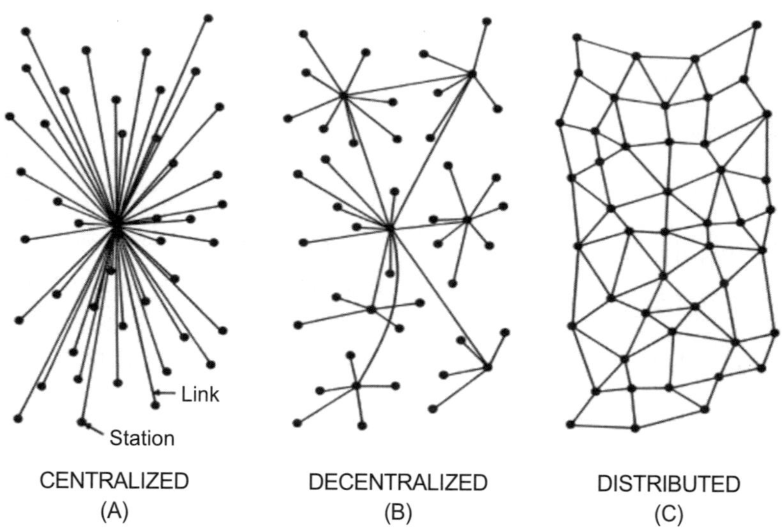

Paul Baran et al(1964), On Distributed Communications, Rand. Archived from the original on June 15, 2006.

인터넷과 네트워크 중심이 된 현재는 탈 중심적인 리좀형구조의 이해가 각광을 받게 되는 시대적 배경을 동반하고 있다. 이러한 반향은 과거 회색주의를 비판하던 판단에도 변화가 왔음을 보여준다. 회색은 의사가 명확하지 않고 불분명한 기회주의라고 보는 부정적 시각이 강했다. 그런 회색이미지에도 흑백으로 명료하게 구분하여 단정짓는 것이 또 다른 희생과 피해를 가져올 수 있다는 방향으로 인식의 전환이 이루어지고 있다.

급속하게 변화하는 환경과 무수한 변인들의 등장은 기존 수목형구조와 중앙집중식 네트워크로 대응할 수도 없고 계통경로(System Path)를 찾을 수도 없게 되었다. 우리가 매일 접속하는 인터넷이라는 네트워크 자체가 탈 집중화된 리좀형구조이면서 또한 수목형구조를 띄고 있다. 이렇듯 네트워크는 지구적이며 동시에 지역적인 특성을 가져야 하는 현대도시에 새로운 힘이 되고 있다.

2.3. 도시 살아나다! 재생?

산업혁명과 기술혁명을 거치면서 혁신적인 발전과 속도로 성장을 구가하던 세계가 언제부터인지 다시 살아남을 강요하는 재생(再生, Regeneration)의 수레에 탑승하게 되었다. 재생의 사전적 의미에는 죽음을 상정한 후 다시 살아남을 포함하고 있다. 다시 살아날 것을 강요하고 있는 현대도시는 개발위주의 전략에서 재생으로 전환하는 프레임을 제시하며, 새로운 재생의 시대를 울부짖고 있는 상황이다.

그동안 무언가 쓸모가 있거나 향상된 모습으로 새롭게 만들어낸다는 개발(Development)전략을 통해 수없이 많은 구조와 시스템을 만들어냈다. 현재 도시의 성숙정도를 비추어 생각해본다면, 지금은 기존 도시공간계획에 적합하면서 미래를 계획하는 것이 되어야 할 것이다. 그런 의미에서 도시재생(Urban Regeneration)은 시대적 요구와 공간적 수요에 적합한 도시로 적응해가는 과정이라고 할 수 있다.

한때 하늘을 긁어낸 듯 수직상승한다는 표현의 스카이스크래퍼(Skyscraper)를 도시의 자존심이라 여기는 시기가 있었다. 스카이스크래퍼는 마천루라고도 하는데 자부심과 성취를 의미하는 단어이다. 감히 인간이 하늘을 갉거나 긁는다는 표현이 가당치 않다는 의견도 있지만, 여전히 마천루를 스카이스크래퍼라고 부르고 있다. 이는 화석연료 에너지와 철강, 콘크리트 같은 정제된 산업원자재로부터 창출되는 자원과 그것들을 제어할 기술들이 응축된 산업화시대의 산물이라고 할 수 있다. 특히 마천루와 같은 높은 건물들은 높은 임대료와 함께 수용인원이 많아 토지가격이 비싼 대도시 중심부에 위치하는 특징을 갖는다. 이들은 도시발전을 이끌고 국가와 세계경제를 좌우하는 심장 역할을 하던 곳에 있어 만천하에 막강한 파워를 알리는 효과도 있다.

2018년 현존 세계에서 가장 높은 두바이 부르즈 칼리바(Burj Khalifa)는 산유지대인 두바이의 신도시 개발사업 일환으로 만들어진 것이다. 막대한 오일달러를 휘두르며 화석연료시대 전성기를 누리기라도 하듯 세계 최고, 세계 최대의 타이틀을 거머쥐며 대표적인 랜드마크로 자리하고 있다. 2001년 뉴욕 세계무역센터가 이 건축물의 상징적 의미에서 테러리스트의 공격 목표가 되었던 것[11]처럼 건물이 가지는 물리적인 의미 이상을 넘어 시대상을 보여준다는 데 큰 의미가 있다. 스카이스크래퍼 자체가 최첨단 기술과 자재, 디자인과 문화가 통합된 작품이면서 시대적 특성을 함축하고 있어 당대를 대표하는 건축물이라고 해도 무리는 아니다.

새롭게 부상하는 신흥도시들의 성장을 표현하는 수직상승의 열망은 기존 도시들에서는 수직하강의 꿈으로 변화되기도 한다. 예로부터 지하공간은 일반적으로 무덤이나 죽음을 상징하던 의미로 주로 사용되었다. 지하공간은 외부 기후로부터 영향을 적게 받고 지상과 단절된다는 특징이 있어 저장 공간 혹은 은신처로 이용되었다. 부득이한 위험으로부터 도피하기 위한 목적으로 사용된 예로 3세기경 기독교인들이 박해를 피해 지하도시로 개발한 카파도키아 데린쿠유 지하도시와 같은 사례가 그것이다.

지하공간은 기온 항상성, 보안, 방음, 방진 등 외부환경에 대한 높은 차단능력을 이점으로 꼽는다. 지하공간의 활용과 관련된 접근에 있어서도 시대적인 차이를 보인다. 21세기 지하공간개발은 기존에 통용되던 지하공간에 대한 고정관념을 벗어나, 토지이용극대화와 예기치 못할 변화에 대응하는 목적으로 전환하여 지하공간에 대한 관심을 갖게 되었다는 데에 차이가 있다.

최근에는 땅으로 파고드는 어스스크래퍼(Earthscraper)를 주창하며 도시 중심부의 성장을 추진하는 전략으로 제시되기도 한다. 2012년 BNKR 아키텍쳐는 멕시코 시티 중앙광장 아래 300미터 65층짜리 역피라미드 모양의 지하공간을 제안했다. 산업화 이후 현대 건축기술이 수직상승의 공간지향을 보여줬다면, 이는 지면아래 공간으로의 확장을 제안하고 있어 획기적인 시도로 평가되고 있다.

두바이 부르즈 칼리바(2018년 기준 세계 최고 높이 829.8m)

어스스크래퍼 지하도시 조감도

사실 이 계획은 멕시코시티 중심부 입지에 대한 수요와 건축물 높이 규제를 해결하고자 하는 의도에서 시작된 것이다. 이들이 제안한 어스스크래퍼라는 지하도시는 세계 각국에서 누가 더 높은 건물을 세우는지 경쟁했던 것처럼 지구를 관통할 정도의 땅 속 개발경쟁을 부추기고 있어, 각국에서 가장 깊은 도시를 만드는 제안들이 속속 등장하고 있다. 하늘과 땅으로의 수직상승, 수직하강의 움직임들은 성장과 발전의 큰 화두에서 벗어나 다시 태어나야 함을 강요받고 있는 도시 현실에서 성장을 지향하던 과거 도시의 위용을 보는 듯하다.

지면에서 벗어나 하늘과 땅으로 확장되는 도시공간계획과 다소 차이가 있지만 기후적 특성을 극복하는 방법으로 지하공간을 개발한 사례도 있다. 캐나다 몬트리올의 언더그라운드 시티는 도심의 오피스 건물과 지하철, 극장, 박물관 등이 지하공간으로 연결되어 전체 길이가 32㎞에 달한다. 이곳은 1962년도에 건설된 지하쇼핑센터에서 시작되어 확장과 재생, 보수과정을 거쳐 2008년에야 완공되었다. 언더그라운드 시티가 탄생하게 된 가장 큰 이유는 캐나다의 무시무시한 한파와 폭설로 인해 활동에 제약이 많았기 때문이다. 이곳은 1,000여개의 외부 연결통로가 있어 아파트와 연결되었고 대학, 도서관, 쇼핑몰 등이 있어 굳이 지상으로 나가지 않아도 충분히 생활할 수 있게 설계되었다. 자연환경을 극복하는 방법으로 새로운 문화와 생활환경을 만들어 가며 활동공간을 확장한 사례이다.

미국 뉴욕에서도 기존에 버려진 공간을 다시 살리는 작업이 진행되었다. 맨해튼 지하의 폐 전차역을 공원으로 개조하는 로라인(lowline) 프로젝트가 그 예이다. 로라인 프로젝트가 시작된 맨해튼 로이스트사이드에는 1903년부터 1948년까지 운행된 후 중단되어 60년 이상 방치된 윌리엄스버그 전차터미널이 있었다. 이곳은 본격적인 자동차 시대가 도래하면서 전차운행이 중단되어 버져진 곳이었다. 이 프로젝트는 세계 최초의 지하공원계획으로 지면으로부터 10m에 불과한 깊이이지만 지하에 녹지공간을 조성하겠다는 파격적인 제안에 세계적인 이목이 집중되었다.

특히 이곳은 버려진 도시공간을 많은 시민들이 즐길 수 있는 공공공간으로 탈바꿈한다는 데 큰 의미가 있다. 또한 여기에는 최첨단 기술과 독특한 아이디어, 실험정신이 녹아들어 있다. 지하에서도 식물이 자랄 수 있게 하는 원격채광기술과 빛, 습도, 온도 등을 제어할 수 있는 기술이 접목되었고, 건축·디자인·문화 등 당대의 문명이 깃들어 있다는 데 의미를 부여할 수 있다.

우리나라에서도 서울을 포함한 몇몇 도시에서 땅속으로 거꾸로 자라는 도시를 구현하고자 하는 대열에 합류하는 움직임을 보이고 있다. 서울시는 종각에서 시청, 동대문에 있는 지하철과 빌딩 등의 지하공간을 ㄷ자 모양으로 연결하여 야구장 30개 규모의 42만 5천㎡의 지하공간복합개발 사업을 구상하고 있다. 이는 국내 역사상 최대 규모의 지하공간개발사업이다. 지상공간은 차 없는 대형광장으로 조성해 강남 도심의 중앙광장 역할을 할 것으로 계획하고 있다.

위에서 열거한 도시들 이외 세계 유수의 도시들에서도 지하공간 개발을 위한 중·장기계획을 수립하고 있다. 사실 지하공간개발에 있어 지하공간에 대한 부정적인 기존 인식을 벗어나지 못하고, 지하공간개발의 필요성과 당위성에 대해 무조건 반대 입장을 보이는 사람도 있다. 인간은 기존 상식으로 여겨지던 생활방식과 다른 새로운 문물을 대할 때 이성적으로 이해가 안될 만큼 지극히 배타적일 수 있다. 처음 영국에서 증기기관차를 운행했을 때 당시 사람들은 기관차 연기가 각종 병을 유발하고, 시간표가 있다는 것만으로도 사망가능성이 있다고 믿었다. 산업화 초기 가장 먼저 훈련되어야 할 것이 시간에 맞추는 삶의 양식이었을 정도로 당시의 시대적 상황은 지금과는 판이하게 달랐다.

현대도시의 급속한 변화와 예측불허의 변동성, 혁신적인 기술발전은 맞닥뜨린 도시문제를 해결할 새로운 돌파구가 필요하다는 인식을 일깨워준다. 이는 미지의 공간으로 여기던 지하공간에 관심을 갖게 되는 또 다른 이유이기도 하다. 또 다른 측면에서 지하공간개발이 부각되고 있는 이유로 들 수 있는 것이 거대도시화되는 현상이다. 메가시티화로 인한 도시집중 현상, 도시 가용부지 고갈, 기반시설 구축

부담, 신기술개발의 적용, 기후변화로 인한 냉·난방 에너지효율과 환경비용부담, 불안감 증가로 인한 국가안보와 비상상황대비 등이 지하공간개발의 이유로 꼽힌다. 이상에서 열거한 지하도시개발의 필요성뿐 아니라 당대 시민들의 요구, 경제적 수요, 전망 등이 서로 합치될 때 현실에서 지하도시가 실현될 수 있다. 그러면 도시에는 지상과 지하 공간, 가상과 현실 공간이 공존하며 실질적인 도시공간의 확장이 구현될 수 있다.

최근 선진국들을 위시로 지상공간뿐만 아니라 지하, 우주, 해양에 이르기까지 새로운 공간개념이 도시개발 아이템으로 주목받고 있다. 이와 함께 신(新) 도시개발에서 벗어나 기존 아이템을 재활용하고 최대한 공간효율성을 추구하는 다양한 미래형 도시개발로 선회하고 있는 현상도 간과해서는 안 될 것이다.

2.4. 방문자 경제

바야흐로 세계는 모든 면에서 경쟁 중이다.

저성장 침체기로 접어든 세계 경제는 미래 성장동력으로서 방문자경제(Visitor Economy)전략을 구상하고 있는 중이다. 관광과 종종 같은 의미로 사용되기도 하는데, 방문객들의 유입으로 인한 경제적 활동을 강조하는 의미로 방문자 경제라는 용어를 사용한다. 외부 방문이나 관광객들이 유입되면서 직접적인 경제적 이익을 창출하는 점과 더불어 타 연관 산업으로 파급되어 부가가치가 창출이 되면서 관광공급사슬(Tourism Supply Chain)을 형성하게 되는 점에 주목하게 되었다.

여기에는 교통·통신의 발달과 신자유주의 기조가 국제교류를 활발하게 하는데 기여한 결과이기도 하다. 도시 간 여행과 관광 등이 활발해지면서 직접적으로 물건을 생산하고 판매하는 방법이외에 외부 방문객을 통해서도 수익창출이 가능하다는 점이 주목받게 되었다.

이와 함께 2008년 이후 세계적인 경기침체가 지속되고 도시들 간 과도한 경쟁체제로 돌입하게 되면서 부가가치가 높은 새로운 산업을 발굴해 도시생존전략으로 발전시켜야 하는 필요성이 강조되었다. 이러한 시대적 요구는 향후 경제성장을 담보할 주요 산업분야로 방문자 경제가 각광받게 되는 계기가 되었다.

세계 유수 도시들에서 방문자경제를 활성화시키고 확대하기 위한 노력을 기울이고 있다. 대표적 사례로 호주의 빅토리아 주는 2016년에 이미 빅토리아 방문자경제 전략을 수립하였고, 국제마케팅을 전문적으로 담당할 관광청을 만들기도 하는 등 적극적으로 대처하고 있다. 미국, 영국에서도 잠재적 경제성장 동력으로 부상하고 있는 관광 분야에 대한 투자와 확대를 꾀하고 있다.

산업혁명의 첨병역할을 했던 영국도 예외는 아니다. 영국은 세계 5위(2017년 기준)의 경제대국이지만, 경제성장률 전망 2%대를 지키기 어려운 상황이 반복되고 있어 전반적으로 침체되어 있는 상황이다. 그럼에도 관광산업은 영국 3대산업에 속할 정도로 성장하고 있다. 2012년부터 정책결정과 마케팅펀드 조성 등을 통한 중앙정부의 지원으로 관광산업을 발전시키고 있다. 영국정부는 관광산업이 침체된 경기회복을 위한 동력이 되어 고용을 창출할 수 있는 가장 빠른 길이라고 생각하고 있다. 즉 관광산업 활성화만이 경제회복을 위한 최선의 방법이라고 생각한 것이다.

하지만 관광산업이 국가주력산업이 될 것이라는 인식은 선진국에서도 완전히 정착되지 않은 분위기다. 관광산업 분야에는 경험과 능력, 기술을 겸비한 사람들이 일하고 있다. 하지만 관광산업에 대한 인식에 있어 여가와 서비스(Hospitality and Service) 산업으로 발전될 수 있는 고부가가치 산업이라는 측면에 대한 생각은 여전히 부족하다. 사실 아직까지도 관광산업은 비전문적이고 일시적이어서 직업의 질도 낮고 발전가능성이 충분치 않다는 반응이 지배적인 편이다. 이러한 인식을 바로잡고, 관광관련 산업을 미래성장 동력으로 인식 전환하는 작업으로부터 관광산업의 발전은 시작된다고 할 것이다.

2.5. 휴먼스케일과 24시간 도시

삶의 속도를 늦추고 눈높이를 낮추고 주머니를 비우고 가진 것을 버리고……. 최근 불고 있는 미니멀 라이프, 소확행 등과도 같은 맥락으로 연결되는 말이다. 급속한 기술발전을 통해 수요를 넘어 생산되는 물건들을 판매하기 위해 소비가 곧 미덕이라고 여겨졌던 산업화시대의 트렌드와 대치되는 말이기도 하다. 또 어쩌면 치열한 경쟁의 시대에서 매 순간 순간 정보와 지식이 넘치는 삶을 숙명처럼 살아야 하는 현대도시의 라이프스타일을 유지하기에는 가당치도 않은 일인지도 모른다.

사람마다 호흡이 있듯이 개별 도시들도 나름의 숨소리와 흐름이 있다. 농경사회에는 아침에 해가 떠서 저녁 해가 질 때까지 노동과 휴식, 오락시간을 가졌고, 산업사회에서는 공장 기계가 돌아가기 시작하는 출근 시간부터 퇴근 시간까지 9 to 5를 고수해야 했다.

초기 도시는 그 속에 사는 사람의 치수 즉 휴먼 스케일(Human Scale)과 행동특성에 맞춰 만들어졌다. 사람이 고개를 들어 올려다보기에 부담스럽지 않은 높이로 건물을 짓고, 걷기에 힘이 부치지 않는 거리로 블록을 나눴다. 물론 당시에는 토목·건축기술이 발달하지 못해 고층건물을 지울 수 없었고, 국가 간 교류가 자유롭지 못해 그 지역의 재료만 쓸 수 있었다는 설명도 일리 있는 말이다.

도시 공간내부로 들어와 건물을 지을 때도 사람의 신체 부위별 길이와 활동에 따라 계단, 문, 가구, 선반 등을 계획했다. 20세기 초

르코르뷔지에(Le Corbusier)가 처음 모듈러(Modulor)라는 개념을 적용해 건물을 지을 때에도 휴먼 스케일은 기준이 되었다.

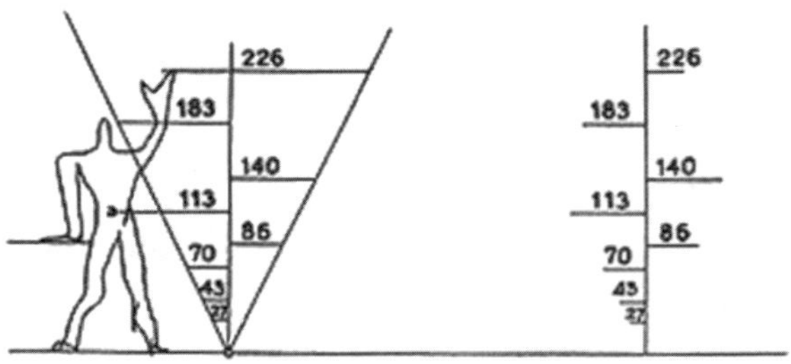

They may be drawn as follows:

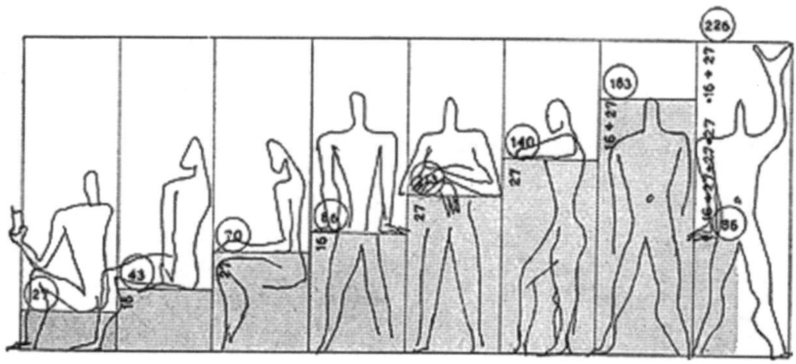

Le Corbusier(1954), The modulor(transl. de Francia and Bostock), London: Faber and Faber

르꼬르뷔지에의 모듈은 작업공간을 형성하고 건물의 부분을 구성하기에 혁신적이었으나, 부분이 모여 전체를 구성하는 데에 부분조합과는 또 다른 관점이 요구되어 비판을 받기도 한다. 당시 도시는 생산성향상을 위한 기술발전과 교통·통신의 발전을 필두로 휴먼스케일을 뛰어넘는 도시공간으로 계획되어야 했다. 사실 그 당시 급속한 도시화가 진행되면서 전체적인 시각과 미래비전으로 도시의 성장을 계획할 만한 전문 도시계획 분야 자체가 부재했던 시기이다. 건축가 중심의 도시계획과 행정·경제·산업분야의 요구에 맞는 공간설계를 통해 산업화와 도시화를 견인하는 역할을 할 뿐이었다.

도시가 산업화 첨병역할을 담당하게 되면서 휴먼스케일을 바탕으로 인간의 삶이 투영되었던 도시는 점차 인간이라는 주체를 상실하게 되었다. 인간의 삶과 편의를 우선시하는 것보다 좀 더 빠른 생산과 운송, 판매를 목적으로 재편되는 상황이었다. 새롭게 만들어지는 신도시들은 모두 그런 모습을 최상의 도시모습으로 구현하고자 하였다. 막스 베버가 주장한 최소비용 최대효과의 공장입지론처럼, 주체로서의 도시가 아니라 생산과 소비를 위한 도구로서 역할을 하게 되면서 점점 도시와 인간의 관계가 멀어지게 되었다. 자본이득과 효율성은 휴먼스케일을 망각하게 했고, 그 순간 도시는 더 이상 인간을 위한 것이 아니었다.

한 때 성공적인 주택건설의 모델이었지만 실패한 건축가 이야기로 회자되는 사례가 있다. 1954년 미국 미주리 주 세인트루이스 시에 대규모 주택건설 프로젝트가 있었다. 당시 르꼬르뷔지에의 현대주의적 이상을 현실로 실현시키고자 하는 의도로 시작된 것인데, 더러운 빈민거주지를 현대적인 감각을 갖는 수직적 공동체로 구현하자는 생각이 현실로 구현시킨 사례이다. 33개동의 11층 공동주택으로 2,870가구, 13,000명이 거주할 수 있는 대단위 규모의 임대아파트를 건설하는 사업이다. 이 사업은 프루이트 이고 프로젝트(Pruitt-Igoe Project)라고 했다. 해당 건축물은 미국 세계무역센터를 설계한 미노루 야마스키(Minoru Yamaski)가 설계에 참여해 미국 건축가협회상을 받기도 했다. 이런 명성을 갖던 것이 1972년 20년도 채 되지 않았는데 강제로 철거되는 수난을 겪은 것으로도 유명하다.

한때 모더니즘적 기념물로 평가되기도 했던 이곳이 철거된 데에는 여러 이유가 있다. 처음 이 프로젝트가 시작될 때 심리학자, 사회학자, 건축가 등 수많은 전문가들이 참여했다. 모든 공간을 기능적으로 배치했고, 보안과 유지를 위한 시설 설치에도 만전을 기했다. 프루이트 이고 주택프로젝트가 실시된 초기 1957년 90% 이상의 점유율을 보이며 성공하는 듯 했다. 그러나 얼마 되지도 않아 그곳은 범죄와 마약소굴로 변질되는 운명을 맞게 되었다. 기존 생활패턴이 전혀 고려되지 않은 건축계획, 치안문제, 임대료, 유지관리보수 미흡 등을 이유로 공실률이 높아졌다. 이후 점점 생활여건이 악화되게 되면서 1970년엔 급기야 27동이 비는 상황으로까지 몰락하게 되었다.

이 같은 사태가 벌어지게 된 구체적인 이유로 건축계획적인 이유를 들어 스킵스탑(Skip-Stop)엘리베이터를 설치하거나 사생활보호가 되지 않는 환경, 커뮤니티와 안전이 갖춰지지 않은 공간설계 등 문제점을 제시하기도 했다. 또 다른 이유로는 흑인과 백인의 거주지를 각각 프루이트와 이고로 분리해 인종차별을 공간적으로 보여줬다는 점 등이 이유로 제시되었다. 또한 산업·경제적 측면에서 접근해서 설명한다면 20세기 초 산업발달과 도시화의 영향으로 세인트 루이스로 몰려들었던 인구가 산업재편과 고도화에 따라 점차 인구가 감소하기 시작한 것이 실패의 주요 요인이라고도 평가한다.

프루이트 이고 주택단지 전경과 폭파장면

이상에서 살펴본 프루이트 이고 프로젝트 사례는 공간과 시대적 요구의 중요함을 일깨워주고 있다. 하지만 그보다 더 도시계획과 건축 및 공간계획에 있어 인간중심의 장기적 비전이 수용되어야 한다는 점을 일깨워주고 있다. 공간은 물리적 또는 심리적 공간을 지배하여 그 속에 있는 사람의 행동에 영향을 미친다. 짐짓 인간 의지로만 도시공간을 살아가는 것처럼 보여도 단순히 인간이 물리적 공간을 적응해 가는 것이 아니라 공간을 인지하고 삶과 동질화하면서 비로소 도시공간 속의 인간으로 살아간다는 점을 잊어선 안 될 것이다. 프루이트 이고 프로젝트처럼 경제적, 합리적이라는 이유로 인간의 본성과 공간의 이해가 무시된다면, 프루이트 이고의 사례가 다른 나라의 사례 정도로 한정되지는 않을 것이다.

인간이 도시를 만들었지만, 점차 도시가 인간을 만들게 되는 상황은 여러 경험을 통해 익숙하다. 이와 함께 인간성을 찾기 위한 노력 또한 여러 모습으로 다각적인 형태로 이루어지고 있다. 사람이 다니던 골목은 자동차가 다니기 편한 도로로 바뀌게 되고, 아이들이 뛰어 놀던 마당은 자동차에게 자리를 내어주게 되었다. 계획적으로 목적이 구분된 도로, 주차장, 상가, 공원 등은 처음 부여된 용도에 맞춰 사람들의 생활양식을 조정하고 있다.

철저하게 구획된 공간설계에 맞춰 마치 공장의 생산 공정처럼 효율성을 최고 가치로 하여 도시가 재편되는 과정을 거치며 현재와 닿아있다. 그러면서 점점 도시 경제력이 상승하는 만큼 도시 공간에 가해지는 인위적인 프레임 압박도 강해졌다. 여기에 세계화라는 전파력 강한 힘이 가세되면서 신흥국 도시들을 상대로 생산기지로서의 도시계획 모델이 확산되고 있다. 도시가 확장되면서 도심 공동화와 슬럼화, 교외화 등으로 인해 환경, 사회갈등, 범죄 등의 도시문제로 비화되면서 도시의 인간성 찾기 움직임이 등장하였다.

그 대표적인 인물이 제인 제이콥스다. 그녀가 생각한 도시는 자동차와 거대자본이 주인인 대도시가 아니라 사람들이 걸어 다니면서 즐거움을 느끼는 도시, 흥미로운 볼거리와 문화가 있는 자연스러운 도시모습이다. 우선 도시에 사는 사람들에게 부담감 없이 다가갈 수 있는 편안한 장소가 되어야 하고, 흥미를 끄는 도시가 되어야 한다고 하였다. 제인 제이콥스는 도시공간이 이런 볼거리와 재밋거리를 제공할 때 비로소 창의력을 발산하는 도시가 된다고 말했다. 제인 제이콥스는 도시계획을 전공했거나 도시 관련 일을 한 사람도 아니었다. 그녀가 생각하는 도시는 사람이 살기 좋은 도시가 되어야 한다는 상식을 바람으로 했고, 활기 있고 생태계와 같이 자연스러운 도시의 모습을 제안했다. 유명한 도시계획 전문가도 아닌 그녀의 도시 관점이 도시 본성에 충실한 지극히 상식적이고 인간적이라는 점에 지금까지도 회자되고 도시계획의 교본처럼 인용되고 있다.

1960년대 당시 그녀가 보았던 뉴욕은 쭉 뻗은 넓은 도로와 고속화 도로, 낡고 오래된 건물들을 밀어버리고 새로운 공간으로 탄생시키는 재개발 사업이 속속 일어나고 있는 상황이었다. 50여년 전 미국 대도시의 모습을 머릿속에 그려보면 지금 우리나라 도시 상황과 별반 차이가 없다. 그녀는 깨끗한 환경과 인프라, 생활의 편리를 내세우며 오랜 시간동안 누적된 도시의 역사를 파헤쳐서 콘크리트 아래 묻어버리는 사건이 발생했다고 개탄했다.

고전 사회학자들은 시간이 공간을 지배한다는 가정을 내세웠지만, 공간이 시간을 지배하고 사람을 지배하는 상황이 발생하게 되었다. 여기에 더 이상 묵도할 수 없었던 사람들은 도시생태계를 살리자는 운동을 시작하게 되었다. 이 생각들의 기저에는 제인 제이콥스의 도시관이 투영되었고, 새로운 도시를 구현하고 싶었던 사람들을 결집시키는 계기가 되었다.

미국 대도시의 죽음과 삶 (1961) 표지, 그린비

현재 우리가 살고 있는 도시의 거리는 일반 성인이 평균 4km/h 보행속도로 걸어간다고 가정했을 때, 한참을 걸어도 같은 곳을 걷고 있다는 착각이 들만큼 단조로운 곳이 많다. 걸어가는 길에 화려한 로드샵이라도 있다면 지루하지 않을 것이지만, 지나치게 길고 넓은 블록과 거리는 우선 인간의 오감을 지치게 한다. 한 마디로 재미가 없는 도시가 되면서 걷고 싶은 사람들을 걷지 못하게 하고 있다. 넓은 도로와 높은 건물들은 도시공간의 주요무대를 점령하고, 사람은 어느 순간 거기에 정서적으로 압도당하게 된다. 높고 커다란 덩어리를 자랑하는 건물과 눈으로 좇아갈 수 없이 빠른 자동차는 인간의 생각이 확장될 여유를 앗아간다. 그런 곳에선 창의적인 생각들과 경험들이 쌓이지 못하게 되고 사람과 공간이 유리된다.

이러한 생각에 공감하는 수많은 사람들이 등장하면서 인간다운 도시 만들기에 대한 생각이 점차 자리를 잡아가게 된다. 인간의 공감은 시대와 장소를 불문하고 언제 어디서든 포착되는가 보다. 덴마크 도시공학자 얀 겔(Jan Gehl, 1936~)은 인간을 도시공간의 주인으로 다시 세워야 한다고 했다. 얀 겔은 도시를 건설하는 방식에 따라 인간의 생활방식이 변한다는 사실을 강조했다. 그는 코펜하겐, 뉴욕 등에서 차량중심의 도시공간을 완전히 바꿔 인간중심의 공간으로 만드는 실험을 했다. 1960년대부터 시작된 이 실험들은 자동차중심도시를 인간중심도시로 변화시키는 새로운 시도로 세계 각국의 도시에 충격과 교훈으로 자리하고 있다.

얀 겔(Jan Gehl)의 연구팀은 덴마크 코펜하겐 도심 사례를 들어 보행자전용도로가 늘어나면서 점점 차량이 줄고 사람들의 왕래가 증가하게 되면서 도시공간에 사는 사람들의 생활양식에도 변화가 일어났다고 했다. 그들이 발표한 자료에 따르면, 코펜하겐 시에 처음 보행자전용도로가 도입되었던 1968년 이후 1995까지의 실험기간 동안 처음과 비교해 도심 내 사람들의 활동이 4배정도나 증가했다고 발표했다. 차량을 위한 공간이 줄어들면서 보행자전용거리를 방문하려는 사람들도 차량이용에 불편함을 느껴 차량이용을 줄였고, 방문지에 머무는 시간과 활동이 증가했다. 도심내 사람들의 방문이 늘어날수록 그들이 쉬고 기다리고 머무를 수 있는 공간에 대한 필요성이 높아졌다. 공간수요가 증가하다보니 점점 차량이 점령하던 도로는 카페나 공연장으로 대체되었다. 이전과 같으면 집을 나와도 갈 곳이 없던 사람들이 늘어난 공간만큼 집 안에만 머무르는 시간을 줄이고 외부 활동 시간이 증가하는 생활패턴으로 변화되었다. 점점 더 쇼핑, 여가, 놀이, 공연을 즐기기 위해 공공공간으로 모여들게 되었다.

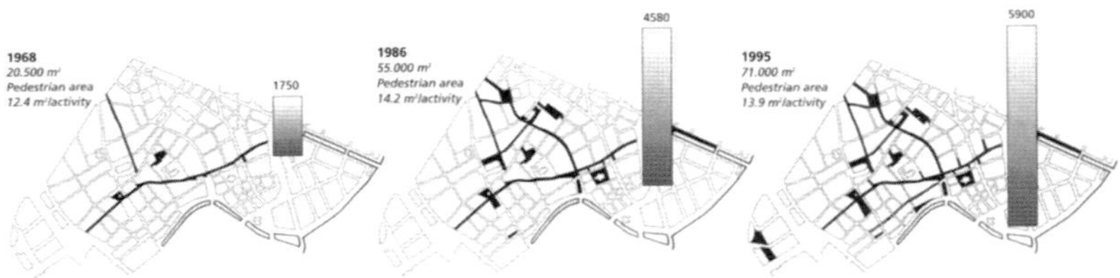

1968년, 1986년, 1995년 코펜하겐 도심에서 12시부터 16시 사이 일어나는 활동들 중 잠시 쉬거나 기다리기도 하고, 사람을 만나는 등의 활동을 하는 사람들의 숫자를 조사했음

Lars Gemzoe(2008), Public Spaces for Public Life

야외카페와 사람들의 활동간 관계에 대한 얀 겔(Jan Gehl)의 설명에 따르면, 연구범위로 선정한 도심지의 야외카페의 증가는 사람들의 활동 증가로 이어진다고 한다. 그는 1986년부터 1995년까지 사람들의 활동이 61% 증가했고, 1995년에서 2005년 사이 다시 47%가량 활동하는 사람이 증가했다고 말했다. 도심 야외카페가 증가하면서 연중 문화행사와 이벤트 등이 개최되었고, 점점 더 많은 사람들을 도심으로 유인하게 되었다. 공간변화와 사람의 활동간 관계가 실험으로 증명된 것이다. 일찍이 보행자중심으로 계획되었던 얀 겔의 실험은 도시전반으로 확대되었고, 다양한 시도와 실험으로 이어지고 있다. 특히 코펜하겐 여행 시 가장 많이 볼 수 있는 자전거와 이보다 더 신기한 자전거고속화도로는 방문객들의 감탄을 자아내고 있다.

사람의 삶을 우선으로 하는 도시공간설계는 외형적 요소보다 도시에 사는 사람들의 삶의 질 향상과 도시를 방문하는 사람들의 경험을 중심에 두는 것이라고 얀 겔(Jan Gehl)은 얘기했다. 사람이 존중받는 공간을 구현하고자 하는 노력이 진행될수록 공간 속에 사람을 가두지 않고 그들의 활동을 중시하게 된다. 그럼으로써 외부에서 활동하는 사람을 위한 공간에 대한 수요는 증가하고 더 많은 사람들이 집 밖으로 나와 활력 있는 도시를 만드는 요소가 된다. 각자 집이라는 공간에 갇혀있던 개인을 공공공간으로 불러내어 고립된 도시의 생활양식에 종지부를 찍게 되는 것이다.

현대문명을 대표하는 것들 중에서 인간의 삶을 가장 많이 변화시킨 것으로 자동차를 꼽는다. 인간이 만든 도시의 주인은 여전히 인간임에도 도시는 대표적인 자동차중심 공간이 되었다. 자동차중심도시는 자동차 이용이 편리하도록 계획한 것이고, 사람중심도시는 사람이 편하게 만든 도시이다. 사람의 생활을 중시한다면 도시계획 도면 위에 그어지는 계획선에도 인간의 삶의 가치가 우선되어야 하지 않을까 생각해본다. 사람의 두 다리가 도시의 거리를 걷는 주요수단이라면 걷는 속도와 폭에 맞춰 거리가 구획되어야 할 것이다.

얀 겔의 또 다른 위대한 실험 중 하나가 뉴욕 한복판 타임스퀘어를 차 없는 거리로 만든 작업이다. 세계적으로 자동차문화의 중심도시로 유명한 뉴욕에서 2009년 놀라운 실험이 이루어졌다. 본래 타임스퀘어는 90% 자동차와 10% 인간보행이 이루어지는 공간이다. 이 공간에 브로드웨이에서 중심지까지 차량출입을 통제하고, 자전거도로를 외곽까지 확장하는 실험을 감행한 것이다. 많은 사람들의 반대와 저항이 있었지만 미래를 위한 도시의 변화를 수용하는 위대한 실험이었다.

EBS 얀겔의 위대한 실험 영상 캡처

그 실험 중 하나가 차량이 통제된 길에 사람이 앉을 수 있는 돌이나 의자를 마련하는 것이었다.

또한 도로를 줄이고 보행로와 자전거도로 등을 확대하거나 공원 등으로 조성해 집 안에만 갇혀 있는 사람들을 거리로 나오게 했다. 걷다가 잠시 쉬기도 하고 놀기도 하며 편하게 사람들이 모일 수 있는 공공공간을 확대한다면 더 많은 사람들이 거리로 나오게 될 것이라는 생각이었다. 결과는 성공적이었다. 자동차중심의 생활에 익숙했던 뉴욕시민들도 처음엔 긍정적인 반응만 있었던 것은 아니지만, 결과적으로는 보행자와 자전거가 연계되는 교통체계에 대해 대다수 사람들이 동의하게 되었다.

시행 1년 후 교통당국이 조사한 바에 따르면, 차량통제로 교통흐름에 정체가 있을 것이라는 예측과 달리 주변 대다수 도로의 차량이동이 더 빨라졌고 버스주행속도도 상승했다고 밝혔다. 현재 타임스퀘어 광장은 세계최고의 광고 단가를 자랑하는 뉴욕 심장부를 대표하고 있는 곳으로 세계인이 부러워하는 공간이 되었다. 세계에서 가장 빠른 뉴욕에서 느림의 미학을 살려 인간고유의 활동으로 생산성을 발휘하는 공간이 되었다.

얀 겔(Jan Gehl)이 실험한 것처럼 시속 60km를 상정한 도시 내 거리를 사람의 걸음걸이 속도에 맞춰 재조정하면, 내딛는 발걸음이 멈추는 공간들마다 재밋거리가 촘촘하게 틀어박히게 계획된다. 이는 제인 제이콥스가 생각한 창조적이고 사람들을 활기차게 하며 또한 안전한 도시를 만드는 요건과 흡사하다. 1950년대 미국 뉴욕을 보고 제인 제이콥스가 제안했던 도시와 2000년대 초반 얀 겔이 시도한 뉴욕을 변신시키는 실험에서 21세기 한국 도시의 조건을 생각해본다.

도시는 재미있고 안전하며 흥미로운 곳이어야 한다고 하는 제이콥스의 생각과 사람이 우선되는 도시가 되어야 한다는 얀 겔의 생각이 투영되는 도시가 21세기 도시의 모습이라고 할 것이다. 이러한 생각은 자동차위주의 획일화된 도시의 모습에서 탈피해 다양성이 표출되어야 살아있는 도시가 된다는 결론에 도달하게 된다. 이는 제이콥스가 생각한 도시의 제안에서 구체적으로 표현되기도 했다. 도시계획 전문가도 아니고 건축가도 아닌 그녀가 환경, 건축, 도시계획 등 관련 연구자들과 일반인에게 아직까지도 거대한 울림으로 다가오는 이유가 바로 거기에 있다. 도시라는 공간에 살고 있는 평범한 사람을 도시의 주인으로 수용하여 그들이 사는 도시를 구현하고자 했다는 점이다. 현재까지도 그 생각들이 투영되고 변화되는 과정이 진행 중이다.

이렇듯 인간과 효율성이라는 서로 대립되는 가치를 두고 이들 중 어떤 것에 중점을 두느냐에 따라 도시와 그 속에 사는 사람들의 모습도 변화를 거듭하고 있다. 21세기가 되면서 다시 인간이 주인이 되는 도시 만들기에 대한 요구와 노력들이 이어지고 있다. 인간이 주인이 되는 도시에서의 모든 활동은 인간 활동에 기반을 둔다. 우리가 살고 있는 한국의 도시들에도 이를 적용해보고 깊이 생각해봐야 할 것이다. 아파트 숲으로 대표되는 우리 도시의 모습은 과연 우리들의 본성과 생각을 반영하는 시대적 요구에 적합한 것인가 생각해본다.

이상 논의되었던 휴먼스케일과 활동이 적용되는 인간중심 도시의 조건들을 정리해보면 다음과 같다. 첫째, 대중교통이용이 편리하고 다양한 용도가 혼합된 공간 조성이 이루어져야 한다. 대중교통이용이 편리하다는 것은 개인 자동차 이용이 자제되고 대중교통중심으로 도시가 운영된다는 것이다. 이는 승용차 이용이 불가능한 계층 등에게도 정당한 이동권을 부여한다는 것을 의미해 포용적인 도시 운영의 밑거름이 된다. 또한 보행, 자전거 등의 이용을 활성화하는 교통계획과 연계, 시설배치 등으로 환경오염과 에너지절약의 효과까지 창출한다. 대중교통중심으로 공간계획을 하면 일차적으로는 우선 도로와 주차장이 차지했던 공간이 줄어들게 되고, 공공공간으로 배분될 수 있는 공간이 늘어나게 된다.

다음으로 공간에 다양한 용도를 부여하면 다양한 목적을 가진 사람이 찾아오게 되고, 그들의 수요와 목적이 또 다른 창조의 원동력이 된다. 이는 공간에 다양한 용도를 부여하는 물리적 다양성뿐만 아니라 다양한 사람들의 접근을 허락하여 인적인 다양성을 부여해 개방성을 갖출 수 있게 된다.

둘째, 걸어 다니는 사람중심의 거리로 설계되어야 할 것이다. 굳이 반듯하고 쭉 뻗는 길이 아니더라도 블록이 짧게 설계되면 블록을 지날 때마다 걸으면서 새로운 기회와 재미를 느낄 수 있다. 최근 걷는 즐거움이 확산되면서 골목길 자본, 골목 상권 등이 각광받고 있는 것도 예전에 버려졌던 골목길이 다른 곳과 차별화된 재미와 매력을 주고 있기 때문이다. 제이콥스가 말한 걸어 다니는 길의 매력으로부터 출발해서 하나 둘 사람이 모이고 상가가 생기게 되고, 도시공간 속속들이 생산과 창조가 일어나는 공간으로 변신하게 된다. 특히 소셜 네트워크에 색다른 장소를 알아내고 알리는 것을 취미로 삼는 밀레니얼 세대에겐 흥미로운 공간 탐험이 된다.

셋째, 도시공간은 수많은 시간들이 누적되어 다양성을 제공해야 한다. 도시는 많은 사람들의 기억과 경험들이 녹아들어 있다. 오래된 역사책처럼 그 속에 수없이 많은 이야기를 담고 있는 곳이다. 각자 오랜 기억과 경험을 담고 있는 도시 공간 하나하나들도 모두 햇수가 다른 건물들이 시간의 흔적처럼 다양하게 섞여있어야 한다. 우리가 사는 동네에 나이 많은 어르신, 열심히 일하는 중년, 활기찬 젊은이, 개구쟁이 아이들이 살고 있듯이 도시 공간 속에도 여러 시간들이 공존해야 진정 살아있는 공간이 된다.

1960년대 뉴욕의 재개발 현장을 보며 도시재개발이라는 명목으로 도시공간을 할퀴고 훼손한다고 했던 제이콥스의 지적이 현재 우리

도시에도 벌어지고 있다. 헐고 낡은 것을 없애고 새롭게 만든다는 것은 신선하게 다가올 수도 있다. 그렇지만, 어찌 보면 역사책을 북북 찢어버리고 기억을 지워버리는 것과 같은 일이라고 표현해도 과언은 아닐 것이다. 물론 전면적으로 새롭고 깨끗하게 하는 것도 좋지만, 수많은 사람들의 기억과 역사에 대한 가치를 단순화하는 순간 고유 특색을 잃어버리게 된다. 특히 거대자본의 힘으로 대형 도시들과 똑같은 건물과 시설을 만들어 듀플리케이션(Duplication) 양상을 보이는 것은 노후지역 개발과정에서 나타나는 젠트리피케이션(Gentrification)보다 더욱 치명적이다. 이들 모두 도시 매력을 갉아먹는 개발행위이다. 어쩌면 아무것도 안하고 그대로 방치해두는 것이 미래도시를 위한 자산을 저금하는 것으로도 평가될 수 있다.

넷째, 공공공간은 사람들에게 공간 자체의 의미뿐 아니라 시민들의 권리, 창의력 생성과 발전의 장이 된다. 창조도시의 요건으로 창조의 장(場)이라고 강조했던 사사키 마사유키(佐々木雅幸)는 시민의 창조력과 감성고취를 위해 경관을 갖춘 도시가 되어야 한다고 하였다. 그가 언급한 창조성을 갖추는 조건으로서 도시의 공공공간이라는 장소는 사회적 자본과 사회적 가치 형성의 토대가 된다.[12] 도서관, 공원, 문화센터, 광장 등에서 시민들의 활동이 빈번해지면서 사회적 자본이 형성되고 사회적 포섭과 통합이라는 사회적 가치 실현으로 이어지게 되는 것이다. 또한 만남, 행사, 공연, 이벤트 등을 통해 정체성을 형성하면서 창의적인 도시구현의 일환으로 내걸었던 문화도시, 창조도시, 혁신도시로서의 잠재력을 갖추게 된다. 이상에서 살펴본 휴먼스케일과 인간 활동을 기반으로 하는 도시전략은 대중교통지향, 지속가능한 도시, 도시재생, 사회적 자본형성 등은 도시라는 공간에서 일어나는 사회, 경제, 문화적 활동의 근간이 된다.

이와 더불어 인간 활동을 중심으로 조성된 도시는 공간적 다양성 뿐 아니라 시간적인 다양성을 검토해보는 것을 제안한다. 인간의 활동을 주간시간으로 한정하지 않고 야간시간으로 눈을 돌려보는 여유와 포용은 야간경제로 접목시킬 수 있다. 주간경제의 연장선으로서 뿐 아니라 신산업으로서 자리하기 위한 야간경제 활성화의 요건으로 대중교통체계, 다양성, 보행, 공공공간 등 사람 중심 도시 구현의 요건을 공유한다. 휴먼스케일과 활동을 중시하는 사람중심도시 구현을 위한 조건의 하나로서 보행과 대중교통중심교통체계와 연계가 이루어지면 다양한 계층이 야간경제에 참여할 수 있는 여건이 되기도 한다. 또한 물적 다양성과 인적 다양성이 갖추어지면 수없이 다양한 수요에 대응할 수 있어 야간경제 활성화를 위한 활력소가 된다. 다음으로 공공공간의 확충은 라이프스타일이 다양한 현대인들에게 만남의 공간을 제공하는 역할을 하고, 24시간 도시 구현의 플랫폼 역할을 할 것이다. 물론 공공공간은 공공을 위한 공간으로서 야간경제에 참여하지 않는 사람들에겐 절대 피해를 주어서는 안 된다는 것이 전제된다.

2.6. 4.0시대 도시의 지속가능성

지금까지 산업혁명의 주 무대는 공장이었다. 20세기 까지 인류가 만들어낸 부가가치의 대부분이 공장이라는 공간에서 표준화, 기계화, 디지털화 등을 통해 이루어졌다고 해도 과언이 아니다. 수량과 속도 경쟁으로 어떻게 효율성과 효과성을 창출할 수 있는지가 생산성 향상의 주 목표였다. 4차 산업혁명의 시대에는 공장 중심의 산업 정책에서 한발 더 나아가 도시 자체가 부가가치 창출의 공간으로 대두될 것이다. 경제학자 리처드 볼드윈(Richard Baldwin)은 그의 저서 「Factory Free Economy (2017)」 "20세기 공장이 하던 역할을 21세기에는 도시가 수행한다. 도시정책은 신산업정책이다. 공장이 사라진 시대에 공장과 같은 것이 있다면 그건 재능과 아이디어와 서비스가 융합하는 대도시일 거다"라고 했다.

초기 도시가 출현하게 된 목적은 사람과 자본의 구심체였다. 도시는 많은 사람들과 돈, 지식, 아이디어, 예술, 문화 등 각각 다른 특성과 생각, 경험 등이 상호 교류되는 창조성 발현의 중심으로서 역할을 했다. 1990년대 말 한때 인터넷이 대중화되면서 정보통신기술의 발전은 도시 이탈 현상을 가져올 것이라는 예측이 있었다. 실제로는 예측과 달리 세계적인 도시들이 대형화되면서 메가시티화되고 있다. 디지털화는 사람들의 활동 영역을 온라인과 오프라인으로 확대한 것은 물론이거니와 지방의 작은 마을까지도 도시 사람들의 활동 영역으로 편입시키기에 이르렀다. 이와 동시에 전례 없이 빠른 속도로 진행되는 도시화는 급속하고 광범위한 도시 문제의 확산으로 이어지게 된다. UN 발표에 의하면 2014년 지구인의 54%가 도시에 살고 있고, 2050년에는 66%인 70억 명이 도시에 살게 될 것이라고 한다. 결국 지구에 사는 대부분의 사람들이 도시에 살게 되고, 도시에서 1차, 2차, 3차 산업을 수행하여야 한다는 말이 되기도 한다.

그렇다면 어떻게 도시에서 그런 일이 가능할까? 답은 최첨단기술과 인프라에 답이 있다. 최근 가장 많이 듣는 말 중 하나인 스마트시티가 답으로 제시되고 있다. 스마트시티는 1990년대 디지털시티, 2000년대 U-City 등으로 혼동될 수 있지만, 이전에 논의된 것들이 기술집약형 도시를 표현하는 말이었다면 스마트시티는 도시 자체가 하나의 플랫폼으로서 운영되는 것이다.

스마트시티가 새로운 도시모델로 각광받고 있는 점에 반해 너무 다양해 세계적으로 합의된 정의는 없다. 그만큼 다양하고 광범위하게 인용되고 있어 스마트시티와 관련된 키워드를 나열해보아 짐작 가능할 뿐이다. 스마트시티 관련 핵심단어 중 가장 많이 사용되는 것이 ICT(정보통신기술)이다. ICT를 통해 도시의 지속가능성과 환경보호, 인프라, 서비스 제공을 목적으로 한다는 개념 정도로 이해하면 될 듯 싶다.

우리나라의 스마트시티 조성 및 산업진흥 등에 관한 법률('17.3.21 개정)에 따르면, '도시의 경쟁력과 삶의 질 향상을 위하여 건설, 정보통신기술 등을 융·복합하여 건설된 도시기반시설을 바탕으로 다양한 도시서비스를 제공하는 지속가능한 도시'로 정의하고 있다. 스마트시티에서는 최첨단 기술기반의 도시가 부가가치 창출의 역할을 수행하게 된다. 스마트시티에서는 최첨단 기술을 도시라는 공간에 실현해 생활편리, 환경보존, 생산성향상 등을 추구한다는 목적에서 기술적인 요소보다 소프트웨어적인 성격이 강하다.

이를 위해서는 도시의 교통, 주거, 위생, 환경, 안전, 복지 등 다양한 서비스에 대한 이해와 문제의식이 선행되어야 한다. 도시가 품고 있는 역사성과 문화, 문제의식 등을 단순히 기술 중심의 관점에서 접근한다면 이전에 논의되었던 디지털시티, 유비쿼터스시티가 보여주었던 한계 이상을 기대하기 어렵다.

인공지능(AI), 자율주행차량 및 무인비행기와 같은 4차 산업혁명 기술과 사물인터넷, 첨단소재, 3D인쇄 및 생명공학기술은 도시의 지속가능성 보장과 관련된다. 4차 산업혁명시대 도시에서는 농촌지역에 농장을 두고 집에서 인공지능과 사물인터넷으로 농사를 짓고, 3D프린터로 물건을 만들어 팔수도 있다.

에너지 분야에서도 스마트그리드 구축을 통해 저렴하게 이용하고 쓰고 남은 에너지는 판매를 통해 경제적인 이득도 취할 수 있다. 이처럼 스마트한 삶이 가능하려면 우선 새로운 인프라구축이 요구된다. 산업화시대 도로, 항만 등의 SOC구축을 발전 요소 일순위로 꼽았듯, 플랫폼으로서 스마트시티 구현을 위해서는 새로운 인프라구축이 요구된다. 이전의 SOC구축과 달리 스마트시티 인프라는 광역 인터넷망과 공간정보 구축, AI구동을 위한 데이터 분석, 무인자동차 운행 시 필요한 정밀지도 등 하드웨어적 요소와 소프트웨어적 요소가 융·복합된 것이다.

현재 도시는 교통, 에너지, 쓰레기, 물, 건축 등 도시를 구성하고 있는 다양한 부문들의 재구성이 필요한 시점이다. 이를 위해 도시가 직면한 가속화된 변화와 다양한 문제들에 최첨단기술을 접목하여 예측불허의 문제들에 적용하고 있다. 이로써 스마트시티는 기술혁신과 생산성 향상의 촉매제 역할을 하며 새로운 비즈니스 모델과 결합하여 도시의 지속가능성과 재구성을 위한 기반을 형성하게 된다. 도시의 지속가능성을 위해 스마트시티가 수행하는 기능에 대해 살펴본다.

첫째, 스마트시티는 도시의 기능과 역할을 확장시킬 수 있다. 최첨단기술을 활용해 서비스산업 위주로 운영되던 기존 도시의 역할을 1·2차 산업의 영역까지 포함시킬 수 있다. 우리는 이미 도시에 스마트팜, 스마트팩토리를 육성하는 전략에 익숙해져 가고 있다. 관련 용어에 익숙해진 것은 진작부터 1·2차 산업과 최첨단기술의 접목현상이 진행되고 있는 현주소를 말해주고 있음에 틀림없다.

둘째, 스마트시티는 인간친화적인 도시를 구현한다. 기존 도시에서는 생활편의를 도모하는 인프라와 기술을 주도하는 측에서 일방적으로 시민에게 보급하는 방식이었다. 기존에 그랬다면, 스마트시티는 네트워크를 통해 언제 어디서든 어떤 형태로든 시민들의 일상생활과 밀착된 지능형서비스를 제공한다. 또한 제공된 서비스에 대한 이들의 경험과 평판을 통해 현신적인 서비스로 변모할 수 있는 개방형 시스템을 갖는다.

셋째, 4차 산업혁명으로 인한 일자리 감소를 상쇄할 수 있는 일자리창출 역할을 한다. 4차 산업혁명은 제조업 분야의 자동화를 통한 생산성향상을 목적으로 하고 있어, 단기적인 일자리 감소와 고용절벽의 불안을 불식시키기 어렵다. 스마트시티는 이러한 우려에 대한 해결방안으로 새로운 경제활동 기회를 제공하는 점에서 일자리 창출효과를 가져온다.

스마트시티라는 플랫폼을 통해 공유경제(Sharing Economy), 긱 이코노미(Gig Economy)를 활용해 다양한 아이템과 영역으로 경제활동을 확장시킬 수 있다. 결국 이전의 산업혁명과 같이 새로운 분야에서 새로운 형태로 경제활동을 창출해가는 작업이 이루어지는 토대가 바로 스마트시티가 된다. 이상에 논의한 스마트시티가 되기 위해서는 이제까지 일반적인 도시 구성요소라고 하는 시민(Citizen), 토지와 시설(Land&Facility), 활동(Activity) 이외에 별도의 기준이 필요하다. 스마트시티를 구성하는 요소는 인프라, 데이터, 서비스의 3부문으로 구분된다.

첫째, 인프라는 스마트시티를 구축하기 위한 물리적, 기술적 요소를 포함한다. 기술과 서비스를 적용할 수 있는 도시 인프라, 도시 곳곳을 연결하는 ICT인프라, 현실공간과 가상공간을 연결하는 공간정보 인프라가 여기에 속한다. 우리나라는 인프라 부문에서는 높은 경쟁력을 갖고 있어 2000년대만 하더라도 스마트시티 선도국가라는 지위를 갖고 있었다. 하지만 기술적인 우월성에도 불구하고 데이터, 서비스 부문의 중요성이 높아지면서 점차 그 자리를 잇지 못하고 있는 실정이다.

둘째, 데이터는 도시 내 각 사물, 인프라 등의 연결을 통해 얻게 되는 정보를 말한다. 스마트시티를 구현하는데 있어 가장 큰 규모의 투자와 성장이 예상되는 부문이다. IOT기술을 통해 생산된 빅 데이터는 서비스개발과 운영을 위한 자산이 되고, 데이터공유를 통해 스마트시티 발전의 원동력으로 활용할 수 있다.

셋째, 서비스는 실제 도시서비스를 제공하는 부문이다. 데이터처리와 분석의 알고리즘을 통해 새롭게 생성되는 도시서비스를 말한다. 이때 만들어진 지능서비스는 신뢰할 수 있고 활용이 가능한 고품질의 서비스가 되어야 할 것이다. 이는 도시문제 해결을 위한 제도적 및 사회적 기반이 되어 도시혁신을 이루는 요소가 된다.

스마트시티 구성요소

<table>
<tr><th colspan="2">구분</th><th>내용</th></tr>
<tr><td rowspan="3">인프라</td><td>도시
인프라</td><td>- 스마트시티 관련 기술 및 서비스 등을 적용할 수 있는 하드웨어
- 소프트웨어와 하드웨어적 발전이 요구됨</td></tr>
<tr><td>ICT
인프라</td><td>- 도시 전체를 연결하는 유무선 통신인프라
- 사람과 사물, 사물과 사물 간 연결</td></tr>
<tr><td>공간정보
인프라</td><td>- 공간지리정보, GPS 등 위치 측정 인프라, 인공위성, 지오태깅(Geo-Tagging)
- 온라인과 오프라인 공간의 융합
- 사물로 확대된 공간정보 이용</td></tr>
<tr><td rowspan="2">데이터</td><td>IOT</td><td>- 도시 내 각종 센서를 통해 정보수집하고 인프라와 사물을 네트워킹
- 시장규모 확대와 투자 필요
- 점진적인 투자 확대 가능</td></tr>
<tr><td>데이터
공유</td><td>- 데이터의 자유로운 공유와 활용지원
- 스마트시티 플랫폼으로서 역할 필요</td></tr>
<tr><td rowspan="2">서비스</td><td>알고리즘
& 서비스</td><td>- 데이터 처리·분석 알고리즘을 바탕으로 하는 도시 서비스
- 실제 활용가능한 정도의 높은 품질과 신뢰성 확보가 관건</td></tr>
<tr><td>도시혁신</td><td>- 도시문제 해결을 위한 제도 및 사회적 환경 조성</td></tr>
</table>

자료: 한국정보화진흥원(2016), 연구자 재정리

세계적으로 스마트시티를 구축하기 위한 프로젝트는 에너지, 교통, 환경, 안전, 의료, 교육 등의 분야에서 이루어지고 있다. 이처럼 다양한 분야에서 이루어지는 스마트시티 프로젝트 중 도시민의 삶의 질 향상과 환경보호를 추구하는 에너지, 교통, 안전의 3대 분야에서 중점적으로 진행되고 있다. 특히 신흥국은 물론 선진국들까지 도시혁신을 위한 새로운 모델로 스마트시티를 추진하고 있어 국가경쟁력 강화를 위한 첫째 조건이 되고 있다. 프로스트앤설리번(Frost & Sullivan)은 에너지, 건물, 교통, 인프라, 기술, 의료, 시민, 정부의 8가지 차원에서 도시문제를 극복하기 위한 새로운 전략으로 스마트시티를 제안하였다. 이를 바탕으로 스마트 빌딩, 스마트그리드 및 에너지, 배터리 저장, 태양광, 에너지 하베스팅(Energy Harvesting),[13] 물 네트워크, 폐기물 에너지화 등 미래 주목받는 기술과 시장을 제시하기도 했다.

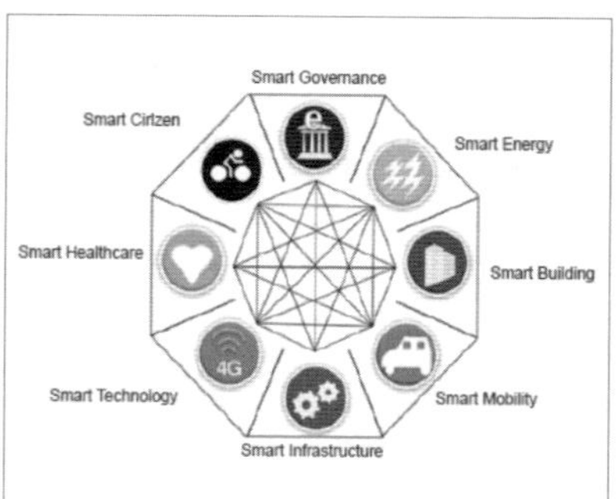

F&S(2013), 스마트시티 구상도

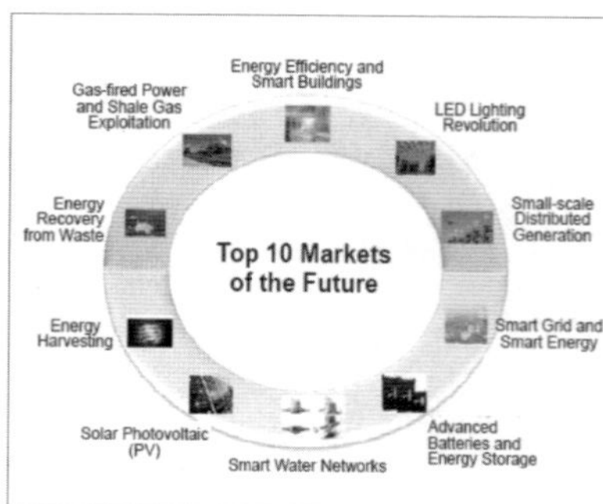

Top10기술 및 시장

제3부

야간경제의 출현

3.1. 모두를 위한 도시

3.1.1. 삶의 질과 안전

멜버른(Melbourne)市는 호주에서 인구증가세가 가장 빠른 도시이다. 호주의 멜버른, 시드니, 브리즈번은 호주 전체 인구의 70% 이상이 살고 있는 도시이다. 그 중 멜버른의 인구 성장세는 가장 빨라 2050년 인구 1천만의 메갈로시티가 될 것으로 예측되고 있다. 멜버른은 2011년부터 2017년까지 7년 연속으로 이코노미스트 인텔리전트 유닛(the Economist Intelligence Unit; EIU)의 the Global Liveability Ranking의 '세계에서 가장 살기 좋은 도시(World's Most Liveable City)'로 선정되기도 하였다.

EIU는 2002년부터 안전성(Stability), 건강(Healthcare), 문화와 환경(Culture & Environment), 교육과 인프라(Education & Infrastructure)측면에서 살기 좋은 도시를 발표하였다. EIU의 기준에 따라 세계 도시들 중 살기 좋은 도시를 측정했을 때 멜버른이 세계 다른 도시보다 탁월한 성과를 보이는 도시로 평가한 것이다. 2002년부터 2010년까지 살기 좋은 도시 1위로 뽑힌 도시는 밴쿠버였다. 그러다가 2011년부터 멜버른이 벤쿠버를 제치고 1위로 뽑히게 된 것이다.

멜버른은 지난 20년 동안 도시안전을 향상시키기 위한 노력을 경주해 왔다. 그리고 그 결과 남반구 최초로 2006년과 2014년 두 번에 걸쳐 세계보건기구(World Health Organization)로부터 '국제안전도시

(International Safe Community)'로 선정되는 쾌거를 이루기도 했다. 특히 멜버른은 24시간 도시를 위한 안정성과 관련한 안전도시 구축전략을 펴고 있어 야간경제에 시사하는 점이 많다. 멜버른은 '안전한 도시를 넘어(Beyond the Safe City Strategy 2014-2017)'라는 중·단기 안전도시대책을 마련해 통합적이고 지속가능한 안전도시 개발전략을 추진하고 있다.

여기에는 "더 안전한 도시를 위한 전략(Strategy for a Safer City 2011-13)"과 "24시간 도시를 위한 정책(Policy for the 24 Hour City)"이 기반이 되고 있다. 새로운 안전도시 전략으로 7가지 접근원칙을 제시해 구체화화는 노력을 기울이고 있다. 여기에는 통합적인 근거를 기반으로 하는(Evidence-Based) 해법 도출, 지역사회와의 협력, 계층 통합 및 지역사회 회복력(Resilient Communities)강화, 피해 최소화, 예방강조, 양성평등 제고, 안전한 도시설계 등이 포함되어 있다.

멜버른 시는 이와 같은 전략을 기반으로 안전도시를 구현하고자 하며, 다음 5가지 기준을 통해 안전도시 구현을 위한 실행계획을 수립했다.[14] 첫째, 경제성장을 위한 24시간 도시를 지원한다. 멜버른 시도 야간경제의 중요성을 인식하고, 야간경제 활성화를 위한 경제적 번영을 추구하는 것과 동시에 도시안전과 균형을 달성하고자 한다. 즉, 기존의 안전중심 접근방식에서 경제 활성화를 더욱 강조하는 정책적 지원으로 방향을 선회하였다. 도시리듬(City Rhythms)[15]과 조화를 이루는 방식으로 야간활동을 확대 지원한다고 하였다. 구체적으로는 도심의 야간행사를 촉진할 웹사이트 개발, 비수기에 대규모 야간행사 개최, 가족단위의 활동을 지원할 수 있도록 음주가 제한된 야간활동 촉진,

도서관이나 청소년복지시설 등의 지역사회서비스시설의 연장개장 등이 추진되고 있다.

둘째, 범죄와 폭력에 관한 사회적·문화적 규범 변화를 꾀하고 있다. 시는 사회적·문화적 규범이 개인의 폭력 사용에 중요한 영향을 미친다고 판단하고, 시민의식계발과 지역사회 안전의식 향상을 위한 활동을 지원한다. 학교 및 가정에서부터 폭력사용을 정당화하는 인식을 바꾸기 위해 정책적 개입을 확대하고자 하였다. 특히 여성들의 안전욕구에 적극적으로 대응하는데 중점을 두고 있다. 이를 위해 지역사회에 대한 소속감을 향상시킬 수 있는 프로젝트를 개발하고, 정신건강을 위한 활동과 친사회적인 행위를 장려하기 위한 활동을 지원하고 있다.

셋째, 아동 및 청소년의 생활기술(Life Skills)[16] 향상을 위해 노력한다. 아동 및 청소년의 사회적, 정서적 능력을 향상시키기 위한 정책을 도입하고, 갈등을 해결함에 있어 비폭력적인 방법을 사용해 효과적으로 대처하는 능력을 함양시키고자 한다. 특히, 저소득과 취약계층이 거주하는 지역에서 공동체의식과 회복력(Resilience)을 제고하고자 노력한다. 또한 무주택자나 취약계층 등에게 생활기술을 가르치는 지역사회기관을 지원하는 등 사전예방적인 접근을 강화하고 있다.

넷째, 음주 및 약물 등으로 인한 피해를 최소화한다. 정신건강문제 또는 약물남용은 본인뿐만 아니라 지역사회의 공공보건을 훼손하고 경제적 손실을 초래한다. 이를 감안하고 이에 대한 시민역량을 강화하는 프로그램을 활성화한다. 약물복용 등의 관리를 강화하며, 현재 시행중인 음주제한구역의 효과성에 대한 지속적인 모니터링을 포함한다.

다섯째, 물리적 환경(Built Environment)측면의 안전성을 향상시킨다. 건물, 도로 및 옥외시설물 등의 설계는 도시 안전에 직접적인 영향을 미친다. 따라서 안전하고 접근성이 향상되는 도시설계를 지원한다. 특히 안전이 우려되는 지역에 가로등을 설치하거나 거리의 쓰레기를 치우고, 낙서를 방지하는 등 물리적 환경개선을 통해 범죄발생의 가능성을 감소시킨다. 또한 장애인과 노인 등의 이동성을 높이는 배리어 프리(Barrier Free)설계를 통해 사회통합적인(Social Inclusive) 도시계획을 확립하고자 한다.

3.1.2. 모두를 위한 도시

신자유주의 자본주의 경제체제의 확대를 통해 전 지구적인 도시화 추세가 진행되었다. 이를 통해 어느 도시를 가든지 높은 건물과 자동차가 다니기 편한 도로 등은 도시의 첫째 조건이 된 지 오래다. 그래서 세계 최대 규모의 도시인 뉴욕을 가든 방글라데시를 가든 어디든지 도시의 모습은 별반 차이가 없다. 우리나라도 전국인구 중 도시지역에 살고 있는 인구비율이 91.82%(2017년 국토부 도시계획현황자료)를 기록하고 있다. 일상의 모든 생활과 공간이 도시 문제와 연관되고 삶과 직결되는 터전이 되고 있다.

이렇듯 대량생산 대량소비의 포디즘 경제체제를 극복하는 과정을 겪으며, 치열한 세계 도시들 간 경쟁체제에서 우위를 점하기 위해서는 각 도시의 정체성과 역사성을 최대 장점으로 활용하는 전략을 세워야 한다는 결론에 이르게 되었다.

90년대 이래 시작된 도시들마다의 특성과 정체성을 찾기 위한 창조도시, 문화도시 등은 도시 공간의 차별화를 위한 방법이었다. 기존 도시들이 다른 도시들과 차별되는 랜드마크, 기반시설 등의 물리적인 인프라 구축을 도시의 차별성으로 내세웠다면, 문화도시와 창조도시는 인적인 다양성을 추구했다는 점에서 차별성을 가졌다.

창조도시론에서는 3T라고 하는 기술(Technology), 인재(Talent), 관용(Tolerance)을 중심으로 도시를 재편해야한다는 것이다. 이는 창조계급이라고 하는 도시를 이끌 경쟁력이 있고 창의력이 있는 인적자원을 유인해야 한다고 한다. 창조도시이론이 신자유주의를 기반으로 하고 있어 도시의 자원과 예술, 관용까지 상품화한다는 비판을 정면으로 반박하기는 어렵다. 또한 창조도시를 만들기 위해 창조계급을 주요 리더그룹으로 상정하는 점에서 차별과 경쟁의식을 조장하고 사회적 배제를 정당화할 수 있다는 점에서 비판을 받고 있다.

최근에는 창조도시론의 대안으로 포용도시, 도시권 등의 용어가 등장하여 새로운 미래도시를 전망하는 개념으로 간주되고 있다. 지금까지 도시의 역할에 대한 인식은 산업화의 첨병으로서의 도시, 정보화를 주도하는 도시, 문화와 예술로 생산성을 창출하는 도시 등 생산력과 관련되어 도시를 규정했었다. 그러다가 2000년대 들어 세계은행과 UN해비타트 등 국제기구들이 포용도시를 정책 아젠다로 제안하면서 세계적으로 확산되고 있다. 포용도시는 직접적으로 포용을 통해 생산기능을 발휘하거나 성장의 동력을 제공하는 것은 아니다. 단지 포용이라는 개념이 지역, 도시, 국토 관련 기존정책과 차별성을 갖는 분석틀이나 패러다임으로 인식되고 있는 듯 하다. 따라서 포용이라

개념을 도시에 접목해 규범적 모형으로 제시하고 있다는 지적도 무시할 수 없다.

신자유주의 경제체제에 따른 도시에서는 사회의 버팀목 역할을 하던 중산층이 몰락하고 양극화가 심화되면서 계층 간 분리가 거주지 분리 현상으로 표출되는 지경에 이르게 되었다. 이를 마누엘 카스텔은 이중도시라고 명명하며 사회적, 공간적으로 분극화된 도시시스템의 위험을 지적하기도 했다.

포용도시를 논의함에 있어 우선적으로 포용이라는 개념이 등장하게 된 배경을 먼저 살펴보고자 한다. 포용과 배제라는 개념이 등장한 것은 1960년대에서 70년대 중반 프랑스에서 편부모 가정, 장애인, 노인, 약물중독자 등 사회안전망의 보호를 받지 못하는 소외계층 문제를 다루기 위해 사용되면서 부터이다. 당시 배제라는 용어는 경제적 측면에서 접근하는 성격이 강했다. 그러다가 1980~1990년대에는 사회적 결속을 저해하는 다양한 유형의 사회적 균열들을 다루기 위한 목적으로 활용되면서 광범위하게 사용되었다.

1980년대 후반 유럽연합(EU)에서는 사회적 배제와 포용을 EU통합을 위한 사회정책핵심의제로 채택하기도 했다. 1990년대 영국 노동당 정부는 사회경제적 정책과 각종 연구의 핵심과제로 포용과 배제를 설정하기도 했다.[17] 그러다가 2000년대 이르면 도시차원에서 사회적 배제를 극복하고자 하는 제안이 등장하고, 소외된 집단과 공간의 지속가능성을 추구하는 방향으로 포용도시 개념이 발전하고 있다.

사실 포용도시라는 패러다임은 1970년대부터 진행된 신자유주의(Neo-Liberalism) 경제체제의 문제로부터 시작된 것이다. 신자유주의 문제점으로 꼽히는 전통적인 공동체 파괴, 공간의 불균등 심화, 계층 간 대립 등을 극복하고자 하는 의도에서 포용이라는 개념을 도시와 연관시켰다. 특히 신자유주의가 이룩한 가장 큰 업적으로 꼽히는 세계화는 도시, 기업, 지역 등 다양한 스케일에서 경쟁을 격화시켰고, 노동계급의 비정규직화, 실업, 자본의 집중, 무분별한 개발을 정당화하는 도구로 사용하였다. 이로 인해 빈부격차 등의 경제적 양극화, 취약계층의 생활환경 악화, 교육기회의 차별 등 사회적 양극화현상을 양산하고 가중화시켰다.

신자유주의가 표방하는 자유로운 시장적 가치실현은 허버트 스펜서의 적자생존론을 바탕으로 한다. 사회진화론(Social Darwinism)이라고도 하는데 우수한 종이 살아남아 인류가 사회적으로 계속 진화. 발전한다고 하는 것이다. 사회진화론에 비추어보면, 세계화의 경쟁에서 패배한 기업, 국가, 지역은 발전의 장애가 될 뿐만 아니라 지속가능한 성장을 위해 불필요하다는 결론에 도달하게 된다.

세계를 무대로 경쟁하는 신자유주의체제에서 국제적 경쟁력을 확보하기 위해서는 임금과 세제가 저렴하고 자본이동이 자유로운 곳을 선택하게 된다. 이 과정에서 신자유주의를 표방하던 선진국들은 금융 산업 위주의 구조로 재편되면서 직접적인 생산기능을 하지 않더라도 더 많은 수익을 가져가게 되었다. 신자유주의에 대해 하비(2007)가 말한 것처럼 '탈취에 의한 축적'이 만연하게 된 것이다. 반면, 노동계급은 비정규직과 정규직으로 나뉘어 갈등과 차별의 관계가 형성되고 사회복지서비스가 축소되면서 양극화와 배제가 심화되었다.

그렇다면, 왜 일부 사회, 정책적 관심에서 시작된 배제가 세계적인 이슈로 확산된 것일까? 심지어 언론, 학계로부터 개도국 경제를 악화시킨다는 비판[18]을 받는 세계은행(WB)도 포용도시의 필요성을 주장하고 있어 관심이 집중되고 있다. 세계은행(WB)은 포용성장의 개념에 관한 논의를 보다 구체화하여 포용도시의 개념을 제시하면서(World Bank, 2009; 2015), 포용의 차원을 공간적, 사회적, 경제적 측면으로 구분하고 있다. 포용의 개념은 공간적 측면에서 생활 인프라와 공공서비스에의 균등한 접근성 향상이나 도시 빈민에 대한 기본서비스의 제공 및 공적 공간의 복원 등을 핵심의제로 포함한다. UN은 해비타트 회의에서 쟁점 자료들을 모아 첫 번째로 포용도시 자료를 발표하기도 했다.

UN 해비타트(Habitat)Ⅲ 주제영역과 쟁점

영역	쟁점사항	
1. 사회통합과 형평성 살만한 도시 (Liveable City)	1. 포용도시 2. 도시지역의 이주 및 난민	3. 안전한 도시 4. 도시문화와 유산
2. 도시기본 틀	5. 도시 규칙, 입법 6. 도시 거버넌스	7. 자치 재정
3. 공간개발	8. 도시공간계획·설계 9. 도시 토지	10. 도농연계 11. 공공 공간
4. 도시경제	12. 지역경제 개발 13. 일자리 및 생계	14. 비공식 부문
5. 도시생태 및 환경	15. 도시탄력성(Resilience) 16. 도시생태계 및 자원관리	17. 도시와 기후변화, 재난위험
6. 도시주택 및 기본 서비스	18. 도시 인프라 및 기본서비스 19. 교통 및 이동성 20. 주택	21. 스마트도시 22. 비공식 거주지

출처: 박인권(2016), 포용도시와 UN 해비타트(Habitat)Ⅲ 회의

세계은행(WB)과 세계통화기금(IMF) 등은 소득불평등을 우려해 포용적 성장을 강조하고, 도시가 포용성을 수용해야 한다고 하였다. 신자유주의 경제체제를 주도하는 선진 국가들의 의견을 대표하던 국제기구들이 포용성의 수용을 주장하는 근거에는 표면적으로 내세우는 이유 외에 숨겨진 의도가 있을 것이라는 의구심이 든다.

사실 이들이 내세우는 신자유주의 경제체제는 세계화(Globalization)를 넘어서 세방화(Glocalization)로 진행되면서 국가경쟁에서 도시·지역경쟁으로까지 파급되었다. 이는 다양성과 상호문화존중의 긍정측면도 있겠지만, 부정적으로는 지역차원의 불평등과 격차심화, 무차별적인 개발 등을 진행시켰다. 이 과정에서 경제적인 소득불평등, 교육기회 격차, 공동체의식 파괴 등 심각한 사회문제를 유발시켰고, 정보파급 속도만큼이나 빠르게 세계화라는 망을 통해 전 세계적으로 확산되고 있다. 이러한 사회문제들을 신자유주의가 이룬 경제적 성과에 대한 단기 부작용 정도로 치부할 수준은 아니다. 이들 문제점들은 장기적 경제 침체를 가져오고 실업률 상승과 구매력 하락으로 전이되면서 기업 손실, 경제체제 위기와 붕괴로까지 이어지게 될 것을 우려했다.

처음 빈곤구호를 목적으로 접근했던 사회적 배제가 다양한 분야로 확장되어 세계적으로 확산되게 된 데에는 또 다른 이유가 있다. 빈곤(Poverty)은 개인이나 집단이 경제적인 자원을 충분히 가지고 있지 않은 상태를 나타내는 말이다. 물론 현상적인 결핍의 상태라고 단순하게 말할 수도 있다. 그렇지만, 내면에 감추어져 있는 과정과 구조에 대한 명확한 성찰 없이 개인의 문제로만 단정할 수 없다. 왜냐면 빈곤 속에는 사회·경제·정치 메카니즘이 부단히 녹아있기 때문이다. 빈곤은 사회적 배제의 주된 이유이지만, 이를 방치한다면 사회적 불안을 유발해 취약한 사회구조로 굳어지게 되어 전체 사회를 위협하게 된다.

이러한 프레임으로 포용의 등장과 포용성장, 포용도시의 필요성을 설명한다면, 신자유주의는 경제적 합리성을 강조한 나머지 경제 엘리트주의를 내세웠고 그 결과로 불평등과 소외, 배제 등의 결과를 유발했다고 평가될 수 있다. 그보다 더 심한 것은 약육강식, 적자생존의 논리를 내세워 약한 자가 강자에게 먹히는 현상을 옹호하고, 승자가 모든 것을 가지는(Winner Takes It All) 승자독식을 당연하게 받아들이는 근거를 제시했다.

우리나라에서도 김영삼 정부 이후 IMF외환위기를 거치며 승자독식의 연봉제가 도입되면서 봉급자들 사이에도 심한 소득격차가 생겼다. 세계경제에 깊숙이 편입되는 방식으로 외환위기를 겪어냈지만, 진보진영에서 말하는 사회적 불평등, 사회적 불만 증가, 황금만능주의, 행복지수 하락 등 사회구조적 문제가 더 깊어졌다는 지적을 피해가기 어렵다. 결국 경제적 이익을 앞세워 민주주의를 훼손시키고 사회적 갈등을 양산하고 무마시키는 과정을 반복했다는 지적도 당연한 것이 된다.

이러한 현상은 국내에만 한정된 것이 아니다. 신자유주의가 낳은 폐해와 부작용은 각종 범죄, 사건·사고, 책 등을 통해 수없이 등장하고 있다. 미국 월가점령시위, 아랍과 아프리카 시위, 인디그나도스 운동, 영국 브렉시트, 묻지마 범죄, 무차별 총기난사 사건 등 이루 셀 수도 없이 많은 문제들이 거론되고 있으며, 지금도 진행 중이다.

이처럼 사회적 갈등요인이 누적되고 반복된다면, 단기적으로는 정책의 걸림돌로 작용하고, 장기적으로는 지속가능성을 가로막거나 미래 성장 동력을 갉아먹게 될 것이다. 따라서 무엇보다도 이제는 탁월성을 중시하는 경제성보다 함께 그리고 모두를 배려하는 시스템으로의 정비가 시급한 때이다.

도시를 흔히 유기체라고 한다. 과거·현재·미래의 수많은 사람들이 만들고 가꾸는 생명체이다. 수많은 유기체로 이루어진 생태계가 균형을 유지되기 위해서는 생물다양성이 유지되어야 한다고 한다. 각 생명체의 다양성을 인정했을 때 내·외부의 다양한 환경에 적응할 수 있는 탄력성(Resilience)과 지속가능성(Sustainability)으로 생태계를 유지시킬 수 있다. 도시라는 유기체도 이를 구성하는 각각의 구성요소가 각자 몫을 다할 때 생명력을 유지할 수 있다. 특정한 기능과 목적, 일부 요소만을 위한 도시의 생명력은 담보할 수 없다. 여기에 도시가 포용성을 안아야 하는 이유가 있다.

3.1.3. 도시의 개방성과 다양성

도시들마다 각각 개성과 여건이 다름에도 야간경제를 성공시킨 도시들에는 공통적인 특성이 있다. 이 도시들은 다양성과 개방성, 포용성을 야간경제 성공의 밑거름으로 활용한다는 점이다. 이는 야간경제 성공 요인에만 국한되는 것이 아니다.

한 때 창조적인 인재가 모이는 도시가 창조적인 도시가 된다는 생각이 도시담론으로 떠올랐던 적이 있다. 우리나라의 수많은 지자체들이 창조도시라는 이름을 미래도시 모델로 내세우기도 했다. 신자유주의를 기반으로 하는 창조도시 담론이 도시를 서열화하고 무분별한 개발과 경쟁으로 몰았다는 비판도 받지만, 도시의 개방성과 다양성을 창조적인 도시의 요인으로 지목한 데 의미가 있다.

그럼에도 창조도시 담론에서 주목해야 할 점은 도시를 창조적이게 하는 핵심은 사람이라는 것이다. 한때 창조도시 대표 이론가로 알려진 리차드 플로리다가 주장했던 3T(Technology, Talent, Tolerance)에서도 창조적인 인간은 이론의 핵심에 있었다. 그는 예술가, 힙스터(Hipsters), 기술노동자 등의 창조계급이 실리콘밸리와 같은 도시의 경제적 성장을 가능하게 했다고 말했다. 이곳은 특히 관용(Tolerance), 유연성(Flexibility), 기이함(Eccentricity)이 지역적 특색으로 자리하고 있어 젊은이들이 유입되고 투자가 촉진된다고 했다.

창조도시론에서는 인간의 창조성을 문화, 예술과 결합해 경제성장의 견인전략으로 활용하려고 했다. 대표적인 사례로 1997년 빌바오시는 세계적인 예술관광단지로 만드는 작업을 했고, 1998년에서 2002년까지 영국은 도시재생사업을 통해 산업공간을 갤러리로 변신시켰다. 창조경제와 장소마케팅의 힘은 해당 도시와 장소를 세계적인 명소로 알렸고, 성공사례로 평가받으며 도시의 창조성 개발이 미래 도시의 명운을 가르는 요소로 홍보되었다.

특히 창조계급(Creative Class)을 강조했던 플로리다는 장소마케팅(Place Marketing)과 도심재생의 권위자로 세계적인 관심을 받았다. 하지만 그가 강조한 창조계급에 대한 반론과 함께 젠트리피케이션(Gentrification)과 불평등(Inequality)이 심각한 도시문제로 대두되면서 창조도시론 자체가 변화를 요구받고 있다.

창조도시 뿐 아니라 문화도시 전략 등은 도시가 직면한 문제를 해결해주지 못했고, 모든 시민들에게 성과를 분배하지 못했다. 영국의 게이츠헤드(Gateshead)와 문화수도(Capital of Culture)사업 등에 대해 지역사회의 평가가 전적으로 경제 활성화와 포용성에 동의하는 것은 아니라는 것이다. 우리나라에서도 장소마케팅 전략을 통해 문화도시형 도시재생을 하거나, 공적자금 투입을 통해 환경개선을 했을 때 결국 이익을 보는 것은 부유층과 기득권층에 한정된다는 문제점이 대두되는 것과 같다. 가혹하게 표현하는 측에 따르면 창조산업 육성으로 경제성장을 이루겠다는 창조도시 이론은 산업경제를 대체하는 수단으로 전락했다고 한다.

그럼에도 창조도시론에서 개방성과 다양성을 도시의 창조성을 높이는데 중요한 요인으로 꼽는 점은 도시 간 경쟁의 시대에 놓쳐선 안 될 교훈이다. 창조도시론의 한계극복을 위한 대안의 자리에 포용도시론이 등장했다. 도시의 창조성을 가늠하는 요인 중 게이지수, 보헤미안 지수라는 것을 제시하기도 한다. 동성애자와 예술가가 얼마나 사는지 여부가 지역의 창조성과 발전을 대표한다는 점이 흥미롭다.

대부분의 국가에서 성소수자 혹은 LGBT(Lesibian, Gay, Bisexual, Transgender)라고 하는 사람들은 가족들에게 조차 거부당하는 경우가 많다. 그럼에도 이들을 오해와 편견 없이 수용하는 도시는 포용성과 다양성을 충족시키는 도시로 인식되면서 사람, 자본, 문화가 유입되고 있다. 대표적인 예로 실리콘밸리가 있는 샌프란시스코는 LGBT비율이 가장 높은 도시로도 유명하다. 대략 5%정도에 달할 것으로 추정되는 LGBT를 끌어들이기 위해 기업과 도시들은 각종 친화전략을 펴고 있다.

네덜란드, 스웨덴, 스페인, 뉴질랜드, 브라질, 아르헨티나, 독일 등은 LGBT에 대해 포용적인 나라로 알려져 있다. 코카콜라, 스타벅스, 골드만삭스, 애플, 페이스북, 넷플릭스 등 기업들도 인재채용과 사회적 가치실현에 있어 차별을 금지하고 있다. 세계 유수의 기업에서도 가처분소득이 높은 소비군으로 자리한 LGBT를 잡기위한 마케팅이 치열하다.

우리나라는 다양성과 개방성을 국가 혁신전략으로 지속적으로 주창하면서도 OECD국가들 중에서도 LGBT 수용도 최하위권 수준을 보이고 있다. 세계가치관조사 기관에서 실시한 결과를 보면, 성소수자에 대한 우리나라의 인식 정도를 알 수 있다.

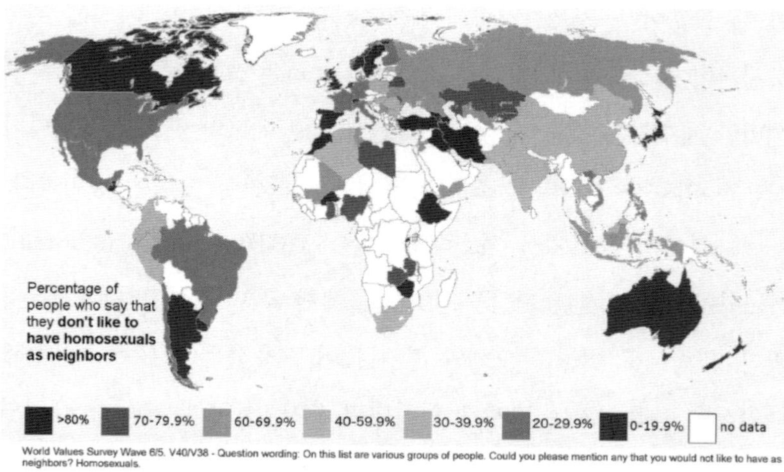

www.worldvaluesurvey.org

세계가치관조사: 동성애자 이웃과 살고 싶지 않은 비율

창조도시, 포용도시 등 도시발전전략으로 내세우는 도시이론들 모두 관용과 포용, 다양성을 주요 성공요인으로 꼽는다. 우리나라도 이들 도시들의 성공전략을 벤치마킹하면서 문화와 결합된 도시재생, 소외된 사람들을 포용하는 도시전략 등을 펴고 있지만, 정작 성, 개성, 문화, 예술 등에 있어 소수자에 대해 폐쇄적인 경향을 갖고 있다.

세계적인 도시로 알려진 워싱턴 주 시애틀, 뉴욕의 그리니치 빌리지, 첼시 등 동성애 합법화, 동성애자 마을 등을 인정하고 있는 도시가 있는 반면 한국에선 커밍아웃 자체가 사회적으로 매장될 위험을 감수해야 할 정도이다. 소수민족, 비주류, 소외된 자 등의 개인 혹은 집단을 포용하고 인정하는 도시에서는 새로운 것, 다른 것, 익숙하지 않은 것들을 배척하지 않고 일정정도 그들의 자리로 내어주는 배려가 있다.

인격도야(人格陶冶)라는 말이 있듯이 도시의 완성에 있어서도 다양성과 포용성을 담을 수 있는 도야의 과정이 필요하다. 일개 도시에서 세계도시의 꿈을 꾸는 도시가 되려면 우선 그릇의 크기를 키워야 한다. 큰 그릇은 그 속에 어떤 것도 담을 수 있는 포용력이 있고, 내용물의 크기와 특성 등에 관여치 않는다. 어차피 큰 그릇 속에서 소멸, 희석되거나 융합되어 전혀 다른 것이 될 것인데 전혀 폐쇄적일 필요가 없다. 물리적, 지리적으로 도시를 키울 수는 없지만 문화, 가치, 상상력으로 키울 수 있는 도시의 크기에는 제한이 없다. 작은 도시일수록 크기에 대한 상상력을 크게 가질 때 세계적인 도시에 점점 가까워질 것이다.

3.2. 도시 공간의 융·복합

3.2.1. 도시의 밤

도시의 밤을 이야기하기 위해서는 시간을 이해할 필요가 있다. 현재 쓰이고 있는 시간제도에서는 하루의 시작점이 밤의 한 가운데(夜半)로 되어 있고, 하루를 24개의 시(時)로 똑같이 나누어 활용하고 있다. 자정에서 자정까지를 하루로 치는 오늘날의 방식은 고대 이집트에서 사용되었고 그리스 천문학에서도 사용했으며 BC150년경에 활동했던 로데스의 히파르코스도 이를 사용하였다.

하루의 기점은 시대와 민족에 따라 달라서, 옛 이집트는 새벽 동틀 때를, 그리스 아테네 사람들은 해질 때를, 아라비아 사람들은 정오를, 유대, 고대 그리스, 보헤미아, 이탈리아 등의 사람들은 저문 때를 하루의 기점으로 채택했다. 유대인에게 저문 때란 2등성이 겨우 보이기 시작하는 시기이다. 이슬람에서는 지금도 해질 때를 하루의 시작으로 본다. 유럽에서는 시계가 발달하기 전인 14세기까지 하루의 시작이 날이 샐 때이었다가, 그 후 밤의 한 가운데로 점차 변해 갔다.[19]

시간을 의미하는 영어의 타임(Time)과 프랑스어인 탕(Temps), 라틴어인 템푸스(Tempus)는 '자르다'라는 의미의 그리스어 템노(Temno)와 '잘라냄'이라는 뜻의 토메(Tome)에 뿌리를 두고 있다. 플라톤은 티마이오스(그리스어: Τίμαιος)에서 '움직이지 않는 영원 속에서 끊임없이 움직이는 이미지'라고 시간을 정의했다.

동양의 시간은 태양이나 달 등의 자연계에 대한 직접적 관찰, 태양이나 달 등과 사람과의 관계적 관찰, 인간 행위에 의한 파악 등에 근거해 시간을 표시하였다. 한자로 밤을 의미하는 야(夜)는 사람의 모습에 달이 더해진 모습을 그린 것이다. 夜는 달 夕 석 + 겨드랑이 亦 역 의 변형으로 여기서 亦역은 "액(腋)"의 본래 글자이다. 고대글자 역자는, 한 사람이 정면을 향해 서 있는 모습을 형상하고, 양 팔 아래의 두 개의 점은 '사람의 겨드랑이'를 나타낸다. 즉 夜는 사람이 겨드랑이[역(亦)]에 달[석(夕)]을 끼고 있는 모습으로, '어둡다'는 뜻을 나타낸다.

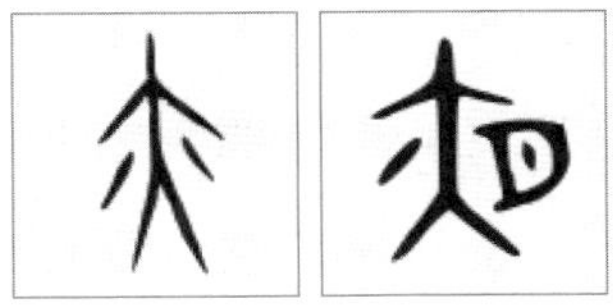

자료: Wiktionary

한국어 역시 태양이 떠오름으로부터 질 때까지의 변화 양상에 근거해 시간대를 지칭하고 있다. '밤'은 '밝음(태양, 빛)을 머금은 동안(ㅁ)'이 추상된 것이다. 즉 밝은 태양을 머금어 어두컴컴한 동안을 나타낸 말이다. 이러한 시간은 공동체 속의 사람들에게 적용될 뿐 아니라 자연 속의 생명이나 신의 삶에도 적용된다.[20]

밤에 도시는 낮의 도시와 동일한 물리적 공간을 차지하고 있으면서도 외견상 비어있는 듯하다. 새벽이 오기 전 도시의 모습은 적막하지만 경이롭고 평화스럽다. 밤의 도시에는 동일한 공간이라도 낮에는 잘 보이지 않던 모습이 밤풍경 속에서 다르게 드러날 때가 있다. 어둠이 내려앉은 후 도시가 부리는 시간의 마법을 체험할 수 있는 소중한 기회이기도 하다. 매력 있는 도시의 밤을 만날 때 도시가 가지는 색다른 모습에 빠져들게 되고 낮의 도시가 주는 매력보다 오랫동안 그 도시에 머물게 하는 힘이 있다. 낮에 가볍게 마시던 한 잔의 커피도 같은 장소 같은 사람과 마실지라도 밤에는 느낌이 다르다. 낮과 다른 밤의 정취와 분위기는 주간동안 쌓였던 피로와 소모된 감정을 추스르고 내일을 준비하는 힘이 된다. 이러한 느낌은 즐거운 만남이 가져다주는 또 다른 마음의 위안이 된다. 어떤 도시에 갔을 때 아무 거리낌 없이 밤길을 걷는다는 것 자체가 이제 자신이 도시에 익숙해졌음을 의미하기도 한다. 이처럼 도시의 밤이 주는 가장 큰 매력은 낮과 다른 느낌을 준다는 것이다.

도시의 밤에는 도시만의 다른 냄새가 난다. 비록 작은 주점이나 카페일지라도 낮이 주지 못하는 편안함과 자유를 느낄 수 있다. 일상적으로 지나다니던 장소라 하더라도 밤에 그곳을 지나갈 때면 마치 새로운 장소를 발견한 것 같은 보상을 받는다. 그래서인지 밤에 도시는 사람들에게 더 많은 꿈과 상상력을 가져다주며, 창조의 힘을 발휘하는 시간이다.

그러나 지금까지 밤 하면 가장 먼저 떠오르는 것은 은밀하고 부정적인 상상이다. 사람들에게 단지 놀고 마시는 밤풍경은 아직까지 진정한 도시의 밤 문화를 체험하지 못한 사람들에게는 어쩌면 당연한 것인지도 모른다. 하지만 이제 우리는 야간문화라는 새로운 문화와 마주하고 있다. 오늘날 밤 문화는 일반적으로 도시 상업공간 즉 술집, 바, 레스토랑 및 나이트클럽을 포함한 야간문화시설에서의 사교활동, 특히 외식을 하거나 음주, 춤, 영화감상, 라이브 음악공연 등을 말했다.

미국의 도시 사회학자 레이 올덴부르크(Ray Oldenburg)는 『The Great Good Place』에서 이러한 공간을 시민 사회, 민주주의, 시민참여,

그리고 장소감각을 형성하는 제3장소로서의 기능을 한다고 하였다. 제3의 장소는 가정과 직장이 제외된 교회를 비롯한 종교시설, 카페, 클럽, 공공 도서관 또는 공원과 같은 환경 등이 포함된다.

도시들은 점점 더 밤 문화를 장려하고 있다. 주요 목표는 도심의 상업지구를 활성화하고 풍요로운 문화를 향유하며 새로운 비즈니스 기회를 가질 수 있도록 도시의 활력을 도모하는 것이다. 2004년 문화관광부의 국공립시설 야간개장은 이를 충분히 반영하고 있다. 여가와 문화수요 대응하고, 특히 시간부족 등으로 문화생활을 누리기 어려운 직장인과 학생들의 문화체험 기회를 확대하기 위한 시도는 새로운 밤 문화 체험기회를 선사하는 계기가 되었다.

1989년 우리나라에서 최초로 24시간 편의점이 문을 열었고 2005년엔 24시간 패스트푸드점도 생겨났다. 점차 '24시간 사회'로 변화하는 도시는 학생·어른 할 것 없이 밤에도 깨어있고 이에 발맞추어 음식점, 헬스장, 카페 등에서 너 나 할 것 없이 밤을 새운다. 낮과 밤의 경계가 허물어지면서 밤에도 무엇이든 할 수 있다는 것은 편리한 일이다. 잠을 자지 않고 주로 밤에 활동하는 사람을 지칭하는 '호모나이트쿠스(Homo-Nightcus)'의 증가는 24시간 여가 산업과 밤 문화가 하나의 하나의 경제로 자리잡는데 기여했다.

3.2.2. 도시의 리듬

처음 만나는 사람을 판단할 때 우리는 일차적으로 눈을 통해 상대를 인식하게 된다. 그러다가 상대의 말과 행동을 보며 판단 유보의 시간을 거듭한 후 점점 판단과 결정의 시간으로 가까워지게 된다. 그것이 사람과 사람의 만남에서 관계로 이어지는 과정이다.

도시를 만나는 순간도 이와 별반 차이가 없다. 처음 어떤 도시를 접했을 때 눈을 통해 보이는 도시 모습은 건물과 도로, 시설, 사람들이다. 심리지리학자 콜린 엘러드(Colin Ellard)는 시간당 5km로 움직이는 인간척도(Human Scale) 중심의 보행도시를 주장하는 얀 겔(Jan Gehl)[21]의 제안을 인용해 좋은 도시가 어떤 모습인지 말했다. 콜린 엘러드가 말하는 좋은 도시의 거리는 평범한 보행자가 시속 5km로 움직일 때 약 5초 간격으로 흥미롭고 새로운 장소를 볼 수 있도록 설계된 곳이라고 하였다. 이는 단순히 눈으로 보여지는 도시의 모습을 강조하는 것이 아니라, 사람의 감각기관과 정서에 호응하는 공간으로 창출되었을 때 좋은 도시가 된다는 점을 강조하고 있다.

그렇지만 눈에 보이는 사물과 사람들은 실체적 객체일 뿐 도시 전체를 설명해주지는 못한다. 한 사람을 판단하고 결정하는 시간만큼이나 도시를 만나는 과정에도 수많은 시간과 공간의 만남이 요구된다. 그럼에도 도시를 대표하는 도시 이미지라는 말로 단번에 판단되어진다. 그것이 사람과 도시 판단의 차이이다. 그리고 도시의 일상과 삶이 투영된 이미지는 도시의 브랜드, 정체성 등으로 표현된다.

그렇다면 도시의 이미지는 어떻게 형상화 될까? 이미지라는 말은 사전적으로는 사람의 경험을 통해 사물로부터 받는 느낌, 심상(心傷)으로 정의된다. 도시 이미지에 대해 최초로 연구한 케빈 린치(Kevin Lynch)는 "도시 주민 대다수가 공유하고 있는 심상"이라고 표현하였다. 그는 도시를 구성하고 있는 통로(Path), 가장자리(Edge), 결절점(Node), 지구(District), 건물(Landmark)을 도시이미지를 만드는 요소라고 했다. 이들 또한 인간의 눈을 통해 보이는 형상을 통해 도시이미지를 구현한 것이다.

프랑스 철학자이자 사회학자인 앙리 르페브르(Henri Lefrbvre)는 도시이미지를 분석하는 도구로 리듬(Rhythm)을 제안했다. 그는 리듬을 매개로 도시의 시·공을 연결하고, 시·공간의 변화와 차이에 따라 지역적 특성이 발현된다고 하였다. 각 도시들마다 각각 자연환경, 정치, 경제, 사회, 문화적 배경을 토대로 서로 다른 리듬을 만들어 낸다. 그리고 이들은 도시에 사는 사람들의 생활의 틀을 형성하게 된다.

르페브르가 설정한 도시의 리듬이라는 개념은 르페브르 사후에 출간된 것이라 사회적 공간에서 어떻게 구체적으로 표출되는지에 대해 명확하게 알려지지 않은 개념이다. 그럼에도 불구하고 도시에 리듬이라는 개념을 적용한 것은 기존과 다른 시각으로 도시공간을 바라보게 했다는데 더 큰 의미가 있다고 할 것이다. 리듬(Rhythm)은 음의 장단, 강약이 반복되고 규칙적인 흐름을 보인다. 리듬은 본래 살아있는 것들의 고유 특성이기도 하다. 도시이미지를 분석하는데 있어 시·공간의 리듬이라는 개념을 적용한 것은 이와 같은 리듬의 특성을 도시에 적용한 것이다. 즉 도시의 리듬을 분석하고자 했다는 것 자체가 일정 주기와 리듬을 갖는 유기체로서의 자격을 도시의 시·공간에 부여한 것이다.

르페브르가 도시의 시·공간의 리듬을 제안했던 20세기는 지금보다 훨씬 더 적은 변수와 요소로 도시가 구성되었다. 이후 21세기 들어서면서 도시이미지 형성에 영향을 주었던 기존 변인들뿐 아니라 당시로선 생각할 수도 없었던 인터넷, 교통·통신기술 등이 변인으로 추가되고 있어 리듬의 변주가능성이 높다. 이와 동시에 이전 어떤 시대보다 도시들이 더욱 긴밀하게 연결되어 있어 도시들 간 서로 영향을 주고받고 있다.

정보사회학자 마뉴엘 카스텔(Manuel Castells)은 인터넷과 통신기술이 발달된 현대를 네트워크 사회라 하였다. 그리고 인터넷 망을 통한 공간 이동이 가능해지면서 이동을 위한 시간의 간격이 점점 작아지게 되었고 이러한 경향을 초시간적 시간(Timeless Time)이라고 했다. 카스텔이 정의한 것처럼 현대도시들은 도시들 간에 긴밀한 연결 관계가 형성됨으로써 물리적 시·공간의 한계를 초월하고 있다. 선형적이고 불가역적인 근대적 개념에서 탈피해 시간과 공간이 압축되는 것을 넘어 뒤집기가 가능한 상황이 된 것이다. 이 또한 날로 가속화되고 다변화되는 도시의 리듬이 아닐까?

그렇다면, 삶의 리듬이 빨라졌다는 말처럼 도시의 리듬도 변인 증가에 따라 빨라졌을까? 도시의 리듬을 시·공간의 반복과 규칙성으로 이해한다면, 끊김은 도시의 사망을 의미하는 가 등등 다양한 의문이 생긴다. 이처럼 여러 의문과 해석을 가능하게 하는 것이 도시를 리듬으로 이해하려고 시도했던 앙리 르페브르가 후세들에게 던진 과제일 것이다.

그러면, 지금 우리가 살고 있는 도시의 리듬을 어떻게 이해해야 할 것인가? 리듬은 자연스럽게 이어지는 것, 흐르는 것이다. 끊김 없이 유연하게 연결해주는 것이다. 도시라는 시·공간에 있어 리듬 없음, 즉 단절은 유연함을 상실하는 것이다. 노자는 "살아있는 것은 부드럽고 죽은 것은 딱딱하다(生也柔弱 死也堅强)"고 했다. 도시를 유기체로 설정한 수많은 학자들과 시민들에게 시공간의 리듬을 찾는 작업은 살아있는 도시를 구현하는 방법 중 하나일 것이다.

아래 그림은 호주 멜버른 도시의 시간 리듬이다. 그림을 보면 가장 활동이 왕성한 때는 오전 9시부터 오후 5시까지의 낮 시간이고, 밤 9시부터 새벽 5시까지 바와 나이트클럽 등이 운영되는 시간이다. 오후 4시부터 밤 12시까지는 저녁 여가와 오락 활동이 이루어지고, 새벽 3시부터 오전 9시 남짓한 시간은 재충전 시간이다.

그림에 보이는 멜버른이라는 도시의 시간은 눈에 보이지는 않지만, 고저와 강약, 길고 짧음이 지면위에 펼쳐져 있다. 여기에는 도시 내 존재하는 사람, 자본, 권력 등이 있고, 이들이 균형과 조화를 이루는 리듬으로 전환되도록 해야 한다는 것이 앙리 르페브르가 말한 도시의 리듬으로 접근하는 방식이다.

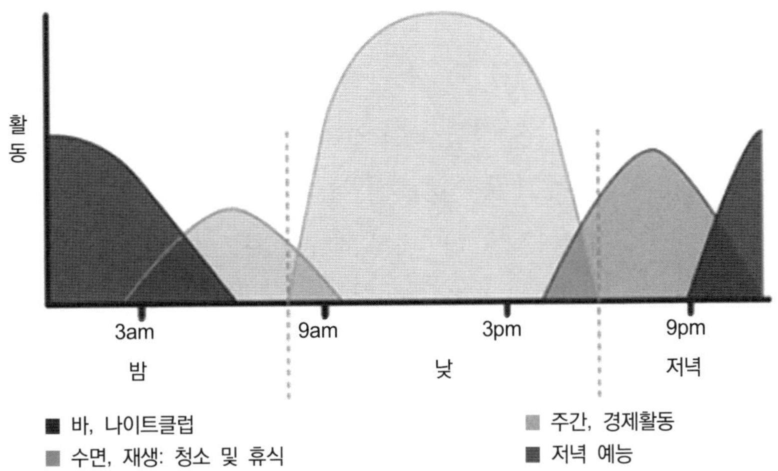

르페브르의 관점을 빌려 도시의 시간을 리듬으로 분석해보면, 낮(Day), 저녁(Evening), 밤(Night)이라는 다중적인 리듬이 존재한다. 그리고 다중적 리듬 사이에 서로 다른 리듬을 이어주고 전환(Transition)의 역할을 하는 또 다른 시간리듬이 존재한다. 기존 다중적 리듬을 이어주는 시간리듬은 건물과 건물을 이어주는 계단처럼 통로(Passage) 역할을 하게 되고, 리듬의 앙상블(Ensemble)을 만들어낸다.

르페브르가 말한 도시리듬을 거시적인 차원에서 접근한다면, 이는 해당사회의 속도감과 밀접한 관련이 있다. 미시적인 차원에서의 도시 리듬은 휴식, 노동, 주거, 이동 등의 다양한 목적을 위해 공간에서 일어나는 각각의 활동들이다. 다양한 공간에서의 활동은 각각의 이질적인 리듬을 구성하고 각 공간을 이어주며 전환해주는 리듬을 통해 변화를 만들어간다. 이는 공간에 대한 융·복합적 기능 부여와 시간의 경계를 허무는 활동을 했을 때 더욱 활발해진다.

도시라는 공간의 리듬은 박자(Meter, Time)와 빠르기(Tempo)로 뼈대를 이룬다. 이들 공간의 리듬은 공간의 활용과 목적, 이용자 등에 따라 박자와 빠르기가 다를 것이다. 예를 들어 도심 상업공간은 그 속에 움직이는 사람과 에너지, 자본 등의 이동이 활발해 빠른 리듬을 가질 것이다. 상업공간에는 매일 수많은 사람들이 모여 각종 활동과 관계가 발생하고, 그들 사이에 많은 이야기와 에너지, 자본이 교환되고 소비된다. 반면 주거지는 조용하고 평화로운 리듬으로 그 곳에 사는 사람들에게 편안함을 제공할 것이다. 도시는 시간과 공간의 온갖 리듬들이 모여 앙상블을 이루는 곳이다. 본 책에서 다루고 있는 낮과 밤의 리듬도 도시의 시간으로서 내어주는 한 편을 주장하며 앙상블을 꿈꾸고 있다.

3.2.3. 도시 공간의 융·복합

공간은 처음에 아무것도 없었다. 점하나 찍힌 것이 없는 종이 위에 펜으로 그림을 그리듯 공간이 그려졌다. 허허벌판에 누군가 기둥을 세우고 지붕을 얹고 창문과 문을 단다. 그 순간 한 덩어리였던 허허벌판을 집 안과 집 밖이라는 공간으로 분할이 일어난다. 동양에서는 아무것도 없는 그 곳에도 기(氣)가 있다고 하여 비어있는 사이를 공간(空間)이라고 한다. 서양의 도시계획이 인류가 살고 있는 터전을 지배하는 기준이 되었을 때 도시공간은 길, 건축물, 사람이 구성의 요소로 채워졌다. 보통 인간이 공간을 만들고, 그렇게 만들어진 공간 속에서 살아가는 인간은 공간의 지배를 받는다(We Make Space, Space Make Our Action)라고 한다. 그래서인지 모든 공간들마다 이름표가 붙여져 공간의 기능과 목적이 공표되었다. 상업·주거·놀이·업무·공업 등으로 공간의 이름은 곧 공간의 쓰임을 규정하는 인식표와 같다.

특히 도시공간은 과다과밀과 익명성으로 철저히 구획화된 공간이다. 과거 도시 내 빌딩의 주요기능은 업무공간으로서 역할이다. 오피스 위주의 공간설계는 낮 동안의 업무를 중심으로 계획된 것이다. 처음부터 업무 이후 시간은 텅 빈 공간으로 계획하여 공간분리를 당연한 것으로 생각했었다. 업무와 주거공간이 철저히 분리되어 있어야 한다는 과거 산업화시대 공간구조설계는 시·공간의 경계를 초월하는 현재 업무스타일과는 다소 미스매칭되는 면이 있다.

한때 디지털공간이라는 신 개념이 등장하고 인터넷이 보급되기 시작하면서 제기되었던 재미있는 추측이 있었다. 인터넷 망으로 연결되어 언제 어디에서나 업무가 가능해지게 되면, 사람들은 복잡한 도시를 떠나 경관과 자연환경이 좋은 시골로 떠나게 된다고 하였다.

이렇게 되면 도시기능은 축소되고 도시로 유입되던 도시 집중화 현상이 도시를 빠져나가는 현상으로 대체될 것이라는 것이다. 가정은 그럴 듯했고, 미래에 대한 예측에 대해 명확하게 반박할 수도 없었다. 하지만 실제 나타난 현상은 이와는 정반대로 특정 도시로 집중화되는 현상이 심화되면서 세계 유수의 도시로 자본과 사람이 빨려들어 가는 현상이 가속화되고 있다. 인터넷 등장으로 재택근무가 늘어나 굳이 도시에 살 필요가 없어지게 되고 도시인구가 줄어들게 되면 도시와 비도시 지역 간 공간격차가 점점 줄어들 것이라는 추측이 등장했었다. 그 당시 이처럼 급속하게 인터넷기반 사회로 변화될 것이라는 예측 자체가 불가능했던 시기였다.

그렇다면 왜 인터넷은 사람들을 도시로 유인할까? 20세기 들어 보편화된 자동차문화와 도로확장은 사람들을 도시로부터 멀어지게 하는 원심력으로 작용했다. 당시 비싼 도심을 떠나 저렴한 토지가격과 노동력 확보가 용이한 외곽 지역으로 도시를 확장하는 전략은 당시 생산시스템을 지원하는데 안성맞춤이었다.

그러다가 인터넷이 확산되면서 원격작업(Remote Work)이 가능해졌지만, 원격작업의 특성상 긴밀한 협력관계와 정보교환이 부족한 한계성을 드러냈다. 이는 원격작업의 특성상 일반적인 정보에 대한 접근은 보장되겠지만, 광범위하고 급속한 변인을 통제할 만큼 긴밀한 교류가 이루어지는 것은 아니라는 점이다. 이러한 한계점을 인식한 사람들이 정보경쟁에서 우위를 점하기 위해 이전보다 더 많이 도시로 몰리게 되었고, 더욱 더 가까이서 정보와 아이디어를 교환하고 비교하면서 생산성을 높이고자 하였다. 정보화 시대의 경쟁은 더 많은 정보와 변수를 얼마나 신속하게 통제하고 대응하느냐에 우위가 결정되는 구조이다. 따라서 서로 연계성이 높고 상생 발전할 수 있는 동종 혹은 연관업체들이 집적하고, 서로 네트워킹을 유지하면서 그들의 생존능력과 지속력을 향상시키게 된다.

현재 도시는 인터넷 망만큼이나 촘촘하게 얽혀있고, 각 공간들에 ICT 신기술들이 접목되면서 공간과 공간들이 더욱 밀접한 관계로 묶여있다. 이에 따라 현대도시의 공간설계시스템을 유지하기 위해서는 공간 자체가 단일목적만으로는 수요자의 요구를 충족시킬 수 없다. 그래서 도시 내 빌딩은 오피스 기능뿐 아니라 주거, 호텔, 전시, 비즈니스, 상업 등 다양한 기능을 갖추어야 할 필요성을 갖는다. 건물들마다 정보망이 구축되면서 각각 지능형 건물로 진화하게 되면 건물자체가 도시기능을 망라하는 거점역할을 하게 된다. 이처럼 도시공간을 구성하는 건물, 도로, 교통수단 등에 첨단 ICT기술이 접목되어 시민들의 일상을 지원하게 된다.

위에서 기술한 지능형, 첨단기술이 적용된다는 점은 막연한 미래 도시의 모습을 그린 것은 아니다. 또한 기술과 공간을 접목했다고 해서 미래모습이라고 단정할 수도 없다. 세계 도시들에서 추진하고 있는 콤팩트시티, 스마트시티는 바로 그런 모습을 언어화한 것일 뿐이다. 교통·통신과 하이테크 기술의 발전은 편리하고 안전한 도시를 구현하지만, 사람 살기 좋은 도시를 대표하지는 않는다.

정보화와 세계화로 도시 탈출러시가 발생할 것이라는 예측은 실패했다. 그렇다고 해서 예전보다 살기 좋은 도시가 되어 도시로 집중된다는 말에 모두가 동의하는 것도 아닐 것이다. 대도시로 인구가 집중되는 현상을 다양한 기회를 잡을 수 있다는 이점이 있어서라는 측면에서 본다면 처음 도시가 생겨난 이래 지금까지 동일한 이유로 사람들이 도시로 모여들고 있다고 이해할 수 있다.

근대 도시계획은 불어난 도시인구로 인한 인구분산, 인프라구축이라는 목표 중심으로 구상되어 확장과 분리가 방법으로 제시되었다. 하지만 현재 도시계획은 확장을 자제하고 기존 인프라를 최대한 활용하는 방법으로 전환되고 있다. 이렇게 된 배경에는 과밀의 상황을 제어할 수 있는 기술력이 담보하고 있다는 점을 이유로 들 수도 있겠지만, 도시형사회로 이전되면서 여기에 익숙해진 것도 있다. 따라서 기존과는 다른 방식으로의 접근이 필요한 시대적 요구를 안고 있다.

직주분리의 도시공간체계에서는 업무가 없는 휴일이나 밤 시간이 되면 도심은 썰렁하고 텅 빈 공간으로 남아있었다. 썰물처럼 빠진 사람들과 빈 시설들만 남은 도시공간은 낮과 밤, 평일과 휴일이라는 시간으로 공간이 구분되는 듯 했다. 생산을 하지 않는 시간동안 도시는 공허와 적막이 대신 그 공간을 채웠다.

우리는 공간을 만들고 공간은 우리의 행동을 지배한다. 알랭 드 보통의 말처럼 장소가 달라지면 나쁜 쪽이든 좋은 쪽이든 사람도 달라진다. 그의 말처럼 장소 또는 공간은 사람의 행동에 중요한 영향을 미친다. 공간과 심리학을 연관시킨 심리지리학(Psychologeography)에서는 공간과 인간의 행동에는 밀접한 연관이 있다는 것을 입증하고 있다. 심리지리학자 콜린 엘러드(Colin Ellard)의 『공간이 사람을 움직인다』를 보면, 성베드로 대성당 같은 권위적인 장소에 가면 그 공간의 위엄에 압도당해 본래 없었던 신성한 믿음도 생긴다고 하였다. 이처럼 공간이 주는 영향력은 정서적인 면 뿐 아니라 실제적인 행동으로까지 이어지게 하는 막대한 힘을 가지고 있다.

따라서 새로운 공간계획을 도입하거나 기능을 추가하려고 할 때 이러한 시도자체가 인간행동에 변화를 초래한다는 사실을 인지하여 이를 조정하는 능력이 요구된다. 공간이 삶에 미치는 영향을 고려할 때 공간변화의 충격을 최소화하기 위해서는 기존 공간구조 변화를 요구하는 민간과 행정의 협력과 지원이 가능할 수 있도록 유연한 규제 시스템이 구축되어야 할 것이다. 기존 도시의 인프라가 공공이 주도하는 계획으로 이루어진 것이라면, 변화된 시대적 요구에 대응하기 위해 민간의 지혜를 결합시키는 다양한 방법이 강구되어 오고 있다.

이 중 시간으로 구획되어지는 도시공간에 대한 기존 인식을 전환한다면, 이전과는 다른 도시 모습으로 변화될 수 있는 가능성을 확장시킨다. 단일 목적이 부여된 도시 내 빌딩과 시설에 복합적인 기능을 부여하게 되면, 공간을 이용하는 사람들도 다양해지고 시간적인 구애를 덜 받게 되어 이용의 효율성도 높일 수 있다.

대개 건축물은 하나의 용도를 그 건물의 주요 목적으로 설정한다. 해당 건축물은 주거, 상업, 공업 등 단일의 목적으로 운영되어야 한다. 거기에 약간의 용도 여유를 두기도 하지만 처음 설정된 용도에 적합하게 이용하라는 사용설명서를 달고 있다. 주민의 삶의 질과 생활을 보호하고 각종 활동을 지원하고 규제하기 위함이다. 그래서 도심의 업무 공간은 낮에는 번화한 거리가 되지만 밤에는 모두 주거용도의 공간으로 이주하게 되어 활동성을 잃어버린다. 낮에 일하는 공간과 주거지의 거리가 멀어지는 직주분리현상이 발생한다. 직주분리 혹은 직주불일치현상의 원인은 업무지구에 고용이 집중되다 보니 그곳의 지가가 비싸지고 당연 주택가격도 높아지면서 중심에서 멀어지게 되었고 도시공간의 확장을 불러온 것이다. 물론 통근에 소요되는 교통비와 삶의 질이라는 효용의 관계에서 어느 쪽을 선택할 것인지는 각자 여건의 맞교환 관계에 의해 결정된다. 용도별로 구획하고 세분화된 토지이용을 규제하는 도시공간계획은 사실 대량생산시스템을 기반으로 하는 당시 생산체계를 반영한 것들이다.

생산방식과 교통수단의 변화, 첨단기술의 발전은 도시공간 구조에도 변화를 요구하고 있다. 도시공간은 이전과는 다른 규칙으로 재편되어야할 필요가 있다. 첫 번째, 기술발전으로 인한 공간계획의 수정이 요구된다. 4차 산업혁명이 내세우고 있는 스마트 팩토리, 스마트팜 등은 이전처럼 공장과 농장이 도시 외곽에 위치해야 한다는 기존 상식을 깨뜨린다. 공장의 필요로 하는 면적은 적어지고 환경친화적인 공간으로 설계될 수 있다. 농산물 등의 생산도 넓은 공간을 필요로 하지 않고 첨단시설을 갖춘 유리온실과 같은 곳에서 더 적은 인원으로도 충분히 생산이 가능하다. 공장과 농장의 위치제약이 없어지는 것처럼 주거와 상업, 업무 공간으로 구분된 기존 공간체계도 변화될 수밖에 없다.

디지털혁명이 가져온 생산과 사무자동화는 도시공간의 집적과 복합용도개발을 촉진시켰다. 하이테크 기술이 공간과 사물에 장착되면서 사물인터넷, 스마트 팩토리, 스마트팜 등 기존생산체계까지 디지털체계로 네트워킹 되어가고 있다. 여기에도 기존 도시공간시스템을 변경해야 되는 미래도시의 요구가 숨어있다. 최근 세계 도시들에서 복합용도개발(Mixed-Use Development)이 속속 등장하고 있는 이유도 인구감소와 도심공동화를 타개하기 위한 것 뿐 아니라 미래 도시로의 변화과정에서 나타나는 현상이라고 볼 수 있다.

구체적으로는 직장과 집의 경계가 명확했던 산업화시대를 벗어나 어디든 일터와 집이 되는 시대에 살고 있는 오늘날, 용도별로 구획되던 공간계획에도 변화가 요구되고 있다. VR(가상현실), AR(증강현실), ICBM(IOT, Cloud, Big Data, Mobile) 등 첨단기술은 생산체계, 공간구조, 라이프 스타일에 이르기까지 전반적인 변화를 유도하고 있다.

둘째, 대도시와 중소도시간 차별화된 공간계획이 필요하다. 저출산 저성장의 뉴노멀은 대도시로의 인구집중을 초래하고 동시에 중소도시의 소멸과 축소도시로 전락하게 한다. 특히 대도시의 인구집중은 주거와 상업·업무용도가 복합된 중심지구가 필요하게 되면서 스마트 인프라가 구축된 지역과 그렇지 않은 지역으로 양분될 것이다. 특히 우리나라처럼 개발할 공간이 부족한 나라의 경우 콤팩트시티 등 인프라가 집중된 스마트 성장기법이 요구되고 있다. 그렇게 된다면 대도시 중심으로 첨단인프라를 갖추고 있는 지역은 고밀도 개발지역으로, 중소도시는 생태적 특성을 가진 저밀도 개발지역으로 구분되지만 두 도시가 연계된 네트워크형 공간구조를 가질 것이다.

3.3. 도시의 자산으로

3.3.1. 도시화와 시간확장

유엔 도시화 예측에 따르면 2050년이 되면 세계인구의 대략 80%가 도시에 거주하게 된다. 도시를 유지시키는 생산수단은 1차 산업에서 탈피한 2차·3차 산업 이상의 생산체계를 필요로 한다. 기본적으로 도시에서 발생하는 생산 활동은 공간적인 응집, 생산수단과 자본의 집중을 조건으로 이루어진다. 세계적으로 도시화가 진행되면서 도시라는 공간에 더 많은 사람들이 모여 살게 되고 그 곳은 생산 활동의 기반이 된다. 도시에 사람이 집중되면서 공간적 한계를 극복하는 방법을 고안하게 되었는데, 대안으로 선택할 수 있었던 것이 지상으로 혹은 지하로 공간을 확장하는 방법이었다. 예를 들어 1900년대 초 철강 산업 발전과 엄청난 자본력으로 마천루를 지으며 부의 집중현상을 상징했던 미국의 도시들처럼 하늘을 찢는 스카이 스크래퍼를 연출하던지 혹은 비싼 지가 때문에 지하로 점점 더 깊이 들어가던가 하는 방법으로 공간의 한계를 극복하는 것이다.

이렇듯 시간의 흐름에 따라 한정된 도시공간을 효율적으로 활용해야하는 필요성은 점점 강해지고 있다. 공간적 한계는 지상과 지하의 경계를 허무는 것이나 공간의 융·복합 이용, 나눔 등으로 극복가능할 수도 있다. 그렇다면 그 공간 속에서 어떤 방식으로 많은 인구를 먹여 살릴 만큼의 생산성을 창출해 낼 수 있을까? 공간적 한계를 극복하는 방식과 비슷하게 낮과 밤의 경계를 허물어 시간을 확장하고 이를 통해 경제적 소득을 창출하는 방법이 새롭게 부상하고 있다.

낮 시간 동안의 생산 활동을 마친 후 여분의 시간으로 치부되었던 저녁과 밤 시간을 활용하는 방법을 모색하는 것이다. 급속한 도시화와 더불어 술집, 레스토랑, 바, 극장과 같은 장소에서 야간시간동안의 활동은 추가적인 경제적 성과와 사회적인 이점을 창출한다. 생산활동을 위한 시간을 확장하는 것은 또 다른 직업을 창출하고 공동체 응집력을 키우며, 사회적 포용력을 지원할 수 있게 된다.

또한 소득창출을 위한 시간으로 밤 시간이 활용되었을 때, 낮 시간보다 더 다양한 연령대 사람들이 퇴근 후 밤 시간을 활용할 수 있어 사회적 통합과 커뮤니티 활성화라는 간접적인 효과도 가져올 수 있다. 여분의 시간이라는 개념으로 밤 시간이 허락되는 경제 활동참여자에게는 추가적인 수익을 가져다 줄 수도 있다. 또한, 각자 생활패턴에 적합한 다양한 직업을 가질 수 있는 기회로도 활용할 수 있다.

다양한 인구의 유입과 도시 확장은 밤 시간대까지 확장된 야간경제로 대표되기도 한다. 영국 런던은 2017년부터 2026년까지 20억 파운드 규모로 야간경제가 성장할 것이라고 예측하고 있다.

멜버른은 호주에서 가장 빠르게 성장하는 도시로 알려져 있는데 이곳은 도심 곳곳에 정원이 있어 정원도시라고도 한다. 이보다 더 매력적인 것은 세계 다른 도시들과 비교해 1인당 레저·오락 시설을 많이 갖추고 있어 우수한 생활환경과 시민중심 도시로 알려져 있다. 또한 개방적인 이민정책으로 베트남거리, 이탈리아거리, 차이나타운 등

각 나라와 민족별 커뮤니티와 음식문화가 공존하고 있어 다양성과 포용성으로 세계 시민들을 유인하고 있다.

이러한 특성을 반영한 듯 영국 경제주간지 이코노미스트에서 발표하는 살기 좋은 도시 선정에 연속 1위를 차지하고 있는 도시이기도 하다. 1850년대 골드러시 때 1만 명 남짓 되던 인구는 꾸준히 증가하고 있으며, 세계도시들이 인구감소문제를 고민하고 있는 것과는 달리 2030년 멜버른 인구는 450만 명 정도가 될 것으로 추정하고 있다.

미국의 오스틴은 미국에서 가장 빠르게 성장하는 도시이다. 오스틴은 컨트리 음악 산업의 중심지로 '라이브 음악의 수도'라고 자처하는 도시이다. 1920년 대략 3만 5천명이던 인구가 2017년 인구 100만 명 이상의 도시로 성장했다. 애플, 삼성, 인텔, 3M, 구글 등 전자제품과 첨단산업 다국적 기업들의 지사가 위치하고 있고, 출판과 관광산업이 주요산업으로 형성되어 든든한 버팀목이 되고 있다.

이들 도시들은 규모면에서 성장뿐 아니라 저녁과 밤 시간을 활용하여 도시의 시간을 확장한 도시들의 사례이다. 결국 도시가 확장되면서 상하수직으로의 공간 확장 뿐 아니라 시간의 활용에 있어서도 다양한 시민들의 요구를 위한 확장을 꾀해야 한다는 시사점을 준다. 이는 도시에 유입된 사람들을 위해 일자리를 창출하고, 젊은이와 기업인이 지역을 지킬 수 있도록 건강하고 활기찬 살기 편한 도시로 만드는 방법이다.

3.3.2. 시간을 자본으로

시간을 돈으로 치환한다면 얼마나 될까? 18세기 벤자민 프랭클린(1706~1790)이 "시간은 돈이다(Time is Money)"는 말을 했던 시대적 배경을 굳이 인용하지 않더라도 시간을 돈과 대응시켜 바꾼다는 상상은 언제든 생각해볼 수 있다. 이 말을 실용주의적으로 접근한다면 당연히 돈 버는 일에 시간을 써야 한다는 말로 귀결될 것이다. 직접적으로 돈을 버는데 쓰는 직접비용(Explicit Costs) 뿐만 아니라 여기에 투입되어야 할 시간을 허비했다면, 감수해야하는 간접비용(Implicit Costs)까지 포함한 기회비용(Opportunity Costs)을 생각하게 하는 말이다. 어찌되었건 시간의 가치는 강조될 수밖에 없다.

도시에서 경제활동에 소요되는 시간은 주로 주간시간이다. 굳이 시간을 화폐가치로 환산해 효율성을 따져보면 낮에 비해 경제성이 떨어지는 밤 시간까지 경제활동을 해야 할 필요는 없다. 낮 시간동안 노동을 하고 밤 시간 동안 충분한 휴식을 취한 후 다음 날 다시 노동현장으로 나가면 그 만큼의 수입을 창출할 수 있다. 이는 지속적이고 안정적인 성장을 기반으로 하고 기존 경제규칙으로 충분히 예측이 가능한 경제상황을 전제로 한다. 하지만 저성장의 늪에 빠져 뉴노멀 시대가 일상화되면서 각 도시들마다 소득을 위한 새로운 루트를 찾아야만 했다.

특히 선진국 도시들은 3차 산업 위주의 산업구조가 굳어지면서 도시내부 시민들 뿐 아니라 외부 사람들의 방문을 통한 소득창출이 그 어떤 방법보다 용이해지는 상황이 되었다. 즉 도시내부에서 자생적으로 경제활동을 활성화시키는 것이 소득창출의 방안으로 제안된 것이다. 세계적으로는 신자유주의가 대두되면서 방문경제가 활성화되었고, 인터넷과 통신기기의 발전으로 각 도시들의 정보를 속속들이 접할 수 있게 되었다. 시간과 공간의 경계로 구분 지어졌던 것들이 세계화와 정보화의 파고 속에서 섞이고 뭉치면서 새롭게 탄생하는 과정을 겪게 된다. 서로 상반된 개념이었던 지상과 지하, 낮과 밤, 제조와 소비, 현실과 가상의 경계가 모호해지는 것처럼 밤 시간도 캄캄한 휴식시간이라는 규범에서 벗어나게 되었다. 야간경제라는 이름으로 밤 시간도 공식적인 경제활동 영역으로 편입하게 된 것이다.

밤을 깨우는 야간경제의 등장은 런던의 24시간 지하철의 사례를 통해 새롭게 부상하고 있다. 영국은 1863년 세계 최초로 지하철을 개통한 나라다. 산업혁명을 선도했던 나라답게 2016년엔 주말에 한정해 나이트튜브라는 야간열차를 운행한 바 있다. 미국의 뉴욕과 독일의 베를린, 덴마크 코펜하겐, 호주 시드니, 오스트리아 빈에서도 24시간 지하철이 운행되고 있거나 시험 중에 있다. 한국의 서울에서도 일부 도입을 타진하고 실험 중이다. 이들 도시에서 24시간 지하철을 도입하는 이유로 관광객과 시민들의 편의증진, 일자리 창출과 기회제공 확대를 들고 있다.

세계적인 불황은 개별 도시들 간의 경쟁을 부추기고, 스스로 도시 내 활력을 만들어야만 하는 숙제를 부여했다. 경제 활성화와 일자리 창출이라는 현실적인 목표를 위해 야간활동을 지원할 것인지 또는 규제할 것인지에 대해 각 도시에서도 논의 중이다. 다만 예전과 달리 세계화와 정보화로 시공간의 압축현상(Time-Space Compression)이 나타나 시간과 장소의 구애를 받지 않는 직업군이 많아지면서 기존 시장의 틈새를 채우는 작업이 꾸준히 이루어지고 있다.

3.3.3. 공유경제와 야간경제

2008년 금융위기 이후 공유경제는 자본주의와 사회주의 경계를 넘나드는 대안경제로 수용할 수 있을 것인가라는 의문과 함께 등장했다. 명확한 소유권이 아니라 이용권을 공동으로 갖는다는 움직임에서 시작되어 합리적 소비, 자연환경 보호, 신자유주의에 대한 반발 등 여러 억측과 기대를 동반하며 시작되었다. 사실 공유경제(Sharing Economy)라는 이름으로 출사표를 던졌지만, 명확한 개념 정의마저 없고 정의 내리지 못하는 사이 공유경제라는 모호한 설명이 덧붙여졌다.

그러다가 우버, 에어비앤비, 태스크래빗, 다잉추추, 쏘카 등 국내외 다양한 공유경제 스타트업 기업들이 유니콘 기업(기업가치가 10억 달러 이상)으로 성장하는 신화를 보게 된다. 이 과정을 보면서 뒤늦게야 공유경제의 무한 성장성과 파급효과를 실감하게 된다. 야간경제는 공유경제와 같이 기존 선입견과 틈새시장을 공략해야 한다는 측면에서 공통점이 있다. 공유경제의 대상이 되는 것은 자본주의에서 상품이 되지 못하는 것, 버려진 것, 전혀 자본으로서 인정받지 못할 것 같은 것들이었다. 이를 시장으로 유인해 숨겨진 수요와 연결시키고 네트워킹하는 전략이다.

예를 들자면, 하루 20시간 이상 주차장에 있는 자동차, 할 일없이 흘러가는 시간, 외딴 곳에 있는 농가주택, 버려진 폐가와 사무실 등이 시장에 등장하게 되었다. 기업주도로 재화와 서비스를 공급했던 시대에서 개별주체에게 그 자리를 양보하게 되면서 일어난 현상이다. 기업이 제공하는 상품이 소비자의 다양한 취향과 여건을 충족하지 못하게 되면서 이해관계와 생각이 맞는 사람들끼리 경제순환체계를 공동으로 구축하게 된 것이다. 즉 시장이 충족시킬 수 없는 틈새시장을 구축하는 것이 공유경제의 시작점이 되었듯이 야간경제에서도 혁신의 시작이 될 수 있다는 것이다.

공유경제와 야간경제 사이에는 다음과 같은 공통점과 보완점이 존재한다. 기존에 버려졌거나 아예 개념조차 없던 것, 경제적 가치가 없다고 여겨지는 것, 안전과 범죄 영역의 침범이 우려되는 것, 복잡한 이해관계로 얽혀있는 것…… 이러한 특성을 갖는 것들을 야간경제라는 프레임으로 시장에 편입시킬 수 있다. 주간 경제에 참여했던 사람들이 썰물 빠지듯 빠져나간 도심 공간에 주간동안 일자리를 찾지 못해 경제활동을 하지 못했던 사람들이 야간경제 주체로 변하게 된다. 주간과는 다른 주체들과 상품들, 문화와 예술이 가미된 공간으로 재탄생될 수 있는 가능성의 문을 여는 것이다.

야간경제라는 개념 자체가 완전히 낯설고 새로운 것은 아니다. 야간경제 영역이라고 명명하진 않았더라도 많은 도시에서 야간시간 동안의 경제활동은 이어져오고 있다. 대표적인 것이 도시의 야시장들이다. 대만의 스린 야시장, 태국의 핏퐁 야시장, 홍콩의 템플거리 야시장은 더운 날씨 탓에 야간에 열기도 하지만, 시장을 찾는 관광객들에게 다양한 야식거리와 색다른 문화를 선사한다.

폐허에서 젊은이들의 공간으로 변신한 곳도 있다. 베를린의 나이트클럽은 통독 후 가난한 청년과 예술가들이 버려진 건물을 개조해 클럽으로 활용하는데서 시작되어 세계 젊은이들의 필수 관광코스가 되고 있다. 스페인의 이비자(Ibiza)섬은 1960년대부터 히피, 게이 등 유럽의 소외계층이나 예술가들이 마약단속을 피해 모여들기 시작한 곳이었다. 이들은 자유롭고 개방적인 문화를 이비자 섬의 특성으로 자리매김하게 했다. 세계 최고의 DJ와 젊은이들이 모여 매일 밤 파티를 즐길 수 있는 클럽도시로도 유명해졌다. 세계문화유산으로 등재된 자연환경과 클럽문화가 공존하고 있어 서로 반대되면서도 어울리는 분위기는 매년 수천 명의 관광객을 유인하는 힘을 갖고 있다.

이상의 몇몇 도시의 야간경제 양상을 보더라도 야간경제를 구성하는 요소들에 있어 주간경제 참여자와는 차별화된 특성을 가진다는 점을 알 수 있다. 야간경제 활성화 정책을 펴는 도시들마다 공통적으로 주간경제와는 다른 기준과 법령을 적용하자는 논의가 등장하고 있는 것도 이러한 특성을 반영한 것이다. 앞서 공유경제를 이해함에 있어서도 전통적인 자본주의 경제체제로 접근해 참여자들의 고용, 소득, 안전보장 등을 검토한다면 공유경제의 수익성과 개방성을 보장할 수 없다. 기존 경제체제 테두리에서 보면 서로 대치되는 측면이 많아 발생하는 문제들이기도 하다. 이를 극복하기 위해 규제 철폐와 유연성을 요구하는 것이다. 공유경제와 기존 경제가 접점을 확인하는 것처럼 야간경제 적용도 주간경제와는 차별화된 기준과 정책적 지원이 필요하다.

공유경제 활성화를 위한 정부의 노력이 기존 자유경제를 해치지 않고 상생하는 수준으로 조절해야 한다는 것처럼 야간경제를 육성,

발전시키고자 하는 정책도 주간경제를 해치지 않고 서로 보완하는 차원에서 접근해야 할 것이다. 예로 도요타자동차에서 야간전담 근무제를 시행하기로 하는 사례를 들 수 있다. 저출산 고령화를 겪고 있는 일본의 최대제조기업 도요타는 아예 3개월 이상 야간시간동안에 근무하는 제도를 도입했다. 근로자 건강에 미치는 영향을 고려해 최장 3개월로 한정하고 있지만, 생산가능인구가 줄어들면서 고령자나 여성인력을 활용하기 위한 방법이기도 하다.

또한 대형 엔터테인먼트 회사나 업체들이 투입되는 야간경제 시장이라면 당연히 대도시 규모이상의 도시에서 가능한 일이다. 하지만, 대도시보다 쇠퇴하는 지역경제를 살리고 소득 창출 추구의 목적이 절실한 중소도시에서 야간경제 활성화에 접근한다면, 경제적 이익 목적 이상의 이유가 필요할 것이다. 경제성만을 목적으로 한다면 지방도시나 소규모 지역에 야간경제는 적용하는 데에는 어려움이 많다. 바로 이럴 때 도시 경영자가 지역 활성화를 위해 야간시간동안의 경제활동을 지원하고 장려할 수 있는 적절한 기회가 된다. 경제적인 지속가능성을 이어가기 위해 일방이 제공하는 재화와 서비스 공급시스템을 수정해 시장에 참여하는 개별주체가 생산과 소비의 주체가 되는 시스템으로 전환하도록 유도하면 된다. 이것이 바로 지역과 공동체 순환의 공유경제 시스템을 구축하게 되는 기회가 될 것이다.

예를 들어 지방의 작은 도시에서 택시를 운영하는 사업자가 있다고 치자. 매일 10명 이내 이용자를 실고 나르는 일로 생활을 이어간다면 결국 경제적 수익성이 맞지 않아 더 이상 영업을 지속할 수 없게 된다. 이에 따라 점점 지역 주민들의 이동권이 제약을 받게 되면서 인구유출 현상이 가속화되고 종국에는 소멸하는 도시로 전락하게 될 것이다. 경제성 미흡으로 업체 진입이 불가능한 섬과 오지의 지역에 지자체 재량으로 100원 택시 등을 운영해 주민들에게 이동권의 자유를 보장하기도 한다. 하지만 이동복지 정책이 시행되는 지역도 늦은 밤 또는 택시가 운행되지 않는 날이 되면 주민들은 오롯이 갇히게 되는 신세가 된다. 이러한 문제점 혹은 틈새를 공략해 지방소도시와 지역의 경우 사회적 경제나 공유경제를 적용한 이동체계를 접목해보는 방법도 있다.

공유경제 등장의 배경이 되었던 비용절감과 다양한 수요충족의 이점은 신뢰와 믿음이 있는 공동체일 때 가장 큰 성과를 거둘 수 있다. 공유경제가 주목받기 시작한 것도 금융위기로 침체된 경기로 인한 실업증가, 소비감소, 가처분소득 감소 등을 극복하기 위한 노력이었다. 기존 자본주의 경제에서 발생하는 경제활동들마다 사회적 책임, 법·제도적 요건, 비용 등 오랜 기간 동안 만들어진 안전판과 협력체계로 유지되었다. 공유경제는 기존의 틀을 깨고 혁신이라는 이름으로 이전과는 차별된 경제형태를 띄고 있다. 그래서 현재까지도 공유경제를 둘러싼 개인 간 거래에 대한 위험, 수익에 대한 세금, 분쟁발생시 해결문제 등 많은 문제점이 상존하고 있지만 문제점 극복을 위한 연구와 수정, 발전을 거듭하고 있는 중이다.

야간경제도 기존 경제의 테두리에서 운용되는 방식에 있어 변화를 요구한다는 공통점을 갖고 있다. 야간시간에 대한 가치를 재부여하고, 주간경제와는 다른 방식과 기준이 필요한 시점이다. 주간경제에 투입되는 사람과 자본만큼 야간경제에도 충분한 수요가 있다. 노동계에 불고 있는 근무시간 축소, 자유로운 삶의 방식을 인정하는 분위기, 콘텐츠로 승부하는 경제 여건 등은 야간경제 성공의 밑거름이 된다.

3.4. 야간관광과 야간문화

3.4.1. 밤 문화와 도시의 활력

뉴욕이 첫 번째 도시로 꼽혔다. 관광객들을 상대로 가장 멋지고 화려한 밤 문화를 즐길 수 있는 도시가 어디인지라는 질문에 대한 답변이다. 뉴욕은 세계에서 가장 번화한 도시로 알려져 있고 세계 최초로 1,000만 도시가 된 곳이기도 하다. 잠들지 않는 도시라는 명성에 걸맞게 금융과 문화부문에서 세계 1위를 기록하며 도쿄, 런던과 더불어 세계 3대 도시에 속한 도시이다. 2위를 기록한 라스베가스는 말할 필요도 없이 화려한 곳으로 한해 관광객 수로만 약 4,300만 명이 찾는 곳이다. 관광과 도박의 도시로 알려져 있지만, 컨벤션 참석자만도 630만 명에 이르는 곳이다. 최근에는 교통, 통신시스템의 이점과 세금, 규제문제로 애플, 테슬라가 이전해 오면서 제조업 메카로서 성장잠재력도 가지고 있는 도시라는 평가를 받는다.

영국의 런던, 프랑스 파리, 스페인 바르셀로나와 마드리드, 네덜란드 암스테르담 등 주요 관광도시들이 세계인에게 밤 문화를 즐길 수 있는 도시로 선정되었다. 이상 열거한 세계적인 관광도시로 성장한 도시들의 공통점은 여행자들이 원하는 밤 문화가 있다는 특징을 갖는다. 여행자들은 짧은 시간 동안 새로운 환경에 대한 탐색과 경험을 확대시키기 위해 매 시간마다 가치를 부여하고자 한다. 이는 밤 시간에도 야경과 밤 문화를 만끽하고자 하는 요구로 표현된다.

뉴욕은 밤에 누릴 수 있는 예술과 문화가 있다는 점이 강점으로 꼽힌다. 늦은 밤 시간에도 미술관에 가서 그림을 감상할 수 있고, 극장에서 뮤지컬을 즐길 수 있다. 대표적인 뉴욕 브로드웨이 뮤지컬은 밤 8시가 넘어야 경험할 수 있는 것이고, 뉴욕에 와야만 느낄 수 있는 정취로 강력한 장소성을 내뿜는다. 뉴욕의 밤 문화는 야간경제로 이어지고 이를 활성화하기 위해 24시간 지하철을 운행하고 나이트 메이어를 선정해 야간경제를 지원·보호하고 있다.

뉴욕에 브로드웨이가 있다면, 런던에는 웨스트엔드가 있어 도시의 밤 문화를 이끌어간다. 웨스트엔드를 중심으로 뮤지컬과 연극이 생산되고 소비되는 메카 역할을 한다고 할 정도이다. 지금도 세계 4대 뮤지컬의 본고장으로 알려진 웨스트엔드에선 캣츠, 레 미제라블, 미스사이공, 오페라의 유령이 작품으로 올라오고 있다.

우리나라와 가까운 일본에서도 2020 도쿄올림픽을 겨냥한 야간경제 활성화를 도모하고자 한다. 올림픽을 통해 도쿄로 유입된 관광객에게 오락서비스 등을 제공해 유럽 도시들을 방문하면서 지출하는 수준만큼 지출비중을 높이겠다는 취지이다. 일본은 밤 문화를 확대하고 야간경제를 새로운 비즈니스 측면으로 접근하고자 영업시간을 조정하거나 이벤트를 개최하기도 한다. 지자체 또한 야간 정기공연을 주최하거나 밤 문화 개발에 적극적으로 참여해 야간경제 활성화를 위해 노력하고 있다.

UN 세계관광기구 조사에 따르면, 일본과 한국을 찾는 관광객의 소비가 밤 문화가 있는 호주, 싱가포르, 태국 등 밤을 즐길 수 있는 곳과 비교해 현저히 적다고 하였다. 특히 밤 문화에 대한 왜곡된 인식이 있는 도시들에서 술과 나이트클럽 등 유흥서비스가 밤 문화의 대표 이미지로 인식되고 있어 관광객들에게 오히려 부담으로 작용할 수도 있다.

밤 문화에 대한 인식 차이와 우려 등이 있음에도 밤 시간을 활용하는 활동은 계속 증가하고 있다. 야간시간 경제활동으로 창출되는 경제적 효과가 낮 시간동안의 경제활동에 견줄 만큼 성장하고 있어서 야간경제에 대한 관심이 증가하고 있다. 그럼에도 아직까지 야간경제라는 개념이 일반 시민에게 어떻게 인식되고 있는지 또는 명확한 효과 검증이 이루어졌는지 정확하지 않다.

야간경제는 유럽에서 처음 등장한 개념이다. 도시 중심부를 24시간(Round-the-Clock) 이용할 수 있도록 지원하겠다는 지역 정치인들의 주장에 따라 등장한 것이다.[22] 어느 도시나 야간시간 동안 경제활동은 있었지만 특별하게 주목받지 못했다. 도심을 살리는 방법으로 야간경제를 적용한 것은 당시로선 신선한 아이디어였다. 도시 중심부를 활동적이고 생기가 있는 곳으로 만들기 위해 밤낮없이 24시간 운영하는 것 자체가 오랫동안 이슈가 되고 있다.

도심 경제가 침체되고 물리적인 노후화가 진행되면서 낮에도 비어있는 사무실이 늘어나고 폐업하는 상점들이 증가하는 사태가 벌어졌다. 이러는 과정이 반복되면서 도심은 점점 더 사람들의 발길이 끊기고 종국에는 버려진 지역으로 변하게 되었다. 이를 다시 생동감 있고 활기차게 만들 수 있는 방법으로 밤 시간에 문화와 오락, 여가시간을 즐길 수 있도록 시설과 프로그램을 조성하자는 것이 야간경제의 시작이 되었다.

한번 침체된 도심부에서 활력을 찾으려면 많은 사람이 모이고 안전하게 즐길 수 있도록 유인하는 구조적 여건이 마련되어야 한다. 구조적 기반을 토대로 소프트웨어적인 접근을 했을 때 비로소 경제적 성과 창출도 가능하게 된다. 외국 또는 타 지역에서 온 관광객들은 밤늦은 시간까지 대중교통 이용이 편리하고 박물관, 미술관, 전시관, 공연장 등을 안전하게 방문하고 싶어 한다.

그래서 야간경제가 활성화되기 위해서는 도심부에 지역민들이 모일 수 있는 인프라와 외지인들이 보다 안전하다고 느낄 수 있는 환경 조성이 필수적인 요건이다. 이러한 서비스를 제공하지 못한 도시는 세계 도시들 간 경쟁에서 관광객들로부터 외면당하게 되고, 점점 더 경쟁력을 잃어가게 될 것이다. 결국 밤 시간대 도시로 사람들을 유인하는 방법을 찾아야 한다는 것이 야간경제의 출발점이다.[23] 오락과 이벤트 등은 즐거움과 매력으로 외부인을 유인한다. 한편으론 지역 주민들 간 모임과 소통의 시간이 증가하게 되면서 내부적으로 도시 문제를 공감하고 해결할 수 있는 지역정서가 형성된다. 밤 문화는 단순한 행사나 이벤트로 만들어지는 것이 아니다. 많은 사람들이 공감하는 시간과 공간의 활동이 모여 문화가 만들어지고 계승된다. 밤 문화를 지역경제 활성화와 도시가 갖는 문화의 잠재력을 발산하는 장을 형성해 도시 활력의 동력으로 활용하는 과정도 이와 같다.

3.4.2. 레저와 노동의 가치

호모루덴스(Homo Ludens)는 네덜란드 문화사학자 요한 호이징하(Johan Huizinga, 1872~1945)가 인간의 특징 중 하나라고 주장한 개념이다. 노는 인간이라는 의미의 호모 루덴스는 동물과 차별되는 인간의 본성으로, 즐거움을 추구하는 삶이 인간이 존재하는 이유라고 했다.

산업화 시대는 도시 공간뿐 아니라 인간의 활동도 빈곤극복과 생산성 향상을 위한 프레임에 갇혀있는 상황이었다. 생존과 생산을 담당하던 시간 이외에 허가된 자유의 시간을 칭하는 표현으로 여가라고 했다. 일상에서는 여가와 레저를 혼용해 사용하기도 한다. 여가는 레저의 상위개념이면서 레저가 발생하기 위한 필요조건이기도 하다. 칼뱅사상을 기반으로 했을 때 여가는 노동을 효과적으로 수행하기 위한 수단으로서 필요했다. 즉 생산을 위한 시간이 끝나면 다음 생산을 위한 휴식 시간 정도로 여가가 주어졌다고 생각했고, 노는 인간이라는 본성은 생산에 방해되는 존재라고 인식되던 때가 있었다.

이전에 단순히 자유시간이라고 하는 레저의 개념은 과거의 모습을 탈피해 새로운 개념으로 발전하고 있다. 그렇다면 레저는 무엇일까? 레저는 의식주 해결문제를 벗어나 여가시간에 발생하는 정신적, 육체적 재충전의 역할을 하는 자율적이고 목적지향적인 활동이라고 정의된다. 사실 생존을 위한 활동과 서비스를 제공함에 있어서 품질(Quality)은 문제될 것이 아니다. 하지만 생산성이 향상되면서 이전보다 더 작은 노력으로도 생존이 가능하게 되면서, 빈 시간과 공간을 삶의 질과 만족감이라는 다른 가치와 관심으로 대체시키고 있다. 그러면서 점차 생존에서 즐거움을 추구하는 방향으로 인간의 삶의 가치가 바뀌게 되었다. 이렇듯 삶의 질을 추구하는 상황이 되면, 시간과 생산성을 교환하던 산업사회 삶의 방식에도 변화가 요구된다. 그래서 나온 말이 일과 삶의 조화, 워라밸(Work and Life Balance)이다. 일과 여가라는 이분법적 기준에 따르면, 생산을 위한 활동과 삶을 위한 활동이 서로 균형을 이뤄야 한다고 하는 사고가 탄생하게 된 것이다.

흔히 레저라고 하면 노는 시간, 즐거움을 주는 시간, 오락이나 스트레스 해소를 위한 활동 정도로 생각한다. 레저라는 말에는 보람된 일을 할 수 있는 자유로운 시간이라는 의미를 포함하고 있다. 그래서 인간 존재와 문화의 산물로 확대하는 편이 레저 본연의 뜻과 훨씬 가깝다. 레저를 단순히 일하고 남는 시간의 의미가 아니라 개인의 자유, 행복, 문화를 생산하는 토양 역할을 한다고 이해해야 하는 것이 기본에 충실한 해석일 것이다.

레저는 인간 삶에 있어 필수적인 부분이기도 하지만 개인마다 관심사와 취향에 따라 다양한 형태를 띤다. 동시에 레저는 개인적, 사회적인 영향력을 미친다. 개인적으로는 심신을 단련시키고 개인 이외의 다른 존재에 대한 관심과 교류의 기회를 갖게 한다. 이는 사람에 머무르지 않고 살고 있는 자연환경에 대한 관심이 고취되는 기회가 되기도 한다. 레저가 미치는 영향으로는 재충전 기회를 통한 생산성 증대, 국민체력증진, 관광유발효과 등의 경제적 파급효과, 지자체 세수증대 등 다양한 분야에 영향력을 발휘한다.

인간의 삶에 레저가 새롭게 자리를 잡아가는 사이 도시공간에도 워라밸이 요구되는 시점이 다가왔다. 기술혁명을 통한 생산성향상을 최대 목적으로 하는 고도산업화사회를 거치면서 도시와 그 속에 사는 사람들 모두 경제적으로 풍요로워졌다. 생존의 위기와 빈곤을 이겨낸 후 생산과 소비객체로서의 경제적 인간을 최고의 가치기준으로 할 때, 도시공간은 점점 여유와 레저공간을 잠식당하게 되었다. 인간의 삶에 일과 레저가 있듯이 도시공간에도 생산을 위한 공간과 레저공간이 필요하게 되었다. 산업화와 도시화과정을 거치며 도시공간은 도시 면적의 50%를 도로와 주차장으로 내어주었고, 효율과 경제성을 최고가치로 여기는 물질중심의 도시가 되었다. 사람이 살아야 할 곳을 자동차에게 내어주게 되면서 그 곳은 더 이상 휴식과 여가를 위한 공간이 아니게 된 것이다.

도시공간에서 공원이나 강변과 같은 공공공간은 시민들에게 여유와 레저 활동을 위한 필수 장소이다. 이들 활동의 특성을 살펴보면 공공공간의 의미와 인간의 활동에 대한 생각을 다시하게 된다. 레저는 공동 또는 단독으로 하거나, 능동적 또는 수동적으로 하더라도 반드시 야외나 실내 등의 공간을 필요로 한다. 레저유형에는 놀이와 정원 가꾸기, 스포츠, 여행, 관람 등이 있고 도박, 음주 등 사회적 규범의 테두리를 넘나드는 활동도 있다. 레저가 단순한 자유시간을 넘어서 인간생존과 존재영속을 위한 자양분이라면, 현재에 이르러 레저의 가치가 이전보다 상승하고 있는 이유가 분명 있을 것이다.

현대도시에서 레저의 중요성이 부각되는 이유로는 우선 생존을 위한 시간이 적게 들어 여유가 생겼다는 점을 든다. 여기에 추가적으로 삶의 질을 강조하는 생활패턴, 건강과 장수명화 등 인구추세의 변화, 레저의 상업화를 이유로 들어 설명하고 있다. 심지어 국민의 레저

생활을 보면 국가의 가치와 특성을 알 수 있다고 할 정도로 레저는 강조되고 있다.

세계인권선언(Universal Declaration of Human Rights)에도 레저를 인간의 권리로 간주하고 있다. 도시에 사는 사람들에게 정서적인 쉼이 요구될 때, 호모루덴스의 본능을 해소할 공간이 없다면 어떻게든 반사회적 행동과 표현방식 등으로 분출될 수도 있다. 특히 현대인들은 컴퓨터와 인터넷으로 시공의 한계를 넘나드는 일을 하고 있지만, 현실적으로는 일에서 얻지 못하는 정서적 요구가 레저로 소진되지 못하면서 정신적 빈곤에 빠지게 되는 경우가 많다.

다음으로 레저가 각광받고 있는 이유를 논의함에 있어 거대한 메가 트렌드에 대한 설명도 간과할 수 없다. 생산을 위한 노동은 인간 생존과 문명을 이루는 근간이다. 1995년 제레미 리프킨의 『노동의 종말』이라는 책을 시점으로 기계와 정보통신기술에 기반한 3차 산업혁명으로 노동의 종말이 야기된다는 주장이 등장했다. 당시 급진적인 미래학자의 주장정도로 치부되었던 것이 점점 현실세계에 실현되면서 어느덧 고용 없는 생산이라는 말이 통념처럼 받아들여지고 있다.

4차 산업혁명이라는 이름으로 인간을 대체하는 기술, AI가 등장하면서 경제학자들의 장미빛 미래가 환상임이 드러나고 있다. 경제학자들은 신기술을 통해 원가를 줄여 값싸게 공급하면 구매력이 높아지게 될 것이고, 그렇게 되면 시장규모가 커져 국가재정도 풍족해지고 일자리가 많아질 것이라고 했다. 하지만 그들의 전망은 정 반대의 상황으로 귀결되어지고 있다. 기술발전으로 생산비를 줄여 값싼 제품을 제공할 수 있게 되었지만, 이를 사줄만한 구매력을 가진 노동하는 인간이 줄어들게 되었고, 전 세계를 불황의 시대로 몰아넣었다.

4차 산업혁명의 대표적인 기술로 꼽히는 IOT, AI, 3D프린터 등의 기술로 2030년이 되면 20억 개의 일자리가 소멸될 것이라는 예측이 빈번하게 등장하고 있는 상황이다. 기술혁신과 경제체계의 이전으로 인한 노동의 종말은 피할 수 없는 현상이다. 기술진전에 따라 기술경영, 전문 관리 등의 업무를 담당하는 노동시장 상층부사람들과 이를 보조하는 하층부 노동시장으로 나뉘어 양극화되는 현상은 더욱 극심해져 갈 것이다.

대다수의 사람들은 본인의 의지와는 상관없이 노동시장에서 배제되어 대량실업 상황에 놓이게 되고, 이로 인한 사회적 갈등의 문제는 더욱 심각해질 것이다. 지금도 세계 각국에서 일자리, 노후, 교육문제, 사회적 갈등 고조 등으로 시름을 겪고 있는 상황이 빈번해지고 있는 현실이 이를 설명해주고 있다. 이와 동시에 봉사, 협력 등이 필요한 제3영역에 종사하는 사람들이 늘어나는 것도 당연하다. 제레미 리프킨이 예고했던 노동의 종말은 인류에게 여태 경험하지 못한 새로운 사회를 만들기 위한 단초가 된다. 반면 노동의 종말은 노동의 반대편에 서있는 여가와 레저에 대한 가치 부상에도 기여하게 된다.

우리나라도 이전까지 국가전략산업으로 제조업을 꼽았다면, 이미 2000년대 초반부터 관광산업을 미래성장산업으로 육성하는 노력을 하고 있으며, 2017년 국가전략산업으로 추진하기로 한 바 있다. 이는 이전과 달리 일보다 레저가 중시되는 시스템으로 변화하고 있음을 보여주는 것으로 국가 발전을 위한 전략으로 레저 활성화를 선택해야 한다는 당위성을 제시하는 근거가 된다. 한편, 산업화 시대 일과 레저가 명확히 구분된 상황이었다면, 지금은 경계가 모호할 뿐 아니라 일이 레저가 되고 레저가 일이 되는 상황이 되었다. 이를 일이 여가영역을 침범한다는 표현으로 레저 재핑(Leisure Zapping : Leisure+Zapping)이라고 하기도 하고, 비즈니스와 레저를 동시에 즐긴다는 의미로 블레저(Bleusire : Business+Leisure)라고 한다. 일과 레저에 구분을 두지 않고 활동하는 사람들을 창조도시 이론에서는 창조계급(Creative Class)으로 분류하여 도시 창의성 발현의 토대가 되는 사람들이라고 했다. 이들은 새로운 생각과 아이디어를 찾기 위해 일과 레저, 시간과 공간을 구분하지 않는 삶의 방식을 취한다.

대표적인 예로 취미를 사업으로 연관시켜 플랫폼 비즈니스를 운영하는 사람들이 있다. 그들은 자동차 조립, 게임, 메이크업 등 평소 자신이 취미생활로 하던 일들을 인터넷 플랫폼에 올려 비즈니스로 발전시킨다. 또한 비즈니스 출장 중에도 여가를 즐길 목적으로 일과 레저를 동시에 즐길 수 있는 도시를 선택하는 경향을 보이기도 한다. 비즈니스를 위한 일을 하기도 하지만 이들에게 비즈니스는 취미생활이고 또한 취미가 비즈니스가 되면서 일과 레저가 공존하는 상황을 만든다. 이들의 수요에 대응하기 위해 MICE산업이라는 이름으로 컨벤션, 회의 등의 비즈니스를 개최하면서 동시에 지역관광과 레저를 연관시키는 전략이 미래성장산업으로 주목받고 있는 이유도 여기에 있다.

일과 레저를 구분하지 않고 어떠한 규칙과 격식도 없이 좋아하는 것을 일로 연관시키는 특성을 가진 사람들을 보보스(Bobos)라 부르기도 한다. 보보스는 이윤을 찾는 부르주아(Bourgeois)와 자유를 대표하는 보헤미안(Bohemian)문화가 결합되어 지식사회의 신 엘리트 계층을 지칭하는 말이라는 표현으로 시작되었다. 이들의 소비패턴과 가치관은 밀레니얼 세대의 특성과도 공통된 점이 있다. 이들은 자본의 투입을 통해 소득활동을 하던 방식과 다르게 지식과 정보를 통해 새로운 부가가치를 창출한다는 점에서 정보화라는 시대적 배경이 낳은 지식자본가들이라 표현하기도 한다. 최근 들어 노동과 복지와 관련되어 유연근로와 기본소득 등이 논의되고 있다. 이러한 사회적 배경도 직접적인 경제활동과 생활유지를 위한 필수생활시간은 줄어들고 여가생활시간이 늘어나면서 여가의 중요성이 강조되는 시대적 배경을 갖고 있다.

이상에서 살펴본 것처럼 일과 레저의 구분은 점점 사라지고 있고, 동시에 레저의 중요성은 더욱 강조되어 가고 있는 분위기이다. 기술의 발전으로 인간의 일자리가 줄어 로봇세를 도입해야 된다는 주장이 속속 등장할 만큼 일의 영역은 인간으로부터 멀어지고 있다. 대신 창의성과 감수성을 기르고 변화에 대한 적응력을 키우는 능력은 어느 때보다 중요해지고 있다. 이런 능력은 유연한 사고와 상상력이 바탕이 되는데 여유로움과 자유로운 환경이 주어졌을 때 능력이 배가될 수 있다.

산업적인 측면에서는 레저, 문화, 관광, 놀이 등과 관련되는데 해당 분야가 미래 산업으로 평가되고 있는 이유도 레저에 가치를 부여하고 있는 이유와 동일하다. 기존에 쓸모없던 것으로 생각되는 쉬고 놀고 즐기던 시간들과 활동들이 21세기 이후의 시간을 먹여 살린다고 한다. 이 말은 여가가 이전 세대에 생산이라 불렸던 영역으로 점차 스며들고 있다는 증거이다. 인류 역사상 인간은 농기구를 잘 다루고 기상을 읽어 배고픔을 극복했고, 기계를 잘 다루고 필요한 생필품을 만들어 생활의 편리를 혜택으로 누렸다. 컴퓨터를 잘 다루어 가상공간이라는 새로운 공간의 지평을 열었고, 지금은 이전 문명과 인간가치를 접목해 새로운 인간의 시대를 열어가고 있는 중이다. 레저의 가치는 여기에 있다.

3.4.3. 관광과 야간경제

2004년 7월부터 주5일근무제가 시행된 지 어언 10여년의 시간이 흘렀다. 당시 국가 주도로 주5일제 근무가 시작되긴 했지만, 생산성 하락과 기업 경쟁력 약화를 이유로 경제계에선 거센 반발이 일어났다. 심지어 일반인들 사이에도 주말에 아무런 계획도 없이 놀아야 한다고 생각하거나 노는 시간이 많아져서 경제적으로 궁핍해질 것이라는 사람들까지 있었다. 산업화와 수출주도경제를 체험하며 살았던 당시 세대들은 일을 최고의 낙으로 아는 워커홀릭에 가까운 생활을 했다. 어쩌면 경제적 풍요를 위해서라면 그런 삶이 당연한 것으로 생각했었다. 지금은 상상할 수도 없지만, 그 당시 사람들에겐 막상 여유로운 시간이 생기면 무엇을 해야 하는지 몰라 난감한 경우가 많았다.

하지만 현실은 주5일제를 반대하는 사람들이 걱정했던 것과 완전히 달랐다. 주5일제를 반대하는 사람들이 내세우는 생산성하락 우려와 달리 2004년부터 2008년 금융위기 전까지 3~5.5%의 경제성장률을 보이며 견조한 움직임을 보였다. 여유시간이 생기면 무엇을 해야 할지 모르겠다는 사람들에게도 레저, 스포츠를 즐기는 문화가 급속히 전파되었다.

주5일근무제 효과로 꼽을 수 있는 것 중 하나가 일자리 증가를 들 수 있다. 한국노동사회연구소의 분석결과에 따르면, 노동시간을 10%단축하면 취업자 수가 9.7%증가한다고 하였다. 단순히 양적인 측면의 고용이 증가한 것은 분명한 사실이다. 반면 단시간 근로자가 증가해 비정규직이 늘어난 측면도 있다. 하지만, 비정규직이 늘어난 현상을 단순히 주5일근무제가 전반적으로 기여했다고 할 수는 없는 일이다.

최근 4차 산업혁명이라는 말이 등장함과 동시에 점차 주4일제의 도입에 관한 논의도 함께 등장하고 있다. 심지어 미래사회에는 일하는 시간보다 노는 시간이 더 많아져 어떻게 하면 오래 잘 놀 것인지를 고민해야한다고까지 한다. 인공지능과 기계에 밀려 점차 일자리를 빼앗긴 인간에게 이전보다 더 많은 여유시간이 주어지게 될 것이다. 여기에 자유롭게 많이 놀고 쉬어야 창의력이 생성되고, 이렇게 만들어진 창의력이 치열한 경쟁사회의 경쟁력이 된다고 하는 연구들이 속속 등장하고 있다. 창의력이 경쟁력이라는 말에는 시간 대비 혹은 노동 투입인원 당 생산성을 논의하는 것 자체가 구시대적이라는 의미를 내포하고 있다. 창조경제, 문화예술진흥을 통해 국가경쟁력을 향상하자는 것도 시간을 투입한 만큼 생산성이 높아진다고 하는 시간과 생산의 정적 상관관계를 부인하는 것이다.

여가활동과 관련하여 흥미로운 통계청 조사결과가 발표되었다. 만약 시간·경제적 여유가 생긴다면 여가활동으로 무엇을 하고 싶은지를 물어보는 사회조사이다. 사회조사 결과에 따르면 가장 하고 싶은 여가활동으로 관광활동이 뽑혔다. 다음으로 취미·자기개발활동, 문화예술 관람의 순으로 선호하는 여가활동이 발표되었다. 관광은 국가적인 경제 수준과 안전에 영향을 많이 받는 분야로 인프라, 문화, 산업기반 등 다양한 여건들과 관련된다.

관광은 항공, 기차 등의 교통여건을 비롯해 호텔 등 숙박시설, 문화행사, 개방적인 분위기, 음식 등 물리적인 인프라 구축부터 접객업소의 친절과 서비스 수준에 이르기까지 전 분야를 망라하는 종합서비스 산업이다. 1990년 이래 20년 이상 장기불황을 겪은 일본의 경우에도 불황의 탈출구로 관광을 선택했다. 일본에서는 1980년대부터 정부 주도로 관광 인프라 구축사업을 벌였다. 이후에는 이렇게 만들어진 지역 관광자원을 기반으로 지역창생, 지역경제 활성화를 위한 도구로 활용할 수 있었다.

앞으로 하고 싶은 여가활동(2015~2017, 복수응답)

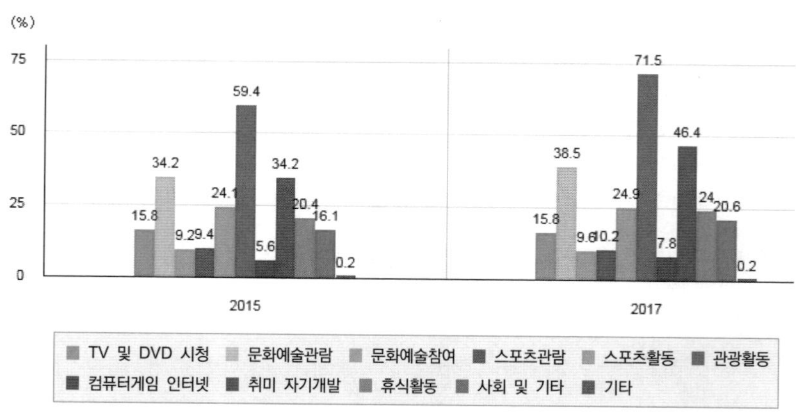

출처: 통계청, 「사회조사」 각년도

관광산업은 먹거리, 볼거리, 즐길거리, 쉴거리 등 여러 분야가 융합된 종합서비스 산업이다. 관광에 대한 인식도 단순한 경제적 이윤 차원을 넘어 지역산업의 근간을 형성·발전시키는 동력이 되고, 도시의 위상을 높이는 차원으로 확대되었다. 성장의 한계를 맞고 있는 현대도시에서 관광산업이 주목받고 있는 이유가 바로 여기에 있다. 세계관광기구(NWTO)는 2019년까지 세계 GDP의 9.5%를 차지하는 산업분야로 관광산업이 부상할 것이며, 관련 산업에서 총고용의 8.5%정도에 달하는 고용효과가 유발될 것이라고 했다. 실질적으로 매출액 10억 원당 취업자 52.1명 유발하는 것으로 발표돼 제조업의 2배, IT산업의 5배에 달하는 고용효과가 발휘된다고 했다.[24]

이러한 경제효과는 세계 여러 도시들이 관광산업을 선점하기 위한 치열한 경쟁을 하는 이유가 되고 있다. 주로 유럽 도시들 위주로 발달했던 관광산업의 기반은 그들 도시에 야간경제를 적용하는 토대가 되었다. 이들 도시들의 관광전략은 아시아태평양 지역으로 확산되고 있으며 경제 활성화를 위한 방법으로 접근하고 있다. 특히 우리나라는 대형국제행사와 한류문화 등을 통해 브랜드 가치가 상승하고 있어 성공가능성이 높다. 또한 한반도 비핵화추진 등으로 평화적 분위기가 조성되면서 통일한국이 관광대국으로 성장할 수 있는 절호의 기회가 될 것으로 예상하고 있다.

3.4.4. 호모나이트쿠스와 야간문화

야간관광이라는 말이 야간경제보다 일반인에게 더 친근한 용어일 것이다. 외국여행을 다녀본 사람이라면 경험을 했겠지만, 주간시간 동안의 여행과는 별도로 야간관광을 추가 상품으로 구성해 판매하기도 한다. 국내 지자체에서도 전통시장 살리기와 체류형 관광 육성, 지역경제 활성화를 목표로 야간관광 상품들을 선보이고 있다.

사실 야간관광은 야간경제 개념보다 외부 관광객을 대상으로 하는 상품판매가 주요 목적이어서 도시 마케팅에 더 가까운 개념이다. 야간관광으로 제시되는 프로그램으로는 야간조명, 경관활용 프로그램, 쇼핑과 즐길거리, 먹거리 등이 있다. 경제적 활동을 강조하는 접근이라기보다 문화, 체험, 일상생활과 관련된 활동을 지역경제 활성화와 접목한 측면이 강하다.

우리나라는 2002년 국립국어원에 밤에 활동하는 인간, 호모나이트쿠스(Homo-Nightcus)[25]라는 신조어가 기록될 정도로 야간활동에 대한 수요가 증가하고 있는 추세이다. 우리나라에서 확산되고 있는 야간활동의 증가에 대해 학창시절부터 야간자율학습이 보편화된 교육여건과 늦은 밤까지 이어지는 야간근로문화가 일상화된 점을 야간활동 확산의 이유로 꼽기도 한다. 최근 2018년 2월 주52시간 근로시간 단축법[26]이 통과되면서 저녁시간을 유용하게 활용하려는 직장인들까지 야간활동에 합류할 것으로 예상되고 있다. 우리나라는 야간 치안 수준 순위평가에서 세계적으로도 상위를 차지하고 있어, 야간문화 확산을 위한 기반이 탄탄하다고 평가받는다.

야간활동 증가현상에 대해 현대인의 시간 사용 특성으로 접근하는 시각도 있다. 미국의 심리학자 로버트 레빈(Robert Levine)은 산업화 이후 인간은 물질적 풍요를 경험했지만, 물질문명의 발전이 가속화될

수록 시간궁핍사회에 접어들었다고 했다. 야간문화 확산에 대해 개인적으로 밤늦게까지 자기개발을 위한 시간으로 투여해야 하고, 수면시간까지도 계산하며 자신을 소진시키는 사회로 변화되었다고 하는 시각도 있어 시간궁핍사회를 반증하고 있는지도 모른다.

그렇지만, 세계화와 정보화, 도시화가 현대도시의 추세인 점을 감안했을 때 개인적인 시간의 가치를 부여하는 것만으로 호모나이트쿠스의 등장을 설명하는 데에는 다소 무리가 있다. 경제적 측면에서 보았을 때 성장한계에 도달한 전 세계 도시들과의 경쟁체제에서 주간에만 경제활동이 이루어진다면, 다른 경쟁상대에 비해 뒤쳐지거나 생존을 담보할 수 없게 된다. 따라서 개별 도시들마다 도시 활력을 위한 다양한 전략을 펴고 경제 활성화를 위해 막대한 재정투자를 하고 있다. 특히 야간관광과 관련하여 지자체마다 전통시장의 야시장 활성화를 시도하고, 관광객들의 다양한 수요에 충족하기 위한 문화행사와 이벤트 등을 통해 야간문화 형성 노력을 기울이고 있다. 야간경제와 문화의 결합이 이루어지면 야간관광을 지속가능하게 하고, 지역의 정체성과 문화적 역량을 고취시키는 동력이 된다. 기존에 야간문화라고 하면 유흥으로 국한시켜 생각하기도 했지만, 최근에는 관광, 운동, 쇼핑, 관람, 레저 등 일상생활의 활동과 문화체험 등으로 확대되고 있다.

야간문화를 이루는 도시자원으로는 시각적 요소, 장소적 요소, 내용적인 요소가 있다. 시각적 요소는 관찰자가 볼 수 있는 지형과 자연현상, 바람, 숲, 하천 등의 자연적 요소와 가로, 공원, 건축물, 광장 등 인위적인 요소를 포함한다. 장소적 요소로는 도시 공간 내 위치를 차지함으로써 나타나는 개별적인 특성을 말한다. 내용적 요소로는 특정 도시를 구성하는 개별 장소마다 가지는 내용적 특성을 말한다. 이상에서 언급된 구성요소를 중심으로 야간문화를 이루는 자원을 나열해보면 다음과 같다.

야간문화자원 분류

구 분		자 원
유형	형 태	경관, 문화행사(축제, 이벤트), 명소 및 거리, 건축물, 문화유적, 인프라(숙박, 교통, 홍보)
	주 제	자연생태, 역사전통, 문화예술, 생활문화, 산업경제
지역	점	문화시설물, 문화재, 건축물
	선	거리, 교량
	면	관광특구, 야간경관구역, 관광명소
주체	공 공	중앙정부, 지방정부
	민 간	민간기업, 단체
대상	시 민	여가문화중심(문화형)
	외부인	관광중심자원(관광형)

대구경북연구원(2009), 인용 후 재작성

야간문화자원이 야간관광과 야간경제로 활성화되기 위해서는 다음과 같은 조건들이 충족되어야 한다. 첫째, 도시로 진입하는 육상, 항공 등의 교통망을 포함한 접근성 여건이 좋아야 할 것이다. 독특한 야간문화와 행사들을 개최하는 도시로 유명한 함부르크, 뉴욕, 파리 등은 모두 교통 중심지 역할을 하고 있는 곳이다. 교통여건이 좋으면 자본, 물류의 교류가 활발히 이루어지게 되고 많은 사람들이 유입될 수 있는 기본적인 조건이 된다.

둘째, 지역의 특유하고 고유한 자원이 있어 먹거리, 살거리, 즐길거리 등 다양한 문화와 체험활동이 가능하다. 이는 지역에 산재되어 있는 잠재된 자원을 발굴하고 개발하는 과정이 동반되어야 가능한 일이다. 야간관광과 어울리는 프로그램과 상품이 마련되었을 때 경제적 부가가치를 충분히 발휘할 수 있을 것이다. 국내에서도 경유형 관광을 지양하고 체류형 관광 전략으로 전환하고자 하는 다양한 방법들이 등장하고 있다. 주간 뿐 아니라 야간관광 상품을 판매하는 경우 해당 도시에 머무르는 시간이 길어지게 되면 관련분야의 경제활동도 증가하게 된다.

셋째, 야간관광문화에 대한 인식전환이 선행되어야 한다. 야간문화에 대한 기존 인식이 어둡고 향락적인 이미지가 강해 인식전환의 과정 없이 공공연하게 야간문화를 발전시키자고 주장하기에는 수용하는 측에서 받아들이기 어려운 환경이다. 분명 야간문화에 대한 관심과 수요가 있음에도 이를 외부로 표현하기 어렵다. 이는 외국의 야간경제구역을 방문하는 한국·일본 등의 동양인이 많다는 점을 보더라도 가히 짐작할 수 있다. 동양적인 문화특색으로 인해 개인의 욕망을 외부로 표출하는데 부담을 느끼고 있을 뿐 야간문화에 대한 충분한 수요가 있음은 분명한 사실이다. 야간문화가 술, 범죄, 향락 등과 깊은 연관이 있을 것이라고 생각하는 막연한 우려가 세계 여러 도시들에서 시도하고 있는 야간경제 활성화를 주장하기 어려운 이유 중 하나이다. 이는 야간관광을 활용한 도시브랜드 전략의 발전을 저해하기도 한다. 이러한 한계를 극복하기 위해서는 전향적이고 유연하며 창의적인 사고방식으로 야간경제를 접목하여 지역 고유의 야간문화를 형성되고 발전시키는 계기로 만들어야 한다.

넷째, 단순한 관광산업으로 접근하기보다 야간관광을 통해 도시 브랜드와 이미지 제고 차원으로 위상을 높여야 할 것이다. 특히 야간 관광을 통해 경제 활성화를 달성하기 위해서는 제도적인 지원책은 물론이고, 안전한 경제활동과 안심관광을 위한 조치가 동반되어야 할 것이다. 이를 통해 관광부문 뿐 아니라 지역특화산업 발전 등 다른 부문으로까지 야간활동이 확대될 수 있게 된다.

대표적인 야간관광 상품 중 하나인 야시장을 도시 알리기와 밤 문화로 연계하는 사례는 쉽게 찾아볼 수 있다. 동남아와 일본 등 국내외 야간관광으로 접할 수 있는 야시장은 지역민과 상인의 경제적 이익과 편의 제공이라는 이점을 가지고 있다. 외부 방문객에게는 주민들의 실제 삶을 엿볼 수 있는 기회를 제공할 뿐 아니라 특별한 경험을 선물할 수도 있다. 이는 도시 입장에서는 많은 비용을 투자하지 않고도 외부 방문객들에게 도시의 깊숙한 속살을 보이며 도시를 알릴 수 있는 기회가 된다. 지역의 대표적인 야시장을 방문하는 것 자체가 도시의 역사, 문화, 경제, 삶 등을 한곳에서 경험할 수 있어 마치 집대성한 작품을 한 번에 관람하는 것과 같다.

우리나라에도 여러 도시들에서 야시장을 운영하고 있다. 그중 서울의 밤 도깨비 야시장은 2017년 기준 대략 500만 명 이상이 다녀가는 도시 명소가 되었다. 3월부터 10월까지 주말 오후 6시부터 시작되는데 낮 시간과는 또 다른 도시공간이 만들어지면서 버스킹, 마술쇼, 공연 등 다양한 문화프로그램과 도깨비시장만의 특이한 경관과 음식들을 선보이는 공간적인 매력을 발산하고 있다. 젊은 층의 공감과 기존상권 활성화를 위해 캐릭터와 플랫폼을 만들고, 문화와 축제를 접목해 전통시장 활성화, 청년창업 인큐베이팅, 플리마켓, 스타트업 육성 등 경제모델 시험대로 활용하기도 한다. 서울의 밤 도깨비 야시장은 생산자와 소비자의 교류, 세대 공감, 다양한 콘텐츠 제공, 환상적인 야경 등을 만들어 경제, 문화, 전통이 융합되는 서울만의 고유한 야간문화로 정착시켜가고 있다는데 의미가 있다.

이처럼 도시마다 고유의 야간문화를 만들어가는 노력을 기울이고 있지만, 어디에나 있는 프로그램으로 차별성 측면에서는 여전히 가혹한 평가를 받고 있다. 사실 어떤 도시의 차별화된 야간문화는 단기간에 혹은 정부 주도로 이루어지는 것이 아니다. 민간과 정부가 공동의 목적으로 사회적인 합의를 얻었을 때 가능한 일이라 그만큼 어려운 일이다. 그렇지만 거대한 문화의 시작도 아주 작은 것에서 비롯된다는 점에서 야간문화 형성을 위한 야간경제에 대한 인식 개선과 지원이 필요한 것이다.

3.4.5. 24시간 사회

밤은 빛의 소멸을 동반하는 시간이다. 낮이 이성의 시간이라면 밤은 해방과 재생, 상상력의 시간을 선사한다고 한다. 빛으로 어떤 사물과 현상을 관찰할 때 객관적이고 이성적이 되지만, 어둠의 상황에서는 각자의 상상과 주관적인 경험이 판단의 준거가 된다. 그래서 밤은 세상의 기준에서 벗어나 어느 정도 감성이 작용할 수 있는 시간으로 이해된다. 어둠은 일상에서 자고 있던 실존을 깨우고 선악을 가리지 않고 자유를 준다.

장 자크 루소는 『에밀(1762)』에서 "우리는 삶의 절반을 장님으로 보낸다"라고 하며 밤을 암흑 자체의 의미 없는 시간으로 격하시켰다. 현대 자본주의체제에서 이성적이고 객관적인 사고방식은 분명 생존에 유리했으니 당시로선 당연한 것이었을 것이다. 근세기 밤은 위험과 지저분함, 낮에 묶어두었던 욕망이 스멀거리며 기어 나오게 하는 시간이라고 정의하기도 했다. 지금도 밤은 은밀하고 치명적인 소통이 이뤄지는 시간으로 치부되기도 한다. 하지만, 한편으로는 감성과 상상력이 폭발하는 시간으로 묘사되며 문화를 만드는 원동력이 된다고 한다. 밤에 대한 상반되는 이야기들 속에도 불가분의 시간이라는 개념에 낮과는 또 다른 관습과 문화를 가지고 있음을 인정하고 있다. 그래서 밤은 낮과는 다른 시간적 또는 공간적 개념으로 접근해야 한다.

야간경제는 흔히 24시간 경제라고도 불린다. 밤 시간에 일어나는 경제활동을 야간경제(Night Time Economy)로 통칭하기도 한다. 도시에서 일어나는 시간대별 경제활동 측면에서 보면, 식육점, 빵집, 채소·청과물 가게와 같은 전통상점은 오후 6시가 되면 문을 닫고, 이후 술집이나 레스토랑이 문을 여는 형태를 보인다. 이런 생활양태들에도 지역별로 다소간 차이는 있겠지만, 주간경제가 중단된 후 야간에 이루어지는 경제활동을 야간경제라고 한다. 시간대별 경제활동을 구분해 야간경제라 하였지만, 야간경제 활동의 형태는 제조, 식품 가공, 사무, 청소, 상품 운송, 물품 배달, 의료 등과 같은 모든 유형의 활동과 서비스까지 포함한다.

이상에서 야간경제는 야간시간동안의 경제활동을 말한다고 하였다. 그렇다면 불가분성과 연속성을 갖는 시간을 주간과 야간으로 구분하는 기준은 무엇일까? 야간시간이 언제부터인지에 대한 의문이 생긴다. 야간시간에 대한 경계는 나라마다 거의 동일한 기준을 적용하고 있다. 영국이나 미국에서 야간경제의 시작과 끝을 알리는 시간은 오후 6시에서 오전 6시까지, 혹은 오후 6시에서 12시, 그리고 오전 6시까지로 나누기도 한다. 호주 시드니에서는 시간대별로 이른 저녁, 저녁, 밤, 심야로 야간시간을 구분하기도 한다.

Time Period	Time
이른 저녁(Early Evening)	6 PM to 9 PM
저녁(Evening)	9 PM to 11 PM
밤(Night)	11 PM to 2 AM
심야(Late Night)	2 AM to 6 AM

야간경제로 언제든지 일하고 자고 즐길 수 있어 잠들지 않는다는 의미에서 24시간 도시(24Hours City)라고도 한다. 잠들지 않는 도시는 매순간 공백 없이 재화와 서비스의 공급과 소비가 이루어진다. 끊임없이 생산과 소비가 이루어져 활력과 젊음, 다양성과 지속성을 창출할 수 있게 된다.

그렇다면 언제 어떻게 야간경제, 잠들지 않는 도시, 24시간 도시라는 개념이 등장했을까? 야간경제가 처음 등장하게 된 계기는 1990년대 유럽의 도시문제를 해결하기 위한 방법 중 하나로 관심을 받기 시작하면서 부터이다. 무분별한 도시 확장으로 인해 도심공동화가 심각해졌고, 이에 대응하기 위한 방안으로 등장한 것이 야간경제 활성화 전략이었다. 이들은 침체된 도심을 살리기 위해 대중교통운행시간 연장과 주류면허를 확대하는 등 규제완화정책을 폈고, 이와 동시에 공공안전을 추구하는 두 마리 토끼를 잡고자 하는 목적이었다.

대표적인 예로 영국의 야간경제 적용사례가 있다. 영국은 1990년대 초반 도심쇠퇴 등 도시문제들이 등장하면서 이를 타개하기 위해 도시계획과 거버넌스 활성화 등 다양한 아이디어를 활용한 정책을 폈다. 이들은 주로 학술적, 정책적 접근을 통해 도시재생전략을 야간경제(Night-Time Economy)와 결합시켰다. 그러면서 문화전략, 창조도시 전략과 야간경제를 융합시키는 시도를 하기도 했다.

런던, 뉴욕, 도쿄와 같은 세계 유수의 도시들은 24시간 도시를 구현하기 위해 시간의 경계를 허무는 작업에 이어 공간의 경계를 허무는 시도를 하기도 했다. 도시·건축계획 등에서 사적 및 공적공간의 벽을 허물어 시민이 향유할 수 있도록 시·공간의 확대를 추구하는 방법을 적용했다. 대표적으로 카페나 레스토랑의 사적공간과 외부의 공적공간을 연결시키는 옥외카페 장려정책을 펴기도 했다. 사적공간에 갇혀있던 사람들을 외부공간으로 이끌어내어 도시 활력을 높이고자 한 것이었다. 서구 도시들을 방문할 때 가장 흔하게 보였던 옥외 카페와 광장, 공원, 길가 등에 자연스럽게 자리를 잡은 사람들의 모습은 살아있는 도시의 모습을 표현하는 것이라 이해될 수 있다.

마치 공장의 기계가 멈춘 것과 같이 적막하고 한산한 도시공간은 사람들이 오고 싶지 않은 공간이 된다. 야간시간에도 도시공간에서 시간과 공간의 흐름이 멈추지 않고, 사람들이 활동할 수 있게 하는 방법으로 야간경제를 적용하는 것도 활력 있는 도시를 만드는 방법으로 선택된 것이다.

24시간 도시는 24시간 사회를 기반으로 한다. 레온 크라이츠먼(Kreitzman)은 "24시간 사회는 근대적 근무시간 체계인 9 to 5를 해체하고, 개인과 사회의 가능성과 기회를 극대화시킬 수 있는 사회"라도 정의했다. 그는 24시간 사회가 상점이 밤늦게까지 연다는 것을 말하는 것이 아니라, 시간적 제약이 없어져 회사, 집, 여가시간 사이의 경계선을 지우고, 자기 스스로의 목적에 맞게 시간을 편집할 수 있게 되는 사회라고 했다. 그렇게 되면서 스트레스가 줄고 편안함이 커지는 사회를 지향하게 된다는 의미이다. 그래서 24시간 도시는 자칫 무시될 수도 있는 소수의 요구와 기회를 기존 사회가 수용하도록 하는 것이며, 시간과 공간의 경계를 허무는 시작점이 된다.

3.5. 야간경제

3.5.1. 야간경제란?

도시의 시공간이 조명을 받고 있다. 점점 더 많은 사람들의 활동이 밤에 이루어지고 일과 여가 등 새로운 활동들이 밤의 영역으로 편입되고 있다. 개인과 자유에 대한 가치가 중요해지는 현대에 들어 모두에게 동일하게 주어지는 시간마저도 각자 새롭게 재단하고 원하는 환경으로 변화시키며 밤과 어둠의 한계를 넘어서고 있다.

밤을 나타내는 라틴어 Nox(밤의 여신)는 해가 지평선에서 사라지는 시간을 의미한다. 빛의 시간이 지나고 밤이 오면 공공서비스가 중단되고 일터도 문을 닫는다. 단지 휴식의 시간으로 간주되던 도시의 밤이 휴식을 위한 정지상태를 벗어나 지속가능한 도시구현을 위한 혁신의 시·공간으로 변모하고 있다.

이렇듯 깨어있는 도시를 만들고자 하는 세계 유수의 도시에서 도시를 깨우는 새로운 성장 동력으로 밤 시간동안의 예술과 문화 활동에 주목하고 있다. 흔히 살기 좋고 여행가고 싶은 도시로 선정되는 도시들은 주간뿐만 아니라 야간에도 활동이 충분히 가능하다. 활동뿐 아니라 다양한 선택권이 주어져 사람들을 즐거운 고민에 빠지게 한다. 도시를 찾는 사람들의 선택권은 레스토랑, 바, 주점, 호텔, 나이트클럽, 극장, 영화관, 체육관 및 스포츠시설, 쇼핑센터, 이·미용실, 도서관, 전시회장, 문화 및 엔터테인먼트 시설 등에서 제공한다. 일상생활을 지원하거나 문화·예술 콘텐츠를 제공하는 이들이 야간경제의 중심이 된다.

세계 도시들이 공통으로 경제성장과 양적 확대를 추구했던 전략에 종말을 고하고, 정신적 풍요로움과 삶의 질 향상을 중시하는 경향으로 변화되었다. 성장의 한계와 전환의 시기를 맞이하면서 평화와 자유로움이 강조되는 성숙사회가 도래하였고, 지금까지 경제활동영역에서 외면 받던 야간시간에도 새로운 시장을 창출할 수 있다고 하여 주목받게 된 개념이 야간경제(NTE: Night Time Economy)이다.

야간경제는 어느 도시에나 존재했던 것이지만, 야간경제의 발전은 도시의 역사, 경제적 배경 및 문화적 환경에 의해 크게 영향을 받는다. 산업화로 번창하던 도시는 세계화와 과학기술의 발달로 시장의 확대는 꾀할 수 있었지만, 반대로 도시의 기반산업이 몰락하고 도심이 쇠퇴하는 위기를 겪게 되면서 이를 극복할 새로운 산업전략이 필요하게 되었다. 산업경제구조상 존재감을 인정받지 못하던 야간경제가 새롭게 재조명되게 되었다.

야간경제는 단순히 늦은 밤 시간까지 경제활동을 확장하는 것만이 아니다. 분명 낮과 다르게 비즈니스나 업무를 할 수 있는 기회라는 관점에서 접근할 필요가 있다. 특히 단순히 낮에는 일하고 밤에는 휴식을 취한다는 개념에서 변화되고 있는 현대인들의 시간활용패턴을 인식한다면, 모두가 9 TO 5 유급근로 형태로 일할 수 없다는 현실을 알게 된다. 이미 온디멘드 서비스와 새벽 배송, 올빼미 시장 등 시공을 초월한 시장이 운영되고 있어서, 생산을 위한 투입 또한 당연히 새로운 룰에 따를 수밖에 없다. 경제성을 창출할 수 있는 생산영역과 수요가 다양해지면서 언제 어디서든 이에 대응해야 하는 요구들과 공급도 다양해지고 있다. 특히 과거에 미처 수요로 인식되지 못하던 미미한 요구, 소외된 것들, 금기시 되던 것 등에 대한 대응이 새로운 경제성 창출의 탈출구로 부상하고 있다. 갈수록 확장되고 있는 도시의 시간은 자연적인 제약에서 벗어나 다소간 생활의 자유가 주어졌지만, 아직까지도 여전히 준비되지 않은 서비스가 많아 지속적인 제공이 필요하다.

그렇다고 무조건 도시의 밤을 깨우자는 아니다. 야간경제를 도시에 적용하기에 앞서 도시가 갖추어야할 조건에 대해 생각해보았다. 야간경제 자체는 새롭게 공장을 만들어 생산력을 담보하자는 것이 아니라 사람이 찾는 도시로 만들자는 것이다. 이를 도시의 매력으로 생각해보았다. 매력이 없는 도시는 사람들에게 외면당해 지속될 수 없다. 매력적인 도시는 어떤 도시일까? 런던에 기반을 둔 대안교육그룹 The School of Life를 창설한 알랭 드 보통(Alain de Botton)은 매력적인 도시에 대해 몇 가지를 언급했다. 매력을 주는 도시에 대한 내용은 우리가 살고 있는 도시에 대해 조금이나마 생각해볼 수 있는 기회를 제공하는 점에서 인용해본다. 알랭 드 보통이 말하는 매력적인 도시가 되는 조건은 다음과 같다.

첫째는 도시의 질서이다. 사람들이 파리와 뉴욕을 좋아하는 것에는 지나치거나 부족하지 않은 체계적인 복잡성이 있기 때문이다. 인간은 혼돈과 지루함의 중간지점에 있는 도시를 좋아한다.

둘째는 우리는 "가시적인 삶"을 원하기 때문에 황량함 대신 도시의 거리엔 사람과 활동이 가득해야한다.

셋째는 도시가 넓지는 않지만 조밀해야한다. 지나치게 넓은 공간은 사람들의 활동을 줄이고 관계 형성의 장애요인이 된다.

넷째는 작은 거리와 큰 거리 사이에 균형이 이루어져야 한다. 사람이 여유있게 걸어 다니고 쉴 수 있는 공간과 자동차 등의 교통수단으로 빠르게 움직여야 할 거리가 공존해야 한다.

다섯째는 부담스럽지 않은 도시의 스케일이다. 대부분 도시의 스카이라인은 고층빌딩에 의해 지배되고 있다. 하지만 사람들은 베를린과 암스테르담정도의 밀도와 높이를 갖는 5층 정도 건물이 주를 이루는 도시를 이상적이라 생각하고 좋아한다.

여섯째 매력 있는 도시의 조건은 차별화이다. 고유한 장소적 특성을 갖고 포용적이면서도 획일성을 피해야한다. 이상에서 살펴본 매력적인 도시에 대한 기술내용을 살펴보면, 기능성이 좋은 도시이기도 하고 사람들에게 활력을 주는 도시이며 삶의 질 향상을 추구하는 도시이기도 하다.

매력 있는 도시를 만드는 수많은 가능성과 방법들 중 필자가 주제로 선정한 야간경제를 접목해 생각해보고자 한다. 도시에는 규모의 차이가 있겠지만 사람들이 만나고, 놀고, 소비하고, 생산하는 마당으로 활용할 야간경제(NTE)가 있다. 가끔 밤은 위험하고 부도덕한 요소가 많아 부정적인 것들과 관련이 있는 것처럼 인식되고 있다. 그러나 도시 밤은 사회화와 만남의 시간으로서 역할을 하는 긍정적인 측면도 많다.[27] 야간경제는 야간시간에 일어나는 레크리에이션, 엔터테인먼트 및 교통, 인프라, 치안, 장소성, 거리위생 등 공공서비스는 물론이고 야간시간의 모든 활동과 경험으로 정의된다.[28] 국제 카지노연구소 소장인 기소 타카시(木曽崇)는 “술집이나 나이트클럽 등의 유흥뿐만 아니라 야간의료와 24시간 우리의 삶을 지탱하는 인프라 등 일몰부터 다음날 아침까지 열리는 모든 경제 활동의 총칭”을 야간경제라고 정의했다. 이들의 정의처럼 야간경제는 야간의 소비활동을 자극하여 고객만족과 경제향상을 목적으로 하는 모든 활동이다.

야간경제 활동을 구분 짓는 경제활동 시간에 대해서도 세계적으로 구분하는 기준은 다양하지만, 대개 주간경제가 끝난 이후를 야간경제가 허용되는 시간으로 정한다. 즉 오후 6시부터 다음날 오전 6시 사이를 가리키며, 이렇게 구분된 기준 설정의 근거는 영국, 미국 등 나라에서 소매점 영업시간을 정했던 것에서 그 기원을 찾을 수 있다. 뉴욕과 암스테르담과 같은 도시에서는 스스로 24시간 도시라 자칭하며 24시간 영업을 허용하고 있다.

‘야간경제’라는 용어는 찰스 랜드리(Charles Landry)의 창조도시 연구기관인 Comedia[29]와 관련된 학자들의 연구에서 기원한다. 1987년 당시 Comedia 관련 학자 중 한 사람인 프랑코 비안치니(Franco Bianchini)와 ‘L'Estate Romana’라는 로마 문화행사의 책임자로 있던 레나토 니콜리니(Renato Nicolini)에 의해 야간시간 도시에서 발생하는 알코올과 레저관련 산업을 일컬어 “Night-Time Economy”라고 했던 것을 시작으로 한다(Bianchini 1995). 그 이후에도 야간경제라는 용어를 직접적으로 책이나 발간물에 기록하지는 않다가, 1990년 존 몽고메리(John Montgomery)의 도시 및 문화 계획에 대한 기사에서 야간경제라는 용어를 본격적으로 사용하기 시작했다.[30]

비안치니(Bianchini)는 야간경제를 통해 도시의 경제를 배가(倍加)

시킬 수 있는 기회가 된다고 강조하였다. 야간경제 초기에는 엔터테인먼트에서 출발하지만 다른 분야로 확대될 것이라고 하였다.[31] 생산적인 시간을 두 배로 늘림으로써 도시 경제를 '배가시키는' 기회가 된다고 하며 야간경제의 효과를 설명했다. 1990년대 초 영국에서의 야간경제는 중앙정부와 지방정부가 밤 시간에 문화생산물을 판매하기 위해 만들어졌다.

흔히 야간경제(NTE)는 환대 및 엔터테인먼트 산업 등 이와 관련된 경제활동으로 알려져 있다. 그래서 야간경제(NTE)활동이 일어나는 주요한 장소는 식당, 술집, 나이트클럽, 영화관, 콘서트 홀, 극장, 클럽 등 일정한 허가를 받은 장소를 말했다. 이뿐 아니라 스포츠, 취미활동, 밤 쇼핑 등도 포함된다. 그리고 청소 서비스, 교육, 공공서비스, 소매업 등 여러 형태의 서비스와 물류 활동을 포함한다. 기존 주간 경제체제에서 운영되는 모든 부문에서 재화와 서비스 생산과 공급이 가능하다고 해도 무방하다.

왜 도시에서 야간경제가 주목을 받고 있을까?

우리나라만 보더라도 전체 인구의 90%가 도시에 살고 있으며 2050년까지 세계 인구의 80% 이상이 도시 지역에 살 것이라고 유엔은 전망하고 있다. 이러한 도시집중현상은 당연히 도시의 부담으로 작용하지만, 반면에 기회라고도 볼 수 있다. 도시로의 집중현상이 가중되면서 이전보다 더 많은 사람이 먹고 살기 위해서는 이전과 같은 한정된 면적에서 더 많은 것을 생산해야한다. 새롭게 도시공간을 확장시킬 수도 없을뿐더러 지속적인 경제 성장마저 불확실하다. 물리적인 도시 공간 확장을 위해 지상과 지하로 확장을 시도하고 있으나 이

것 또한 한정적이다. 그래서 아직까지는 확장할 여지가 있는 도시의 시간에 주목하게 되었다. 야간경제를 통해 급변하는 기술혁신과 세계화, 성숙사회로의 이행 중 발생한 문제 또는 미제의 문제들을 푸는 열쇠를 구하고자 한다.

야간경제로 인해 발생하는 경제적 이익은 익히 알려져 있다. 오스트레일리아 패러매타(Parramatta, 오스트레일리아)시는 2009년 이후 야간경제(NTE)를 통해 13%나 성장하여 2015년에 9억 870만 달러의 소득을 거둬들였다. 2009-2015년 동안 이루어진 야간경제 성장은 43% 성장한 카페 및 레스토랑에서 주로 이루어졌다. 이는 지역사회와 기업 모두의 적극적인 참여를 통해 가능했던 일이다. 경제적 이익 못지않게 문화와 창의 산업 관련 일자리가 증가했고, 안전하고 자유로운 공간 창출을 위한 투자와 감시가 이루어지면서 도시자산을 활성화시키는 효과도 가져왔다. 야간시간에도 시민들이 자유롭게 활동할 수 있게 되면서 활동영역이 확장되고 시간의 구애 없이 각종 활동에 참여하게 됨으로써 커뮤니티가 활성화되는 효과도 기대된다.

야간경제를 통한 상업 활동은 주로 실내에서 음료와 음식 판매가 이루어진다. 술집, 나이트클럽, 유흥주점, 커피숍 등이 있다. 음식은 실내와 실외를 포함해 먹을거리를 제공하는 광범위한 식당을 포함하고 있으며 대부분은 민간에서 운영하고 있지만 지자체 주도의 행사가 이루어지기도 한다.

소매활동은 약국, 편의점, 마트 등에서 일어나는 것으로 수요자들의 요구와 근로자들의 형태에 가장 민감하게 운영되는 분야이다. 공연활동은 도시의 다양성을 유지하고 강화하는데 중요한 역할을 한다. 공연은 영화, 연극, 오페라, 댄스, 코미디, 연극, 서커스 등 다양한 분야를 아우른다. 또한 음악부문은 라이브 음악, 고전, 재즈, 전통음악, 팝, 록 등 장르를 불문하고 도시의 매력을 만드는 주요한 요소가 된다.

문화부문은 도시 경영자와 기획자들에게 있어 도시를 찾는 관광객과 시민들에게 야간경제 기반을 경험하게 할 수 있는 주요한 도구가 된다. 다양한 문화 프로그램을 야간경제의 기반으로 공급해야할 필요성은 점점 더 강조되고 있다. 런던, 뉴욕, 로스앤젤레스와 같은 세계 도시들에서 박물관, 미술관, 도서관과 같은 문화공연장이 많은 관람수요에 호응해 늦게까지 사람들을 맞이하고 있다. 독일에서는 해마다 하루 종일(24시간) 문화시설이 문을 여는 'Long Nights of the Museums'행사를 개최하고 있다. 문화시설 개방에 관한 경제적 영향은 제한적일 수 있지만 사람들에게 환영을 받고 있어, 상징적 가치는 상당하다는 평가이다. 특히 늦은 밤 박물관을 관람할 수 있었던 참신함은 밤의 부정적 이미지를 불식시키는데 기여하고 있다.

스포츠 및 레저 장소는 전통적으로 야간경제의 일부로 생각되지 않았던 공간이다. 체육관, 스파, 휘트니스 클럽, 수영장, 스포츠 경기장 등은 세계화와 성숙사회로의 이행과정에서 크게 두 가지 관점에서 야간경제의 중요한 거점이 되고 있다. 첫 번째는 정기적인 스포츠 이벤트에 참여하는 사람들의 지출로 인한 소비효과가 발생한다는 측면이다. 두 번째로는 기업 활동과 영업활동 기회를 위한 장소로 활용됨으로써 고용효과를 창출한다는 점이다. 특히 후자는 스포츠 경기나 여가활동이 증가하게 되면서 점점 더 중요한 수입원으로 자리하고 있다. 더욱이 주요 스포츠 경기가 열리지 않는 시즌이나 저녁 6시 이후 시간에도 경제활동으로 유인할 수 있다는 점에서 틈새시장으로 부상하고 있다.

이외에 야간경제와 관련된 영역으로는 카지노, 도박, 게임 등의 오락 활동도 포함된다. 이 부문은 유럽이나 남미 국가들보다 미국, 캐나다, 호주, 아시아 국가들에서 지역 관광과 세수증대를 위한 산업으로서 의미를 갖는다. 국내에도 관광산업 촉진을 목적으로 제한적으로 허용되고 있지만, 엄격한 제한과 규제가 있어 지자체 단독으로 결정할 수 없다.

도시 간 무한경쟁과 24시간 경제의 중요성이 새롭게 인식되면서 도시의 야간시간(Night Time)과 야간경제(NTE: Night Time Economy)에 대한 관심이 증가하고 있다. 일시적인 유행이 아니라 지속가능하고 성장하는 야간경제를 잘 계획한다면, 문제점과 우려를 종식시키고 미래도시를 개척하고 탐험해가는 데 필요한 지도가 될 것이다. 야간경제라는 영역이 제시하는 기본적인 생각은 다양성과 개방성이라는 도시 본연의 속성을 살려 새로운 활력의 장으로 만들어보자는 것이다. 여기에는 안전과 일상 감시체계를 구축하는 노력과 관용을 늘려 많은 사람들에게 환영받을 수 있는 분야로 발전시키는 작업이 요구된다. 다양한 요구를 조정하고 경제적 생산성을 높이는 것이 어려운 과제이지만, 포용과 관용을 기본으로 하는 야간경제라면 아예 불가능할만한 일은 아니다.

3.5.2. 왜 야간경제인가?

정보화와 세계화로 인해 낮과 밤이 연속된 삶을 살고 있는 사람들이 많다. 활동무대가 넓어진 만큼이나 시간의 활용도 다양해져서 낮과 밤이 서로 교차되지 않고 동시성을 갖기도 한다. 기술의 발전은 라이프스타일을 변화시키며 도시민의 삶을 낮과 밤의 경계를 넘게 하는 요인이 되었다. 인터넷 디지털기술의 발달로 시공의 경계가 허물어졌고, 누구든 접속만 가능하다면 업무 경계를 무너뜨릴 수 있는 권한도 주어졌다. 이러는 중 언제 어디서든 정보 접속이 가능해야 하는 직업군이 속속 등장하게 되었고, 그들이 일상을 영위하기 위해 사용하는 시간도 굳이 공통된 기준을 따르지 않아도 되는 상황이 되었다.

디지털 노마드(Digital Nomad)라는 말은 이 시대의 경제상황과 고용현황, 경제활동 콘텐츠, 생활양식, 가치관을 가장 잘 표현해주는 말이다. 불과 몇 년 후인 2020년이 되면 미국 인구의 40% 이상이 프리랜서 노동 형태를 취하게 될 것이라고 할 정도로 직업과 일상의 변화가 이미 진행되고 있는 중이다. 디지털 노마드에 대해서도 자유로운 삶 추구라고 보는 긍정적 측면과 가난한 계급의 떠돌이 삶을 산다고 보는 부정적 관점이 공존하고 있다. 두 가지 논리의 시비를 가리지 않더라도 논리의 기저에는 유목민과 같은 삶을 당연한 것으로 받아들이고 있다는 점이 변화 양상으로 더 주목할 만하다. 혁명이라고 지칭할 만큼 디지털기술은 접근가능성과 방대한 정보량으로 사람들의 삶을 송두리째 변화시키는 막강한 힘을 발휘하고 있다. 정보혁명을 통해 개인은 획일화된 시공간 개념에서 탈출해 각자 생활패턴과 능력에 따라 새로운 세계를 만드는 시·공간의 설계도를 구상할 수 있게 되었다.

사람들의 생활패턴 변화에 따라 기존 낮과 밤 시간의 역할도 변화를 갖게 되었다. 단순히 휴식과 재충전 시간이었던 밤 시간은 새로운 유형의 레저, 여가, 쇼핑, 관광 수요가 투영되는 시간으로 변모했다. 시간이용의 패턴과 새로운 라이프스타일이 서로의 접점을 확인한 것이다. 세계 유수의 도시들은 이러한 신 트렌드를 수용해 야간관광을 확대하거나 문화예술 공간을 확보해 경제적 효과를 창출하려고 노력하고 있다. 구체적으로 세계도시들이 왜 야간경제를 도시에 적용하거나 확대하려는지 이유를 살펴보면 다음과 같다.

첫째, 야간경제는 지역경제를 활성화시키고 고용을 유발하며 재정수익 증가를 가져온다. 야간경제는 경제활동시간을 연장시켜 경제를 활성화하는데 기여하는 것으로 발표되고 있다. 야간조명의 밝기가 높을수록 경제성장률과 소득수준이 높다는 흥미로운 연구결과가 증명하듯 야간경제 활동은 경제 활성화에 기여한다.

영국, 호주의 야간경제 활동에 관한 연구에 따르면, 야간경제 활동에 필요한 의료, 긴급서비스, 치안, 교통 등 공공서비스, 각종 규제에 소요되는 비용과 경제효과를 비교한다면, 효과적 측면에서 10배에서 20배까지 더 많은 혜택을 제공한다고 하였다.[32] 이로써 야간경제 활동을 지원하기 위한 비용은 소요되지만, 다양한 산업분야와 연관되어 경제적인 파급효과가 훨씬 크다는 것이 증명된 셈이다. 도심에 야간경제가 활성화되면 해당 지역이 슬럼화되고 노후화되어 환경정비하고 치안 등 유지, 관리하는 비용 등의 절감을 가져온다. 특히 도시재생과 도심활성화 등의 도시 활력을 위해 소요되는 재정투입비용만 비교하더라도 야간경제의 경제적 효과는 말할 필요가 없을 정도이다. 야간경제와 직접적인 연관이 되는 핵심 산업으로는 음식, 음료, 놀이 (Entertainment) 등이 포함된다. 간접적인 연관 산업으로는 숙박, 주차, 택시 등 운송업, 소매업 등이 관련된다. 그리고 이를 지원하는 분야로는 치안, 인프라와 대중교통이 포함된다. 또한 이들 야간경제와 연관된 산업들은 일상생활과 밀접하게 연관된 산업으로 시민의 소득과 직접 연결되어 야간경제효과에 대한 일반 시민들의 체감도 또한 높게 나타난다.

분야	내용
직접 연관 산업	식당, 주류, 놀이
간접 연관 산업	숙박, 주차, 운송, 소매업
지원 산업	치안, 인프라, 대중교통

영국의 런던 퍼스트연구소의 〈The Economic Value of London'S 24Hour Economy〉에 따르면, 런던 야간경제의 직접적인 경제 총 부가가치(GVA)는 최대 39.5조원에 이르고, 약 72만개의 일자리 창출효과가 있다고 밝혔다. 간접적인 경제적 파급효과로는 부가가치 총액 60조원, 일자리 126만개로 추산할 수 있다고도 하였다.[33]

둘째, 지방정부가 여가 및 비즈니스 활동을 다각화 할 수 있다. 야간경제는 야간에 잠자고 있는 도시지역을 활성화할 수 있는 기회를 제공한다. 예를 들어, 도심의 레스토랑과 바 등이 음식축제를 공동으로 기획함으로써 상업지역에 더 많은 사람들을 불러들일 수 있다. 그렇게 한다면 일을 마친 후 곧장 귀가하는 통근자의 수를 줄여 첨두시간의 혼잡을 덜 수도 있다. 이와 같은 기획은 관련 비즈니스에 수익을 가져다 줄뿐만 아니라 러시아워의 혼잡을 완화시키는데도 도움이 된다. 또한 야간경제 참여자들이 경제적인 수익을 얻으면 이와 관련된 산업에 새롭게 진입하려는 사람을 유인하게 되면서 관련 산업의 확장을 도모할 수 있게 된다. 이뿐 아니라 야간활동이 활발해지면 여가문화가 확대되면서 삶의 만족도를 향상시켜 공동체 활동을 원활하게 하는 윤활유와 같은 역할을 한다. 이는 소통과 참여 기회확대로 연결되며, 사회적 갈등을 완화하는 안전망 역할을 하는 것이어서 경제적인 효과 이상의 가치를 부여할 수도 있다.

셋째, 시민의 안전에 도움이 된다. 상점과 레스토랑의 영업시간을 연장함으로써 도시의 거리는 생동감 있고 안전한 환경을 유지할 수 있게 된다. 영국 런던 남부지역의 브릭스톤(Brixton)은 다양한 인종과 동성애자가 밀집한 지역으로 유명했다. 그 곳은 갈 곳 없는 자들이 빈 건물에 무단 거주하는 스콰트(Squat)문화가 있는 곳, 밤에는 상점들이 문을 닫고 술에 취한 젊은이들이 돌아다니는 범죄와 폭력의 동의어로 여겨지던 지역이었다. 대개 이런 곳은 통제하거나 소외시키는 방법을 해결책으로 내세워 처리하려한다. 하지만 이와는 정반대의 방법으로 브릭스톤은 변화되었다. 이들이 선택한 방법은 무질서와 범죄 발생 지역으로 낙인이 찍힌 이곳에 바, 클럽 및 팝업 레스토랑을 허가해 사람들이 모일 수 있게 하는 방법을 채택했다. 다양성을 문화로 승화시켜 안전문제를 해결한 것이다.

넷째, 젊은이를 끌어들여 활기찬 도시를 만들고 지역 관광을 활성화시킨다. 관광지로서 가장 매력적인 곳은 연령, 성별, 취향, 신분 등의 구분 없이 누구나 찾을 수 있는 곳인 경우가 많다. 가족을 포함한 다양한 연령대의 수요에 대응하는 폭넓은 선택권을 제공하는 곳이라면 누구나 쉽게 찾을 수 있는 곳이 된다. 런던의 서머셋 하우스(Somerset House)는 복합문화공간으로 인기 있는 공공장소이다. 서머셋 하우스는 본래 귀족과 왕실가족들이 일하고 살던 공간이었다. 그곳은 크진 않지만 광장이 있고 갤러리도 있어 방문객들의 발길을 잡는 곳이다. 외형적으로 보이는 차분하고 조용한 분위기와 달리 야간에는 또 다른 모습으로 변신하기도 한다. 광섬유로 밝혀져 빛나는 분수대가 있고, 야외공간에서는 콘서트, 패션, 영화, 예술 전시회가 열린다. 겨울에는 광장이 아이스링크 놀이터로 변신하고, 유럽 최고의 DJ가 출현하는 댄스 플로어가 되기도 해 놀이와 재미를 준다. 그뿐 아니라 서머셋 하우스 주변에는 갤러리, 카페, 쇼핑센터 등이 많아 사람들이 모일 수 있는 조건이 되고 있다.

자료: Somerset House - Wikipedia

다섯째, 지역공동체 활성화로 소속감을 고취시키고, 문화적 화합(Cultural Cohesion)을 실현한다. 야간활동이 활발해지면, 다양한 연령대 사람들이 참여할 수 있게 되고 세대 간 소통의 장이 마련되면서 커뮤니티가 활성화된다. 그룹, 세대 간 융합되는 환경이 조성되면 이들 사이의 활동이 증가하게 되면서 소속감이 고취된다. 다양한 인종과 계층 간 교류를 통해 문화의 다양성이 실현되면서 문화적인 화합을 이룰 수 있게 된다. 이상에서 열거한 이유들은 세계 유수의 도시에서 야간경제 활성화를 주장하는 근거로 설명될 수 있는 것들이다. 여기에 언급된 내용 이외에도 다양한 장점들이 논의되고 있지만, 아직까지 야간경제를 연구대상으로 하는 연구는 미흡한 상태이다.

다음으로는 어떤 방법으로 야간경제를 적용하는지 영국의 사례를 통해 살펴본다. 영국에서 야간경제를 실현하기 위해 논의되었던 방법을 정리하면 다음과 같다.

첫째, 파트너십 구축이 필요하다. 야간경제 특성 상 경찰, 지자체, 응급 서비스, 기업 및 지역사회와 같은 이해관계자들 사이의 파트너십이 구축되어야 한다. 이들의 협력적 관계구축은 성공적이고 안전한 야간경제 구현을 위한 기반이 된다.

둘째, 야간시간의 다양한 경제활동을 지원한다. 특정업체와 일부 부문만 참여하는 야간경제는 지속성과 파급력 측면에서 한정적일 수밖에 없다. 저녁과 야간시간에 도심에 있는 레스토랑, 음악 공연장, 피트니스클럽, 자기개발교육시설, 기타 엔터테인먼트 업체 등의 활동을 촉진하여 다양한 활동이 가능하게 한다. 이로써 더 많은 사람들이 도시를 찾도록 장려하고, 알코올 관련 범죄와 사고를 줄일 수 있는 대책을 수립한다. 다양한 부문의 야간경제 참여자가 참여했을 때 도시별 특색 있는 야간경제가 만들어지고, 지속될 수 있다.

셋째, 정보를 공유한다. 밤 시간에 이루어지는 경제도 낮 시간에 못지않게 엄연한 독립적 경제로 인정해야 한다. 특히 유럽 등 선진국에서 관광산업을 국가전략산업으로 제시하는 움직임 속에서는 야간경제 확대와도 연관된다. 이와 동시에 야간경제 활성화를 위한 도시들 간 경쟁이 심화되고 있어 도시들마다 각각 특성 있는 야간경제를 만들어 가는 것이 필요하다. 경쟁이 치열해진만큼 개별 야간경제 관련업체와 이해관계자들이 각자 자신의 계획에만 집중해 단편적인 정보만 가지고는 성공할 수 있는 가능성이 희박하다. 야간경제가 성공하기 위해서는 교통, 치안, 도시계획, 경제, 문화, 산업, 보건 등 다양한 부문들과 정보를 공유하고 계획, 목표설정, 관리 등에 관한 공통의 비전을 필요로 한다.

넷째, 야간경제를 총체적으로 관리할 권한을 갖는 민간 책임자를 선임한다. 밤 문화와 야간경제를 증진시켜 도시 경제를 활성화시키기 위해서는 공공과 민간의 중재역할을 할 수 있는 책임자가 필요하다. 야간경제 관련 모든 일에 대한 책임과 의무를 가질 수 있는 사람을 지명하는 것은, 지역현안을 실시간으로 해결하기 위해 이해당사자들의 의견을 결집시키는 것에도 도움이 된다.

이상에서 언급된 야간경제 운용측면의 적용방법 이외에 도시환경적인 측면에서 각 지역적 특성과 브랜드를 보여줄 수 있는 야간조명, 가로환경, 공공교통, 공공디자인 등의 물리적 기반도 중요하다. 최근 도시개발의 방향이 재개발에 초점을 두고 있는 점을 고려해 새로운 사회기반시설사업으로 계획하는 것보다 기존 도시재생사업과 연계한다면 더욱 효과적일 것이다. 도시재생사업은 그 곳에 사는 사람들이 살면서 일하고 놀 수 있는 실용적이면서 편안하고 쾌적한 장소를 만들기 위한 시대적 요구에 맞게 수정해가는 작업이다. 야간경제 활성화를 위해 도시재생사업과 연계한다면 기존 상권을 침해하지 않고 지역의 정체성을 유지하면서, 그 안에 사는 사람들이 강한 소속감을 창출하는 데 도움이 되는 방향으로 전개될 수 있다. 성공한 도시재생은 야간경제를 통해 도시를 활성화시키는데 도움이 된다.

3.5.3. 야간경제 장단점

런던 웨스트 민스터 대학의 매리언 로버트(Marion Roberts) 교수는 24시간 도시를 운영한다고 하는 도시들 중 실제로 24시간 내내 운영되는 도시는 없다고 했다. 그는 활동시간을 심야시간으로까지 연장하는 것은 도시의 경제활동시간을 연장해 활동성을 부여하기도 하지만 단점도 있다고 했다.

영국을 비롯한 호주와 유럽도시들은 야간경제를 운영함으로 인해 엔터테인먼트 산업을 확장하고, 일자리와 사회적 연대감을 창출하는데 기여했다고 발표하고 있다. 경제 활성화와 일자리 창출이라는 이점과 함께 동시에 제기되는 문제가 있다. 만약 야간경제를 신중하게 관리하지 않으면, 시내 중심에 거주하는 사람들에게 불편을 야기한다는 점이다. 특히 24시간 도시를 운영함에 있어 가장 문제시 되고 있는 것이 소음, 교통, 알코올 소비에 관한 것이다. 미국 워싱턴에서도 심야 영업시간 연장에 관해 정치인과 주민들을 상대로 의견을 조사한 결과 범죄가 증가할 것이라는 의견이 있어 거부되기도 했다.

실제로 이런 일은 워싱턴의 사례로만 한정된 것은 아니다. 세계보건기구(WHO)의 조사에 따르면 도시의 소음, 교통량이 많이 이루어지는 도시 순위는 뉴욕, 도쿄, 나가사키, 부에노스아이레스가 뽑혔다. 한편 알코올 연구기관(Institute of Alcohol Studies)은 24시간 도시 구현을 위한 야간경제 활동과 알코올 소비는 관련성이 있다고 했다. 하지만, 야간경제 활동과 범죄와의 연관성은 밝혀지지 않았다.

매리언 로버트 교수팀은 야간경제를 운영하고 있는 도시는 소음과 교통량에서 다른 도시들과 비교했을 때 소음 정도가 높고 교통량도 많다고 했다. 다음으로 야간경제와 관련된 또 다른 문제점으로 지적되고 있는 것이 야간경제 참여자들의 건강문제이다. 야간경제를 운용함에 있어 인공지능, 로봇 등의 첨단기술이 접목된다고 하더라도 어떠한 형태로든 경제적 활동이 이루어지려면 야간인력에 의존할 수밖에 없다. 독일 시사주간지 슈피겔은 야간근무 노동자에게 수면 장애, 위장 장애, 대사 장애, 암, 당뇨병, 우울증 및 기타 여러 가지 건강문제가 있어 수명이 단축된다고 하였다. 그렇다고 해서 야간에 활동하는 사람들 모두가 건강에 취약하다고는 할 수 없다. 처음부터 주간형, 야간형으로 사람이 구분된다고 하는 의견도 있고, 각자 형성된 생활습관에 따라 활동 패턴이 다른 경우도 있다.

야간 노동자에 대한 노동법의 규정은 국가마다 다르다. 미국에는 야간근무에 대한 특별한 제안이 없는 반면 스페인에서는 야간초과근무 자체가 허용되지 않는다. 우리나라에서도 야간노동에 대한 규제는 있으며, 노동자 인권과 건강 등을 이유로 최소화하자는 ILO기준은 완전히 수용하고 있지는 않다. 야간경제 참여자의 건강문제가 논의되고 있지만, 현대경제가 24시간 서비스와 제품 제공을 요구하고 있어 꾸준히 야간근무가 증가하는 경향을 보인다.

이상에서 논의된 것과 함께 야간경제의 강점과 약점, 기회와 위협요인을 간략히 정리해면 다음과 같다. 강점(Strengths)으로는 성장하고 있는 도시라는 이미지를 구축할 수 있다는 점을 들 수 있다. 이는 국내외 관광객에게는 관광 상품으로서 도시이미지를 제공하고 지역주민에게는 다양한 즐길거리를 제공하다. 도시의 문화, 관광, 산업 등 다양한 상품과 서비스 등을 제공하고, 야간에도 안전한 도시로 인식하게 한다. 이는 도시에 고용과 경제적 활력을 증가시키고, 문화 활동을 진작시켜 도시이미지를 향상시킬 수 있다. 그래서 야간경제는 침체된 도시에게 새롭게 활력을 부여해 발전의 동력으로 작용할 수 있고, 도시의 다양성과 특수성으로 발전시킬 수 있는 장점으로 작용한다.

약점으로는 저녁시간이나 심야서비스와 관련된 부문이다. 야간활동이 집중화되는 금요일, 토요일 밤 시간 동안의 대중교통과 각종 서비스에 대한 수요가 집중되다 보니 해당 시간대에 집중 배치하는 것 등이 논의되고 있다. 또한 야간경제와 떼어놓을 수 없는 술과 관련된 부분인데, 이는 주류 판매업 등의 규제를 통해 조정하고 있다. 24시간 깨어있는 도시에는 일할 수 있는 기회와 활동하는 사람들이 많아지게 되면서 다양한 사람들이 유입되게 된다. 활력과 다양성이라는 긍정적인 측면도 있지만, 많은 사람들이 유입되면서 노숙자, 부랑인 등이 증가할 수도 있다.

기회요인은 야간경제를 활용한 도시 특색과 이미지를 만들 수 있다는 점이다. 야간경제는 관광객을 끌어들이고 활발한 야간활동을 지원한다. 경제활동이 활발해지면서 관련분야의 고용이 창출되고 소득이 증대하는 효과를 가져 온다. 특히 야간경제 관련 이해관계자들은 야간활동과 문화의 연계성이 강화된다고 주장하고 있다. 또한 24시간 도시를 만드는데 일조할 대중교통과 각종 인프라의 활용도를 높여준다. 대도시 사람들은 밤 시간을 활용한 활동에 대한 수요가 높고 다양한 생활방식을 추구하고 있어 야간활동을 위한 시설과 서비스 제공을 위한 개발을 요청한다. 이러한 다양한 요구에 신속히 대응할 수 있게 되면서 다양한 문화를 갖는 사람들이 도시로 유입되게 된다. 이는 다양한 사람과 문화가 융합되면서 그 도시만의 차별성을 갖게 되고 특성으로 자리 잡게 되는 기회가 된다.

위협요인으로는 야간경제 관련업체와 거주자 사이에 갈등이 있다. 야간경제 활동지 주변 거주자들은 야간경제 발전으로 인해 나이트클럽, 바 등이 확산되어 주거환경 위협요인으로 작용하게 될 것을 우려한다. 야간경제 활동으로 인한 소음발생과 외부 방문객들의 증가로 인한 사생활 침해 등도 문제가 된다. 비즈니스 관점에서는 야간경제가 활성화되면서 장기적으로 해당지역의 임대료가 높아지거나 임금인상으로 이어지면서 야간경제 운영비용이 증가하게 된다. 이는 주간동안 운영되는 경제활동에도 비용 상승의 영향을 미치게 되어 다른 비즈니스를 위협하는 요인이 될 수도 있다.

강점(Strength)	약점(Weakness)
• 성장하는 도시이미지 • 관광상품과 서비스제공 • 주민에게 즐길거리제공 • 안전도시 인식 고취 • 고용, 경제, 문화 활력	• 대중교통과 각종 서비스 수요에 대한 집중 • 주류 판매업 규제필요 • 소음과 무질서, 쓰레기문제 등 • 부랑인, 노숙자 등
기회(Opportunity)	**위협(Threat)**
• 활발한 야간활동 지원 • 고용기회창출, 소득증대 • 도시의 대중교통과 인프라 활용 진작 • 다양한 생활방식과 수요를 충족 • 다양성을 수용하고 도시의 차별성을 형성함	• 업체와 거주자간 갈등 • 야간경제구역의 확장을 둘러싼 갈등 • 소음발생, 사생활침해 • 임대료, 임금 상승 • 야간경제운영비 증가

이상에서 열거한 내용 외에도 실제 야간경제를 운영하는데 고려하고 준비해야할 사항은 많다. 야간경제를 운영하고 있는 많은 나라에서도 장점과 기회요인은 도시 발전을 위해 발전시키고자 하고, 단점과 위협요인에 대해서는 사전에 방지하고 예방하기 위해 적극적인 정책을 펴고 있는 중이다.

특히 무질서, 범죄와의 연관성을 사전에 방지하기 위한 노력은 야간경제 성공과 불가분의 관계에 있다고 할 것이다. 예를 들어 야간경제구역에서의 활동 후 집에 안전하게 도착하기까지 안전하고 믿을 만한 교통 및 귀가를 연계할 수 있는 방법이 연구되어야 한다. 또한 야간활동을 즐기는 무리들이 공공장소를 점령하여 소음과 위협적인 분위기를 조성할 수도 있어 지역주민들과 야간경제참여자들 사이에 일종의 암묵적인 규칙이 만들어져야 할 것이다.

야간경제로 금전적 이득을 취하는 업체들과 직접적인 이득보다도 생활의 불편함을 더욱 가깝게 체감하는 주민들 사이의 갈등은 야간경제구역을 별도로 지정하고 관리해야 하는 필요성을 설명해주기도 한다. 어둡고 더러워 사람이 찾지 않거나 활력을 잃은 거리를 사람이 넘쳐나게 하는 방법들 중 하나로 야간경제 도입을 채용하고 있다. 그렇지만, 이보다 앞서 기존 거주자들의 삶을 방해하지 않는 차원에서 상호협의를 통해 결정해야 할 것이다. 아무리 좋은 목적으로 시작된 사업이라 하더라도 반드시 이점만 있는 것은 아니다. 밝은 면의 바로 뒤에 그늘이 있듯 장점과 단점은 공존한다. 그럼에도 절박함은 그들 중 어떤 것을 선택해야 하는 운명과도 같아 야간경제도 선택권의 대상이 되고 있다.

3.5.4. 야간경제 사례와 핵심용어

■ 베를린 야간경제

베를린은 가난하지만 섹시한 도시라는 별명이 붙은 도시다. 통독 이후 통일의 표상으로 베를린이 수도로 정해지기 전 베를린은 독일에서는 섬이라 불리었다. 통일 후 사회주의와 자본주의 체계분열의 결정체로서 베를린은 정치·경제·사회적 불만과 갈등, 격차가 응축된 도시였다. 독일 연방정부의 베를린 정책과 특별조항으로 문화와 도시재생정책이 진행되면서 지금은 역사, 인간, 문화를 중시하는 도시로 추앙받고 있다.

국제적 명성을 듣고 베를린을 방문하는 외국인은 처음 도착한 공항의 협소함과 노후한 시설 등에 깜짝 놀라는 경우가 많다. 하지만, 점점 시간이 지나면서 베를린의 역사, 볼거리, 문화, 환경을 보고 그들이 생각하는 가치에 대해 알게 되면 재차 놀라는 사람들이 많다. 베를린은 평화를 상징하는 도시라는 이름과 함께 음악, 예술, 라이프스타일뿐만 아니라 최근에는 세계적인 스타트업의 요람으로 성장하고 있다. 도시공간계획에 있어서도 넓은 공원, 호수, 숲 등 사람의 몸과 정신이 숨 쉴 수 있는 휴식공간이 많아 여유로운 도시라는 평가를 받는다.

문화, 예술측면에서 베를린 필하모니를 비롯한 교향악단과 발레, 오페라 등이 공연되는 대형 오페라하우스가 3개나 있어 클래식 팬들의 사랑을 받고 있는 도시이기도 하다. 이보다 더 흥미로운 것은 세계적인 나이트클럽, 극장, 히피문화, 그래피티 등 대중문화와 대안문화에도 개방적이란 점이다.

베를린의 도시재생정책은 부족한 하드웨어를 보충하는 것보다 베를린이 가진 고유의 역사, 경험, 문화, 사람을 모으는 소프트웨어적 접근방식이 적용되었다. 오래되고 노후화된 건물을 새로운 고층건물로 대체해 경제적 개발 이득을 챙기기보다 기본 골격을 유지하고 역사성과 문화를 접목한 전략을 수용했다. 사실 통독 후 자본을 집중시켜 하드웨어 중심으로 수도 베를린 재건을 진행했더라면, 세계적으로 유명한 다른 도시들과의 차별성을 찾기 어려웠을 것이다. 통독 후 재정적인 여유가 없어서 인프라 재건에 투자할 수 없었다는 설도 있지만, 베를린은 시민들의 합의를 도출해내어 가난하지만 섹시한 도시라는 별명을 가질 만큼 세계인들에게 매력적인 도시로 기억되고 있다.

한편 베를린에는 다른 도시들이 부러워할 만한 매력적인 밤 문화로도 유명하다. 베를린의 밤 문화는 유럽 클럽 문화와 음악 동향을 느낄 수 있을 만큼 환경 변화에 능동적이고, 이용요금 또한 저렴하다는 이점이 있다. 베를린 도심에는 200개 이상의 나이트클럽, 술집, 레스토랑, 음식점 등이 있다. 오래된 공장을 나이트클럽으로 개조한 곳도 있고, 각 클럽들마다 고유특성을 가지고 있어 선택의 폭도 다양하다.

클럽과 바뿐만 아니라 박물관, 극장에서 뮤지컬과 희극공연 등의 다양한 행사가 열려 밤 문화 명소로 자리하고 있다. 또한 베를린 거리 어디를 가더라도 불현듯 볼 수 있는 건물 외벽의 벽화들에서 그래피티(Graffiti) 천국이라 불리는 베를린의 자유분방함을 엿볼 수 있다.

이처럼 세계각지에서 찾아 온 가난한 예술가들이 여유롭게 창작활동을 할 수 있는 사회적 분위기와 여건은 베를린의 자랑이기도 하다.

통독 이후 베를린에서 일어났던 스쾃(Squatting)[34]을 계기로 오래된 공장과 폐건물들에서 일어났던 창조적 활동은 자유롭고 편안한 도시를 만드는 밑거름이 되었다. 스쾃운동은 자본주의 성숙을 보여주었던 유럽 국가에서 소유의 독점에 대한 저항과 주거생존권에 대한 인식으로 빈 건물을 무단 점거하는 행동이었다. 베를린에서 스쾃운동이 있었다는 것 자체가 소유의 독점에 대한 저항과 주거생존권에 대한 인식이 존재했다고 해석할 수 있다. 이는 기저에 인간을 존중하는 의식이 있다는 점을 간접적으로 보여주고 있다.

1990년대 초반 베를린 장벽이 붕괴된 후 타할레스 예술공동체는 전쟁으로 폐허가 된 건물을 점령해 스튜디오와 예술 공간으로 사용하기도 했다. 2012년 타할레스 예술공동체가 사용했던 공간은 도시재생

사업으로 폐쇄되었지만, 프리드리히샤인에 도시재생사업으로 어반스프리(Urban Spree)가 예술 창작인의 장소로 활용되고 있다.

통독 후 이념대립이 종료되면서 유럽 청년들은 비싼 물가와 임대료를 벗어나 베를린으로 몰려들었고, 개방적이고 포용적인 분위기의 도시 베를린은 이들을 포용했다. 이렇게 형성된 분위기에 젊은 예술가의 넘쳐나는 끼가 오롯이 도시에 쏟아 부어지게 되었다. 폐허로 버려진 건물들은 젊은 예술가들의 열정과 예술 혼으로 새로운 생명을 불어넣는 작업을 통해 도시 곳곳에 400여개가 넘은 갤러리가 양산되었다. 그리고 연간 1,500회 이상의 전시회, 공연, 음악회 등이 열린다.

또한 장르를 불문하는 개방적인 도시 분위기는 게이, 힙스터 문화 등에서 선도적인 역할을 할 수 있도록 하기도 하고, 도시를 찾는 관광객들의 호기심과 관심을 받는 상품이 되기도 한다. 베를린에서 거둬들이는 한 해 관광수입만도 15조원에 달할 정도로 전 세계 관광객, 청년, 예술가, 창업 준비생 등 다양한 사람들이 베를린으로 유입되고 있다.

흔히 베를린 야간경제 성공의 요인으로 가장 많이 꼽는 것은 낮은 임대료이다. 하지만 이보다 더 중요한 것은 인간존중을 바탕으로 하는 개방적이고 포용적인 도시 분위기이다. 베를린은 겉으로만 개방과 포용을 내세우는 것이 아니라 실제 주목받지 못하고 소외된 문화·예술인에게 도시 공간을 내어주었다. 베를린 거리의 고가도로 밑이나 건물 벽 등에서 흔히 볼 수 있는 그래피티는 유머와 시대정신을 공간에 표현할 수 있도록 하는 베를린의 자유와 여유가 느껴진다. 이런 도시 분위기는 야간경제를 운용하는데 있어서도 새로운 개념을 적극적으로 받아들여 나이트메이어를 임명하기도 하고, 유흥과 음악, 문화가 결합된 밤 문화를 도시의 매력으로 발전시키는 근간이 되고 있다.

■ 시드니 야간경제

호주를 찾는 국내·외 방문객이 지역경제에 미치는 영향은 지대하다. 총지출의 80% 이상을 주·야간 관광객들이 지출하는 것으로 알려져 관광의 경제적 효과가 입증되고 있는 대표적인 도시이다. 특히 뉴사우스웨일즈주에 있는 시드니는 다른 도시들보다 많은 관광수익을 기록하는 것으로 유명하다. 미래 인구예측에서 보더라도 시드니 인구는 지금의 2배가 될 것으로 예상하고 있어 인구감소를 걱정해야 하는 다른 도시들과 비교해 차이가 있다. 호주 전체에서 국내뿐만 아니라 국외 방문객들이 많이 찾는 도시로는 시드니, 멜버른, 브리즈번 등 야간경제 활성화를 도모하는 도시들이 상위를 차지하고 있다. 지역경제 활성화와 고용창출 등의 방안을 모색하는 도시들에 있어 이 도시들이 시사하는 바가 크다.

세계적인 기업과 방문객, 이민자들이 찾아오게 하는 도시는 다양성과 차별성측면에서 다른 도시들보다 경쟁우위를 점한 경우가 많다. 특히 글로벌 인재와 투자를 유인하기 위해 문화, 레저, 스포츠 등의 서비스를 제공하는 것은 필수적인 덕목이 되고 있다. 과거와 같은 방식의 비즈니스는 역동적이고 포용적인 도시를 만드는데 한계가 있다는 인식이 확산되면서 필요하게 된 것이다.

2012년 시드니는 밤의 도시로 리모델링을 시작했다. 2030년까지 추진되는 사업으로, 저녁 이후에도 시드니 시내에 사람들이 머무르게 하여 도시 활력을 찾고, 경제를 활성화하자는 취지로 계획된 것이다. 밤 문화를 조성하기 위한 시드니의 노력은 경전철망 확대와 문화시설 등을 24시간 개방하는 것을 시작으로 도시 전체가 야간경제 확대를 지향하는 전략을 펴고 있다.

그러던 중 시드니의 대표적인 유흥가로 알려진 킹스 크로스에서 18세 청년이 주취자 폭력에 사망하는 사건이 발생했다. 본래 킹스크로스 지역은 카든 아일랜드 해군기지와 밀접한 곳에 위치해 2차대전 당시 미군의 유흥가로 발전했던 곳이다. 주취자 폭행사망 사건은 킹스크로스 지역이 시드니 밤 문화를 대표하는 지구라는 이미지에서 폭력이 난무하는 지역이라는 부정적인 인식을 확산시키는 계기가 되었다. 이 사건을 기화로 야간시간에 발생하는 범죄위험에 대한 우려가 고조되면서 2014년 락아웃법(Lockout Laws)이 시행되었다.

일명 '폐쇄법'이라 불리는 이 법안은 심야 술집 및 주류 판매업에 대한 영업규제강화가 주된 내용이다. 본래 호주는 주류판매법(The Liquor Control Reform Act)에 따라 술 판매 규제가 강한 나라이다. 물론

정해진 곳에서만 주류 판매와 음주가 가능하고, 판매에 있어서도 주류면허취급자격증(RSA: Responsible Service of Alcohol)이 있어야 가능하다. 호주 전역에 걸쳐 주류 판매가 가능한 곳은 6,553개(2018년 기준)에 불과하다. 이렇듯 주류규제가 강함에도 불구하고 주취자에 의한 범죄가 발생하게 되면서 시드니 도심과 킹스크로스 지구에서의 술 판매와 영업시간에 대해 규제를 강화한 것이다.

이 법이 시행된 이후 뉴사우스웨일주(NSW)에서는 범죄 발생률이 줄고, 아파트 가격이 올라 주민들의 환영을 받기도 했다. 또한 대형 나이트클럽, 바, 술집, 공연장 대신 소규모 업소로 교체되어 일상의 여유를 찾았다는 지역주민들의 의견도 있었다. 락아웃법 시행을 환영하는 움직임의 하나로 음주에 대한 강한 책임감을 부여하자는 의견이 제안되기도 했다. 우리나라처럼 술 판매와 구매가 자유로운 나라에서도 주취자 범죄 감형에 대한 논란이 있어 사회적인 이슈가 되고 있지만, 2016년 시드니에서는 주취자 범죄에 대해 엄격하게 처벌하는 개정안이 통과되기도 했다. NSW 주민들뿐만 아니라 병원, 경찰, 정부 등 관련기관에서도 락아웃법 시행을 환영하는 분위기이다.

하지만, 락아웃법 시행 이후 시드니 CBD와 대표적 유흥지구인 킹스크로스의 클럽, 바 등 418개 업소가 폐업을 했고, 176개의 라이브 음악 관련 공연업소가 사라졌다고 보고되고 있다. 이와 더불어 음악 관련업에 종사하던 많은 사람들이 일자리를 잃었고, 밤늦게까지 관광객으로 붐비던 곳은 방문객이 60% 이상이나 줄어 지역경제 폐해가 크다고 한다.

매년 관광객 유치를 위해 치뤄지던 다양한 축제도 락아웃법 시행

후 재원확보 어려움으로 축제의 지속성마저 위협받고 있어 도시 브랜드에 심한 타격을 주고 있다고 한다. 이보다 더 우려되는 현상은 규제가 강화된 지역을 벗어나 다른 지역으로 업소가 옮겨지는 풍선효과가 발생했다는 보고도 있다. 락아웃법 폐지를 주장하는 지역 사업자와 음악인, 관련업체의 실직자 등이 거리로 나와 시위를 벌이기도 한다.

이처럼 야간경제를 둘러싼 첨예한 대립은 직접적으로 관련된 업체와 주민뿐만 아니라 사회전반으로 확대되고 있다. 규제강화 법안의 직격탄을 맞은 공연업계, 안전과 소음규제를 원하는 주민들 간의 조정요구, 산업위축, 도시위상과 브랜드라는 문제로까지 파급되어 시급한 해결을 요구하고 있다. 지금도 여전히 음주와 폭력 등 범죄를 줄이기 위한 조치라는 목소리와 관광도시로서의 정체성을 버리고 경제를 피폐하게 하는 조치라고 하는 서로 대립된 의견이 서로 대치하고 있다. 시드니가 락아웃법 시행으로 인한 갈등을 겪고 있는 사이 시드니 경쟁도시인 멜버른에서는 24시간 영업할 수 있는 곳을 늘리고 야간경제와 밤 문화를 권장하며 지역 활성화를 꾀하고 있다.

뉴사우스웨스트 주정부에서는 시드니가 글로벌도시로서 위상을 높이고, 시민들은 일하기 좋고 살기 좋은 도시로, 방문객에게는 역동적이면서 안전한 도시로 조성하기 위한 야간경제(NTE: Night-Time Economy) 발전을 위해 노력할 것이라고 했다. 이중에서도 2018년 뉴사우스웨스트 주정부는 정부기관과 시드니가 포함되는 야간경제 태스크 포스(NSW Government's NTE Task Force)팀을 만들어 야간경제 활성화를 주도할 전담기구로서의 자격을 부여했다.

이들은 시드니 도심과 킹스크로스 지구가 안전하고 활기찬 야간경제를 구현하기 위해 문제점을 해결하고 다양한 방안을 찾아내는 것을 목적으로 하고 있다. 야간경제 태스크포스팀은 안전한 밤 문화, 문화·예술의 다양성 제공, 소매활동 증진 등을 위한 야간경제 활성화 방안을 개발하고 있다. 구체적인 활동으로는 방문객에게 시드니의 활기찬 밤 문화 홍보, 관련업계에게는 새로운 야간문화 제안을 위한 규제개혁, 문화·예술 활성화를 위한 공간 활용과 지원, 이해관계자의 협력관계 조성 등이 포함된다.

야간경제를 적용하는데 있어 규제와 자유, 협력과 조정은 시드니만의 문제는 아니다. 시드니에서 락아웃법 채택과 시행 이후 나타나는 문제점들에 대한 논의는 다른 도시에서도 야간경제 실험과 관련해 관심이 집중되고 있다. 이는 야간경제 활성화를 정책으로 실행함에 있어 시민안전과 경제적 가치 사이에서 적절한 조정과 협력, 사회적 합의가 요구되고 있음을 보여주고 있다. 특히 야간경제 활성화를 고려하는 도시들에 있어 주류 판매 및 규제와의 관련성을 검토하는 것은 간과할 수 없다.

호주 주류판매업협회(ALSA)에 따르면, 주류부문의 직접고용인원만 해도 48,000명의 직접고용효과가 있고, 간접고용까지 고려한다면 166,000명의 고용이 창출되는 산업이라고 한다. 호주처럼 주류 판매와 음주문화에 엄격한 잣대가 있는 국가에서 야간경제의 경제적 효과를 희생하고서라도 락아웃법을 시행한 것을 보더라도 야간경제가 성공하기 위해서는 각 도시별 문화와 여건에 맞는 규제와 조정이 요구된다. 물론 사회적인 합의와 안전성을 고려하는 정책 선행이 야간경제 성공의 첫걸음이 된다고 할 수 있다.

■ 런던의 야간경제

1990년대 이후 영국은 도시 중심지와 도시 전체를 재생(Regeneration)하기 위해 노력하고 있다. 영국의 야간경제(NTE: Night-Time Economy) 활성화 역시 도시를 다시 살리고자 하는 전략 중 하나이다. 무분별한 도시 확장과 도심공동화로 인해 노후하고 피폐해진 도시를 다시 활성화시키는 방법 중 하나가 도시재생이다.

영국의 야간경제는 주간경제 활동이 종료된 후 활기를 잃어버린 도시에 다시 활력을 불어넣고 새로운 기능을 부여하고자 하는 전략으로부터 시작되었다. 야간경제와 밀접한 연관이 있는 알코올, 오락, 유흥, 여가, 문화 등에 새로운 가치를 부여해 실행의 동력으로 활용하고자 한 것이다.

영국의 야간경제는 2016년부터 다시 주목받기 시작했다. 네덜란드와 호주의 밤의 시장(Night Mayor)과 같은 밤의 황제(Night Czar)를 최초로 지정되기도 했다. 영국의 야간산업협회(Night Time Industries Association)통계에 따르면 야간경제는 고용의 8%정도를 차지하고, 국내 총생산의 6%에 해당하는 연간 660억 파운드에 달하는 경제효과를 낸다고 한다. 영국의 야간경제는 영국의 산업부문 중 5번째를 차지할 만큼 성장했으며, 3억 명 이상이 야간경제 활동에 참여한다고 한다.

야간경제가 주목을 받기 전 세계적인 경기침체 여파로 영국 전역에 있는 나이트클럽의 절반가량이 문을 닫았고, 많은 술집이 영업을 포기했다. 지역 상인들의 일터가 사라지면서 지역 경제순환구조가 마비되는 상황이 되었다.

런던은 호주 시드니와 달리 주류 판매와 음주에 있어 개방적인 도시이다. 런던에는 대중이 쉽게 술을 접하고 마실 수 있는 펍(Pub)이 7,000여개나 있다. 주류와 엔터테인먼트 면허 자유화와 야간경제 성장 간 밀접한 관련이 있어 펍은 중요한 의미를 갖는다. 영국의 퍼블릭 하우스(Public House)라고 하는 펍(Pub)은 영국사회에서 공동체를 엮어주는 독특한 문화이다. 개별 선술집들은 지역공동체 회의, 오락, 사교모임을 위한 공간이 되기도 하고 문화 활동을 위한 구심점이 되기도 한다. 영국의 야간경제 활성화 정책에 지역의 펍을 보호하고 육성하는 전략이 포함된 이유가 바로 여기에 있다.

런던에서도 영국 전통으로 자리했던 펍의 쇠퇴는 심각한 수준이다. 2001년 4,835개였던 펍은 불과 15년 만인 2016년 25%나 줄어 3,615개만 남았다. 영국 전체로 보더라도 주류 판매를 담당했던 주점의 감소현상은 확연하게 드러난다. 1982년 영국 전체에 67,800개나 있었던 주점 수가 2015년 50,800개로 줄어들었다. 영국 전역에서 술을 판매하는 곳은 204,400여 곳이 있으며, 이중 8,900개 정도가 24시간

사진: 크리에이티브 커먼즈

영국의 펍

술을 판매할 수 있는 곳이다. 이렇듯 영국에서도 술과 관련된 업소의 감소와 소비자 행동패턴의 변화가 감지되고 있다.

술과 관련된 야간문화의 변화를 엿볼 수 있는 사례가 하나 더 있다. 런던의 대표적인 쇼핑, 문화, 엔터테인먼트지구로 알려진 웨스트엔드(West End)는 매주 22만 명이상이 방문하는 관광지로도 유명하다. 극장, 영화관, 클럽, 바 등이 있는 곳이라면 기본적으로 주류 판매가 이루어지는 곳이다. 그래서 범죄 발생위험이 높을 것이라 생각할 수도 있지만 섣부른 판단은 금물이다. 이곳에는 100여명의 경찰이 상주하고 CCTV가 곳곳에 설치되어 있어 사전에 범죄를 차단하고 예방할 수 있다는 것을 보여주고 있다. 이는 술이 반드시 범죄와 직접 연결된다는 관련성을 부인하고 적합한 사전 조치를 통해 예방하는 사례이기도 하다. 주류 판매와 업소규제 등 정부가 굳이 직접적으로 개입하지 않고도 야간경제 활성화를 이룰 수 있다는 것을 보여주기도 한다.

런던의 야간경제는 변화와 진화를 거듭하고 있다. 런던 야간경제의 중심으로 자리했던 클럽, 바, 술집 위주로 벌어지던 오락과 여가문화를 뛰어 넘어, 경제적 측면이 강조되면서 일자리, 소득으로 연결시키는 야간경제 활성화 전략을 펴고 있다. 영국 경제단체 런던퍼스트(London First)분석에 따르면 야간경제가 활성화되면서 런던은 24시간 도시로 성숙하게 될 것이며 연간 20억 파운드의 추가적인 경제성과를 거두게 될 것이라고 하였다. 실제 2004년부터 2016년까지 야간경제로 인한 일자리 창출효과로 대략 11만 명의 야간 근로자가 증가하였다고 발표되기도 했다. 또한 런던에 소재한 11,000개에 달하는 클럽, 바, 레스토랑, 술집 등은 약 20만 명이상의 고용효과를 창출하고,

매년 50억 파운드의 경제적 효과를 발휘한다고 보고된다.

그렇다면 도시재생전략으로 시작된 야간경제를 확장하고 활성화하려는 이유가 무엇일까? 세계적인 경기침체의 여파는 영국 경제에도 심각한 타격을 주었다. 고부가가치 제조업과 세계적인 금융허브 국가로 알려진 영국에도 높은 실업률과 소득감소현상은 예외가 아니었다.

Astoria finsbury park 1930 by kencta, via flickr

2007년부터 2015년까지 런던 나이트클럽 50%가 문을 닫았다. 430개의 음악클럽 중 40% 이상이 운영을 포기해 245개만 남아 영업 중이다. 심지어 데이비드 보위, U2, 뮤즈가 탄생하는 토양이 되었던 런던의 아스토리아 극장(Astoria Theater)이 문을 닫게 되는 상황도 벌어졌다.

런던 시는 야간경제 활성화의 일환으로 2016년부터 24시간 지하철 나이트 튜브(Night Tube)운행을 시작했고, 시민들과 방문객들로 부터 큰 호응을 받고 있다. 대중교통서비스를 24시간 운영한다는 것은 시민들의 자유로운 이동을 보장하여 경제활동을 활발하게 한다는 의미도 갖는다. 관광 등을 목적으로 방문하는 사람들에게는 다양한 도시경험을 가능하게 한다. 이뿐만 아니라 소비를 진작시켜 경제 활성화로 유도하고 일자리 창출효과를 가져올 것으로 예측하고 있다. 24시간 지하철 나이트 튜브(Night Tube)운행은 런던 나이트클럽, 술집, 코미디극장 등 주요 야간경제 관련업체들의 침체를 극복하기 위한 것

뿐 아니라 도시 전체의 활력을 살리고자 하는 방법 중 하나이다. 영국에서 야간경제를 다시 주목하는 이유가 여기에 있다.

나이트 튜브(Night Tube)가 런던경제에 미치는 경제적 효과를 추산해보면, 2029년까지 해마다 £77m씩 추가적인 효과를 가져온다고 하였다. 또한 나이트튜브 서비스와 관련하여 2,200개의 새로운 일자리를 만들고, 금요일과 토요일 밤에만 100,000명의 수송을 담당하고 있다고 했다.[35]

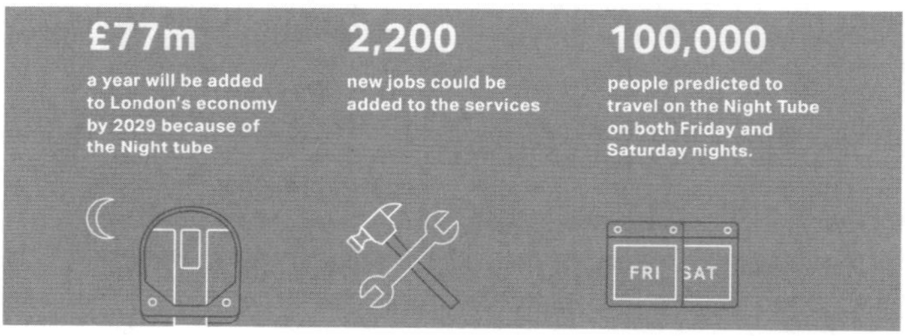

자료: Culture and the night-time economy, 2017. www.london.gov.uk

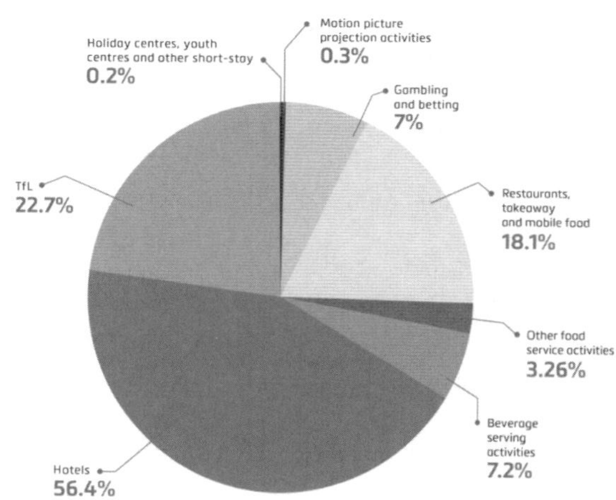

출처: Londonfirst(2017)

Night Tube Job Generation by Sector

이와 더불어 런던의 야간경제를 효과측면에서 살펴보면, 영국 전체 야간경제에서 발생하는 총 660억 파운드 중에서 런던 야간경제는 40%를 차지하고 있다. 또한 723,000명이 야간경제 영역에 고용되어 있는 것으로 나타났다.

자료: Culture and tHe Night-Time Economy, 2017.
www.london.gov.uk

부문별 야간경제 고용현황을 보면, 호텔 및 레스토랑업계 97,125명, 운수·창고업분야 107,136명, 건강과 사회사업분야 101,282명 등의 고용효과가 있다고 발표하였다. 런던의 야간경제로 인해 총 1,260,000개의 일자리가 만들어졌으며, 야간경제로 인해 발생하는 총부가가치(GVA)는 £40.1bn에 달하는 것으로 추정된다. 이뿐 아니라 야간경제가 가져오는 경제적 효과는 지속적으로 증가될 것으로 예측하며, 2030년까지 해마다 £2bn씩 총부가가치(GVA)가 성장할 것이라고 예측하고 있다. 경제적인 성과와 고용측면에서 보더라도 런던의 야간경제 활성화 정책은 충분히 설득력을 갖는다.

야간경제의 중요성을 인지한 런던은 영국 최초로 밤의 황제(Night Czar)라고 하는 야간경제 시장을 지정하기도 했다. 밤의 시장은 런던 시장과 협력하여 24시간 활기찬 런던을 지향하고 있다. 밤의 황제는 야간경제 활성화와 관련된 계획, 지원, 자금조달, 규정 제정 등 다양한 방안을 모색하고 있다.

런던 최초 밤의 황제로 뽑힌 코미디언이자 카바레 연주자인 에이미 라메(Amy Lame)는 야간경제가 변화의 원동력으로 작용할 수 있도록 하기 위해서는 가장 먼저 야간경제에 대한 부정적인 선입견을 제거하는 것이 중요하다고 했다. 이에 런던은 문화와 결합된 야간경제 육성을 목표로 추진하고 있다.

야간경제와 문화가 융합된 24시간 도시를 만들기 위해 정치적 리더십을 결집시키는 노력도 기울이고 있다. 대표적인 예로 야간경제위원회(Night Time Commission)와 시 당국, 밤의 황제, 도시계획전문가, 부동산 소유자, 경찰, 미디어 기업가, 문화단체 관계자들과 협력해 공동으로 활기찬 24시간 도시 비전을 마련하기도 했다. 런던 시 당국은 야간경제 성공을 위해 기존 지침에 덧붙여 문화와 지역 유산 부분을 포함시켰다. 특히 런던 음악위원회와 버스킹, 클래식 등 분야와 협력을 통해 문화와 야간경제의 동반성장을 도모하고 있다. 영국의 음악산업 규모는 41억 파운드 정도 되는데, 이들 중 대부분은 런던에 소재하고 있다. 그래서 런던은 음악 관광만으로 연간 10억 파운드 정도의 수익을 올리는 것으로 알려져 있다.[36]

런던의 야간경제는 문화적 성장을 우선 과제로 삼고, 방문객, 근로자, 학생, 기업 등이 런던으로 모이게 하는 전략을 펴고 있다. 야간경제위원회 위원장 콜빈(Kolvin)은 "런던 시와 경찰, 교통국, 시민이 함께 한다면 진정한 24시간 도시가 될 수 있다"라고 말했다. 이는 런던이 세계 최고 야간경제로 성장할 수 있는 기회를 극대화하기 위해서 도시 전체의 자원을 집중해야 한다는 것으로 해석될 수 있다.

야간경제에 대해 변화된 런던의 인식 전환에 대해 라이센스소매업협회(ALMR: Association of Licensed Multiple Retailers) CEO 케이트 니콜스(Kate Nicholls)는 "활기한 도시를 만들기 위해 식사와 음주가 어떻게 기여하는지 인식한 것이다. 이는 그 분야에 혁신과 기업가적 재능을 발휘해 경제와 고용성장, 독특한 문화적 특성으로 발전시킬 수 있는 긍정적인 시사점을 던졌다"라고 했다.[37]

주간경제와 야간경제는 각각 다른 요소가 지원하는 특성이 있다. 런던 시민과 방문객에게 도시가 제공하는 서비스가 다르듯이 야간경제에 적용되는 운영체계는 24시간 표준적인 서비스를 유지할 수 있는 최적화된 방법이 필요하다. 런던은 야간경제 운영의 비전으로 10대 원칙을 발표하기도 했다. 런던 야간경제 비전원칙은 야간경제활동에 참여하는 기업, 시, 경찰, 관계자 등 여러 사람들이 함께 개발한 것으로 내용은 다음과 같다.

하나, 글로벌 리더가 되도록 한다.

둘, 런던의 모든 사람에게 기회를 준다(성별, 장애, 성별, 인종, 종교, 성정체성 또는 기타에 상관없음).

셋, 문화, 레저, 소매, 서비스 활동 등 모든 형태의 활동을 증진시킨다.

넷, 런던 시 거주자, 노동자, 방문객들의 안전과 삶의 질(Wellbeing)을 향상시킨다.

다섯, 야간활동을 환영(Welcome)하고 누구나 쉽게 접근 가능할(Accessible) 수 있도록 한다.

여섯, 투자, 경제활동과 기업과 정신을 진작하고 보호한다.

일곱, 내·외국인의 런던 방문을 장려한다.

여덟, 런던 인근지역에 전략적으로 야간경제 양성의 기회를 진작하고 부정적인 영향을 최소화한다.

아홉, 유연한 라이프스타일(Flexible Lifestyle)을 지지하는 24시간 도시가 된다.

열, 레저, 이동, 기술, 고용, 경제적 측면에서 미래의 국제적 또는 국내적 트렌드를 고려한다.

이상 나열한 야간경제 비전을 보면, 런던은 야간경제를 통해 지역경제 활성화는 물론이고, 현재와 미래의 도시 전략이라는 포부까지 포함시키고 있어 야간경제를 얼마나 중요하게 다루고 있는지 간접적으로 설명하고 있다.

한편, 야간산업협회 자문위원으로 있는 Mr. Kolvin은 야간경제 성공을 위한 5가지 방법을 제안하기도 했다.[38] 첫째, 야간경제 운영을 위해서는 야간경제 전반을 관리·운영·조정할 수 있는 책임자를 임명해야 한다. 책임자는 정치적 영향력과 인격, 이해관계자의 동의를 얻을 수 있는 카리스마를 가져야 한다.

둘째, 야간산업과 규제기관이 서로 협조해야 한다. 아무리 사업 여건이 좋은 도시라고 할지라도 파트너십이 조성되지 않는다면 성공하기 어렵다.

셋째, 야간경제 수요와 주거요구의 균형이 필요하다. 거주지역에 영향이 최소화되도록 사전조치가 이루어져야 할 것이다. 활발한 야간경제가 이루어지는 지역과 편안하고 안전한 주거지역이 분리되기 위해 시간, 교통배분 계획 등이 검토되어야 할 것이다.

넷째, 인구·통계적 특성을 반영해 야간경제를 홍보한다. 야간활동에 참여하고자 하는 사람들의 수요와 특성을 반영하여 홍보하고 일상화하는 전략을 편다.

다섯째, 많은 사람들이 참여할 수 있도록 퇴근 후 혹은 사람들이 편한 시간에 사람들을 야간경제로 유인한다. 많은 사람들이 야간경제에 참여하도록 유인하기 위해서는 가격측면에서 저렴하고, 귀가하기 바로 전 혹은 퇴근 후 시간 등 편안한 시간을 공략해야 한다. 이상에 설명한 것처럼 야간경제를 유흥 등 일부 산업분야로 한정시키는 것이 아니라 시민의 삶과 문화, 경제 등 도시의 다양한 분야에 모두 접목되도록 조정하는 것을 성공적인 야간경제 운용으로 보고 있다. 물론 이 내용은 런던에만 국한되는 것이 아니라 야간경제를 넘어 24시간 도시를 구현하기 위해 요구되는 것들이다.

■ 암스테르담의 야간경제

암스테르담은 세계적인 야간경제 선도도시로 유명하다. 야간도시 명성과 걸맞게 국제도시, 비즈니스도시, 개방 도시라는 이름도 동시에 갖고 있다. 야간경제 선도도시라는 명성을 유지하는 이유로는 지정학적 요인, 문화의 개방성, 산업적 특성 등 다양한 요인을 꼽을 수 있다. 이러한 요인들 이외에도 야간경제 활성화를 지향하는 도시들에 시사점을 줄 수 있는 요인으로는 야간경제 관리를 위한 관리구조와 협력을 가장 중요한 성공요인으로 뽑는다. 암스테르담은 야간활동을 규제하기보다 야간문화를 양성하는 전략을 쓰고 있다.

특히 암스테르담은 야간경제 활성화를 도모하는 도시들에서 가장 우려하는 성(Sex), 알코올(Alcohol), 범죄 등과 관련해 시사점이 많은 도시이다. 네덜란드는 공식적으로 매춘을 허용하는 나라이다. 해상무역으로 유럽 초강국을 만들었던 암스테르담의 역사를 거슬러 올라가 보면 충분히 이해가 되는 부분이기도 하다. 암스테르담에는 800년의 역사를 갖는 홍등가가 있고 성매매자의 경제활동을 공식화한 곳이기도 하다. 암스테르담의 홍등가는 전 세계 관광객들이 추천하는 관광지로도 유명하다. 이곳은 넘쳐나는 관광객들로 인해 방문 인원수와 시간을 제한하고 출입을 통제할 정도[39]로 많은 사람들이 찾는 곳이다.

암스테르담은 네덜란드의 경제 수도이지만 인구 85만 명이 거주하는 곳으로 규모가 그리 크지 않은 곳이다. 그곳에 매년 인구대비 20배 이상의 관광객이 찾고 있다. 이렇게 작은 도시에 매년 평균 1,700만 명이상의 관광객이 찾아온다고 하는 엄청난 기록을 보유하고 있다. 이렇게 알려진 엄청난 관광객 수치도 시간이 조금만 지나면 과거의 기록이 될 정도로 매년 5% 이상의 성장이 예상되고 있다. 관광산업이 너무나 빠르게 성장하다보니 관광산업성장을 환영하기보다 반대로 시민들의 삶의 질 악화에 대한 불만이 점차 증가하고 있다. 사생활 침해, 거리 쓰레기, 음주관련 사고, 안전 등의 문제는 시민 뿐 아니라 야간경제 관련업에 종사하는 사람들까지 문제를 제기하고 있다.

한편 2025년까지 연간 2,400만 명의 관광객이 방문할 것으로 예상되고 있어 야간경제 도시를 만드는데 있어 기회 혹은 위협이라는 양면성을 갖는다. 암스테르담 시는 야간경제와 시민의 삶의 질 사이에서 조정과 협력의 역할을 수행하고 있다.

이에 암스테르담은 안전하고 활기찬 밤 문화를 제안하기 위한 다양한 방법을 찾고 있다. 밤의 시장을 뽑아 야간경제를 감독하고 조정, 협력, 역동적인 야간활동을 하도록 지원한다. 그리고 주간시장과 야간시장이 24시간 도시를 만드는데 협력한다. 암스테르담 초기 밤의 시장 밀릭 밀란(Mirik Milan)은 "밤 문화는 도시의 경제적 복지 실현을 위한 거대한 동력"이라고 말했다. 그는 야간경제 규모가 커지면서 암스테르담의 댄스산업에서 연간 4억7천만 파운드의 경제효과가 있었고, 13,000명의 고용효과가 있다고 했다.

현재도 암스테르담은 세계적인 야간경제 도시로 성장하기 위한 프로젝트를 진행 중이다. 여기에는 야간경제를 발전시키기 위한 집중과 조정을 위한 전략이 포함되어 있다. 프로젝트가 시작된 계기는 암스테르담의 대표적 유흥지구인 램브란트플레인(Rembrandtplein)에서 발생한 폭력사건 이후 안전하고 활발한 야간경제 운영을 요구하는 움직임으로 시작되었다.

대표적인 전략 중 하나로 도시 외곽에 야간경제복합단지 조성이 제안되었다. 도심교통 혼잡을 완화하고 주민들의 일상생활을 지원하기 위해 도시 변두리에 클럽, 갤러리, 바 등이 집적된 복합단지를 만들어 지역경제 활성화 전략으로 추진하기도 했다. 이는 안전, 포용성, 경제이익을 결합해 관광객과 주민 양측의 요구를 수용하기 위한 노력으로 평가받는다.

암스테르담 초기 밤의 시장이었던 밀란이 제안한 것으로 도시 외곽에 24시간 라이센스를 도입했다. 도심 외곽이나 비어있는 공간에 밤새도록 춤추고 즐길 수 있는 권한을 주는 내용도 포함시켰다. 이 지역은 전 세계 언더그라운드 음악팬들이 관심을 갖는 곳이 되고 있다. 특히 레스토랑, 술집, 클럽, 박물관, 라이브음악 공간 등에 24시간 라이센스를 허용한 점은 혁신적이라는 평가를 받고 있다. 24시간 라이센스가 암스테르담의 야간경제를 국제적인 선두 위치로 이끌었다는 데에 의심할 여지는 없다.

드 스쿨(De School)은 낮에는 학교처럼 생겼지만 밤이 되면 클럽으로 변한다.

드 스쿨(De school)은 암스테르담 서쪽에 있어 중앙역에서 자전거로 25분정도 거리에 있다. 2015년 문을 연 이곳은 1960년대 당시에는 고등학교였던 건물이었다. 이곳에 24시간 라이센스를 부여해 카페, 공동작업공간, 레스토랑, 체육관, 아트갤러리 공간으로 조성했다. 500명을 수용할 수 있는 규모의 공간에서 라이브 음악, 클럽, 문화행사가 열린다. 또한 젊은 창작자들이 참여하는 비즈니스 공간, 스튜디오는 물론 콘서트, 식당 등도 있다. 드 스쿨이 추구하는 궁극적인 목표는 24시간 언제든지 문화와 공연을 즐길 수 있는 창조적 공간을 제공하는 것이다.[40]

이렇듯 암스테르담의 야간경제 육성전략은 기존 도심과 변두리로 구분해 운영되고 있다. 최근에는 24시간 라이센스 정책으로 인한 의도치 않은 결과가 보고되면서 이에 대한 논란이 등장하기도 한다. 24시간 라이센스 정책이 경제, 문화산업의 발전을 가져왔다는 긍정적인 평가와 더불어 사회적 불평등을 심화시켰다는 지적이 있다. 이는 특정구역에 허가를 내주고 영업이 가능하도록 한 것으로부터 비롯되는 현상이다. 대표적으로 제기되는 문제는 클럽, 호텔 등이 위치한 구역에 인접한 주택, 창고 등이 콘도나 숙박시설로 개발되면서 지역의 부동산 가격상승을 가져왔다는 것이다. 또한 기존에 제조공장 등으로 쓰이던 곳이 클럽으로 임대되면서 공장운영을 통한 경제적 수익보다 개발업자들에게 매도하면 더 큰 수익을 얻을 수 있어 매도하는 사례가 발생하고 있다. 도시재생사업으로 지역 활성화와 환경개선의 효과도 있지만 젠트리피케이션이 문제로 떠오른 것과 같은 현상이다.

한편 프로젝트 내용의 하나로 안전을 위해 반사회적 행동을 신고할 수 있는 앱을 개발하기도 했다. 뉴사우스이스트(NSW)주에서 락아웃법을 시행해 알코올 관련 폭력을 근절하려했던 방식과는 차이가 있는 접근이다. 특히 야간경제구역에 경찰을 집중 배치하는 방법도 비용증가, 불안감과 의도치 않은 폭력행위가 유발될 수가 있어 조심스러운 접근이 요구되었다. 대신 유흥지구 주변에 거주하는 주민들과 방문객의 불만과 문제점을 경청하고 지역사회가 관리한다는 안전감을 주는 새로운 접근방법을 채택했다.

시당국, 정책입안자, 기업, 거주자 등 이해관계자와 시민들이 모여 야간경제 활성화를 위한 협업의 중요성에 대해 논의했다. 암스테르담은 야간경제 활성화와 조정을 위해 야간문화사무소(Office of Nightlife)를 운영하고 있다. 실질적으로 야간문화사무소 운영 후 범죄가 25% 정도 감소했고, 소음민원도 28% 정도 감소했다고 발표했다.[41]

야간경제에 대한 암스테르담의 관심과 노력은 야간경제 활성화를 위한 다양한 시도로 이어지고 있다. 이상에서 살펴본 것처럼 도시 외곽에 24시간 라이센스 지역을 두어 주민불편을 최소화하고 자유로운 야간활동을 보장하기 위한 방법이 고안되었지만, 젠트리피케이션과 불평등 현상이라는 문제를 가져왔다는 지적도 제기되고 있다. 이처럼 야간경제 선도도시라는 세계적인 명성을 가지고 있는 암스테르담도 야간경제 응용과 실천에 있어서는 지속적인 연구와 수정을 거듭하고 있는 중이다.

■ 한국의 야간경제 적용 노력

한때 밤 10시가 되면 거리마다 귀가를 알리는 소리와 함께 시보가 울렸다. 12시가 되면 시끄러운 사이렌 소리와 함께 도시는 암흑과 정적으로 뒤덮였다. 지금은 상상할 수도 없지만 과거 야간통행금지법이라는 법으로 개인의 활동에 시·공간의 제약을 가하던 때도 있었다. 1년 중 성탄절과 연말연시에 통금이 해제되면 모처럼 야간활동의 자유를 얻은 사람들로 밤거리는 활기로 가득했다. 신체의 자유를 억압한다는 비판을 받아 온 야간통행금지는 88서울올림픽 개최결정을 계기로 1982년 통금해제안이 통과되면서 사라졌다.

1945년 미군정 이후 37년간 유지되던 통금이 해제된 후 기대이상의 경제효과와 파급효과를 가져왔다. 특히 서비스, 관광, 해외영업 등 산업계에서 괄목할 성장을 거두었고, 시민들의 일상생활과 가치관에도 변화를 가져오는 계기가 되었다. 시간과 공간에 대한 규제가 개인을 넘어서 전 분야에 막강하게 영향을 미치는 경험을 했었다.

불확실한 저성장시대를 돌파할 수 있는 새로운 대안으로 야간경제 활성화를 제안하는 것도 기존 시간과 공간의 한계를 극복하는 것

중 하나이다. 특히 우리나라는 통계사이트 넘베오(Numbeo)가 2016년 세계도시들의 치안상태 순위 중 118개 나라 중 가장 안전한 나라로 선정할 정도로 안전성은 입증된 상태이다. 게다가 우리나라 분위기 자체가 야근, 야식, 야시장 등 야간활동과 관련되어 거부감이 적은 것도 야간경제 발전을 위해서는 긍정적인 요소가 많다. 그렇지만 서구도시들의 야간경제와는 사뭇 다른 느낌이다. 우리나라는 치안과 안전성측면에서 야간활동이 자유롭지만, 야간경제가 이루어지는 특성 면에서는 다소 차이가 있다. 유럽도시들에서 적용하는 야간경제는 주간과 구별되는 야간시간의 경제활동을 장려해 새로운 산업발전과 기회로 활용하자는 의도가 강하다. 반면 우리나라에서 이루어지고 있는 야간경제 활동은 주간경제의 연장선에 있는 경우가 많다. 주간경제활동시간 동안 충분한 소득을 얻지 못하거나, 일이 마무리되지 못하고 야간시간까지 이어지는 경우가 여기에 해당된다. 여기에서 말하는 야간경제 적용은 주간경제의 연장을 말하는 것은 아니다. 주간경제에서 다루지 못한 영역, 수요가 있으나 공급이 없는 분야, 일할 기회를 찾는 이 등을 야간경제영역으로 이끌어내는 것이다. 우리나라에서 야간경제 적용을 통해 추구해야 할 목표는 주간경제와 야간경제 참여자를 영역으로 구분하고, 주간경제와 다르게 특화시키는 것이 되어야 할 것이다.

야간경제 활성화를 도모하는 세계 주요도시들의 경우 시민 편의성과 관광객의 요구 충족을 위한 노력을 우선으로 한다. 삶의 여유와 문화, 경제적 이득을 위한 야간경제의 필요성이 강조되면서 24시간 도시를 표방하는 도시들이 등장하고 있다.

특히 서울은 세계적으로 잠들지 않는 도시로 잘 알려진 곳이다. 서울시는 일찌감치 국제도시를 표방하였고, 야간관광코스를 개발해 가이드북을 마련하는 등 야간관광을 활성화시키고자 하는 노력을 보이고 있다. 박물관과 고궁 등을 야간개장하기도 하고, 축제 등 볼거리를 제공해 다양한 방법으로 사람들을 유인하고 있다. 쇼핑과 즐길거리 제공을 위해 동대문, 이태원 등 쇼핑센터와 클럽에서도 다양한 이벤트나 축제를 하기도 한다.

야간경제와 도시를 논의할 때 빠질 수 없는 것이 야간조명과 관련된 것이다. 경제수준과 야간조명과의 관계를 밝히는 연구들은 경제소득이 높을수록 야경이 화려하다고 한다. 야간조명은 단순히 야간시간에 어둠을 밝혀 경제활동을 연장시킨다는 차원 뿐 아니라 아름다운 야간경관을 조성해 도시브랜드 상승으로 이끌기도 한다. 또한 안전성과 쾌적성을 배가시켜 시민들의 일상생활에 도움을 준다.

서울은 야간경관측면에서 세계적인 부러움을 사고 있는 도시이다. 서울의 야경은 단순히 아름답다는 표현으로 부족하리만큼 역사와 자연, 현대기술이 융합된 경이로운 아름다움을 선사한다고 한다. 지방자치단체에서도 야간경제 활성화를 위한 다양한 노력을 기울이고 있다. 그 중에서도 각 지자체마다 야간관광과 방문객 유인을 위한 야간경관조명사업에 대한 투자를 지속하고 있다. 경쟁적으로 야간경관조명을 채용하다보니 도시들마다 고유의 전통과 차별성이 미흡하다는 비판도 있다. 그렇지만 야간경관이 도시의 밤을 빛나게 하는 중요한 요소라는 데에는 합의하고 있다.

■ 밤의 시장, 나이트 메이어

나이트 메이어(Night Mayor) 또는 밤의 시장은 2012년 암스테르담에서 처음 도입되었다. 이후 프랑스 파리(2013), 영국 런던(2016), 스위스 취리히(2015), 독일의 베를린(2018)에 이어 2018년 미국 뉴욕에서도 밤의 시장, 나이트 메이어(Night Mayor)가 선출되었다. 뉴욕시 밤 문화부(the Office of Nightlife)를 이끌어간 밤의 시장(Nightlife Mayor)으로 선출된 아리엘 팔리츠(Ariel Palitz)는 뉴욕 밤 문화를 감독하고 산업을 보존하며 지원하는 업무를 맡게 되었다. 야간경제가 부상하고 중요성이 높아질수록 나이트 메이어를 선출하는 도시가 증가하고 있다.

처음 나이트 메이어의 등장은 산업혁명이 시작되었던 유럽이다. 런던, 파리, 취리히, 뉴욕, 도쿄 등에서 어둠이 내린 이후 도시에서 어떻게 시간을 보내는지에 관한 논의가 나이트 메이어가 출현하게 된 시작이었다. 저성장과 장기적인 경기침체로 인해 이전 폐업률을 월등히 넘어 예전보다 더 많은 카페, 공연장, 레스토랑들이 문을 닫았다. 이전까지 가정과 직장 외 제3공간으로서 활약했던 공간들이 쇠퇴해하는 현상이 목격되었다. 지역의 문화허브 역할을 담당했던 이곳들은 거대자본에 의해 획일화, 균질화되거나 또는 파괴되어갔다. 또한 산업화시대가 종료한 뒤 새롭게 도시 활력을 부여하기 위한 전략으로 창조산업을 육성해야 할 필요성이 대두되었고, 사람들이 편하게 모일 수 있는 창조공간으로서의 장이 절실히 요구되었다.

이러한 시대적 요구는 야간경제 출현의 배경이 되었다. 야간경제의 효과로 영국 런던에서 발표된 자료가 제시한 내용에 따르면, 런던의 야간경제 규모는 약 280억 달러로 추정되고 런던에 소재한 8개 직업중 하나가 야간경제를 지원한다고 하였다. 이러한 경제적 효과 뿐 아니라 커뮤니티 활성화, 음악·예술 등 문화산업 발전 등까지 포함한다면 막대한 파급효과가 증명되고 있다. 이로 인해 세계 주요 도시들에서 야간경제에 대한 관심과 기대가 반영되면서 새로운 트렌드가 형성되고 있다. 도시 활력을 위한 24시간 도시가 부상하고 있는 것이다.

도시혁신을 위한 새로운 활력으로서 제안된 잠들지 않는 도시 제언은 2014년 암스테르담(Amsterdam)에서 밤의 시장이 채택되면서 각국에서 벤치마킹하고 있다. 암스테르담 최초 나이트 메이어로 임명된 사람은 미릭 밀란(Mirik Milan)이다. 밤의 시장은 원칙적으로는 시와 민간부문의 공동기금으로 운영되는 비영리 조직이다. 사실 야간경제를 육성하기 위한 야간활동 활성화 비전에 대해 모두가 찬성한 것은 아니다. 공무원과 시민들 중 소음, 범죄, 폭력 등을 우려해 안전성과 효과를 의심하고 반대하는 사람도 있었다. 나이트 메이어 밀란은 공공의 안전을 해하지 않고 밤을 더 활기차고 소득이 창출될 수 있도록 하기 위해 공동체를 형성하고 여성과 소수민족들을 위한 안전한 공공공간이 되는 방법들을 제안했다. 나이트 메이어는 이러한 사회적 불안감을 불식시키고 안정과 경제 활성화를 도모할 수 있는 임무를 맡는다.

나이트 메이어는 민간전문 관리직책으로서 밤 시간 동안 발생하는 도시 활동 중 반사회적 행동으로부터 공동체를 보호하고 동시에 야간경제가 번성할 수 있도록 하는 임무를 맡은 자리이다. 또한 야간경제 참여기업, 주민 및 공공당국과 협력관계를 형성하고 시장, 시의회, 기업공동체, 주민간의 교섭을 담당하는 역할을 한다.

나이트 메이어가 창출하고자 하는 24시간 도시의 비전은 문화, 경제 활성화와 안전으로 축약할 수 있다. 낮 시간동안에는 잘 보이지 않던 클럽, 바, 레스토랑 등의 밤 문화를 이끌고 경제적 활력을 도모하고자 하는 상징적인 직책이다. 이들은 야간경제활동에 참여하는 사람과 업체들을 위한 창구이면서 수요와 정보를 집약해 도시행정담당자나 지역의회에 제의함으로써 관계자들과 문제를 공유하고 조정하는 역할을 수행한다. 밤 문화와 연관되는 유흥 관련 규정이나 야간 교통소음, 치안대책 등 정책제안까지 포함하고 있어 활동과 내용에 있어 매우 다양하다. 그만큼 막중한 책임과 의무를 갖는다.

야간경제를 도입하고 나이트 메이어를 임명하는 것과 같이 침체된 경기와 생산력 감소라는 오래된 과제를 해결하기 위해서는 새로운 접근방식이 요구된다. 그 과정에서 우려되는 희생은 최소화하고 변화하는 경제에 대한 규제도 변화를 수용해야 한다. 예를 들어 암스테르담에서 채용한 24시간 허가구역 지정과 같은 방식이 있다. 야간시간 동안의 경제활동에 대한 수요와 경제적 이득, 지역 활성화 차원에서 24시간 허가구역을 지정하는 것이다.

물론 야간경제가 밤 파티에만 한정된 것은 아니다. 24시간 도시로 운영하는 곳은 24시간 내내 창조적인 활동이 이어질 수 있는 여건이 조성된다. 일할 수 있는 공간도 있고, 도서관과 식당도 운영되고 있어 늦은 시간에도 사람들이 교류할 수 있는 공간이 주어진다. 외부 방문객이 밤늦게 찾아와도 음식을 먹을 수 있고, 안전한 관광도 가능하다. 이렇듯 늦은 시간까지 사람들의 활동이 이어지다보니 문화, 요식업 등 다양한 분야에서 새로운 직업이 탄생하게 되고, 다양한 경제

효과를 창출하게 된다.

지역관광 활성화와 문화융성, 사회적 통합, 지역신산업 육성 등 다양한 효과가 입증되면서 야간경제 활성화를 위한 노력들이 이어지고 있다. 새롭게 등장하고 있는 야간경제를 활성화하고 규제하기 위해 도입한 나이트 메이어는 유럽에서의 성공에 이어 호주 시드니, 라틴 아메리카의 콜롬비아에서도 도입 중이다. 우리나라는 아직까지 나이트 메이어 도입에 관한 내용이 논의되고 있지는 않지만, 야간경제를 도입하고자 하는 지자체들이 점차 등장하고 있는 중이다. 현재는 야간관광, 야간 사회서비스 등에서 주간경제 이후 야간동안의 수요를 경제효과로 이어가고자 노력하는 수준에 머물러 있다. 국내에서는 야간경제를 활성화하기 위해 구역을 지정하거나, 밤의 시장을 임명해 별도 권한을 부여한다든지 하는 정도의 본격적인 야간경제 도입을 추진하고 있진 않다. 사실 국내 여건상 야간경제에 대한 인식과 적용에 대한 연구조차 미흡한 것이 현실이다. 그래서 아직까지 무한한 가능성과 실험의 과정이 남아있어 더 매력적이기도 하다.

■ 퍼플플래그

도심의 활력과 생존능력은 도시 진단의 핵심 요소로 제시된다. 영국은 산업혁명 선도국의 역할에서 노후화되고 활력을 잃어가는 도시를 살리는 도시재생의 첨병 역할을 하는 나라로의 변신을 거듭하고 있다. 도시재생은 도심상권 활성화를 시작으로 지속가능한 개발을 규범으로 내세우고 있다. 이와 함께 소비자의 선택권 고취, 서비스 경쟁력 제고, 접근성 개선은 도심활성화의 목표로 제시되었다. 도시재생의 모델을 제시했던 영국에서는 이를 실행하기 위해 도심개발과 관리를 위한 파트너십(Partnership)형성과 저녁 및 야간경제(ENTE: Evening and Night-Time Economy)활성화를 방법으로 내세웠다. 도시재생과 지역경제 활성화를 위한 다양한 시도들은 결국 도시의 활력과 매력증진을 도모하기 위한 것이다.

퍼플플래그(Purple Flag)는 영국 ATCM(Association of Town Centre Management)에서 야간경제 활성화 우수사례 도시를 인증하는 제도이다. 우리나라 밤 문화와 달리 영국은 오후 5시가 되면, 모든 상점들이 문을 닫아 거리가 한산해지게 되면서 생필품 구입이나 식사 등을 할 수 있는 공간을 찾기 어렵다. 어둡고 적막한 밤 풍경은 편의성과 안전성 측면에서 지역에 사는 거주자와 방문객에게 결코 매력적이지 않다. 기존 환경이나 인식과 다른 접근으로 야간경제 활성화 도시로 인증해주는 퍼플플래그 지역은 새로운 경험을 선사하는 곳이 된다. 퍼플플래그 도시로 선정된 곳은 방문자와 지역 주민의 안전과 복리증진을 도모하고 식사, 엔터테인먼트, 문화 등의 서비스를 제공하는 지역임을 증명해준다.

퍼플플래그는 저녁 5시부터 다음날 새벽 5시까지 관광객이나 지역 거주자를 대상으로 안전한 밤 문화를 제공해 도시의 매력을 높이고자 하는 취지로 수여되었다. 2007년부터 실시되고 있는 이 프로그램을 통해 영국과 아일랜드의 70여개 이상의 도시가 퍼플플래그 지위를 부여받았다. 퍼플플래그상을 수여받은 지역은 공식적으로 안전한 밤 문화와 편의성이 제공된 곳이라는 인증을 받았다는 뜻이다. 이는 외국 관광객, 유학생 등에게 매력 있는 도시로 다가서게 하는데 도움이 된다.

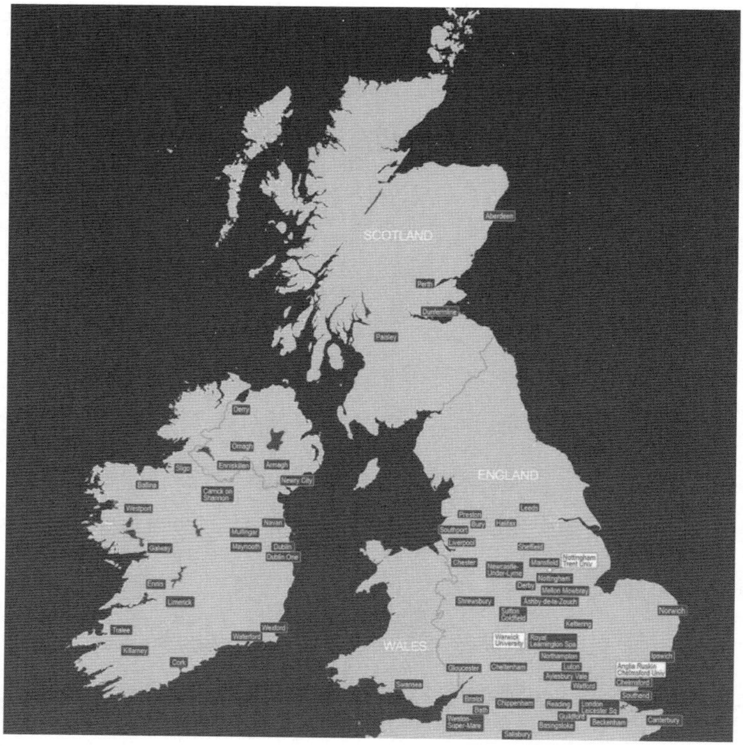

출처: https://www.atcm.org/purple-flag

퍼플플래그처럼 특정목적에 적합한 도시로 알려져 도시를 홍보하거나 또는 장려, 보상의 의미로 수여하는 상으로는 그린플래그(Green Flag), 블루플래그(Blue Flag) 등이 있다. 그린플래그(Green Flag)는 영국 지자체 중 공원이나 녹지의 질을 평가해 우수한 지역에 수여하는 상이다. 그린플래그를 수여받은 지역은 도시공원, 녹지, 환경 등에서 우수하다고 널리 알리는 효과가 있어 지역민은 물론이고 외부 방문객, 유학생 등을 유인하는 효과가 있다.

블루플래그(Blue Flag)는 세계적으로 깨끗하고 안전한 해변에 수여하는 친환경해양관광 인증이다. 이는 세계 73개국이 가입하고 있는 환경교육재단(FEE: Foundation for Environment Education)이 수여하는 국제적 인증이다. 전 세계 사람들에게 해변과 마리나의 수질, 환경교육, 안전, 주변 환경 등의 항목에서 인증을 받았다는 것을 의미한다. 2016년 기준 세계 50개국에서 4,300여 곳이 블루플래그로 인증을 받아 운영되고 있으며, 블루플래그 인증자체가 국제적으로 안전하고 친환경적으로 운영되는 곳이라는 상징이 되고 있다.

퍼플플래그(Purple Flag)로 인증된 지역에서는 야간경제(NTE) 관리우수기준을 충족시키고 우수성이 입증되어 지속적으로 야간경제 참여자들이 증가해 퍼플플래그 선정의 이점을 누리고 있다. 퍼플플래그는 후원자인 Diageo Great Britain뿐만 아니라 정부, 경찰 및 기업의 지원을 받고 있으며, 이해관계자 그룹과 파트너십을 바탕으로 도시관리협회(ATCM)에서 관리하고 있다.

이들은 퍼플플래그 지역으로 선정된 도시의 이점을 다음과 같이 말하고 있다. 첫째, 지역이미지 홍보와 브랜드가치 향상 효과를 가져온다. 둘째, 지역에 대한 호감과 경제적 효과를 든다. 셋째로는 해당 지역의 범죄율과 반사회적 행동이 감소되었다고 한다. 넷째, 장기적 관점에서는 혼합경제의 성공을 기대할 수 있다고 한다.

이와 같은 효과를 바탕으로 도시관리협회(ATCM)는 퍼플플래그 인증제를 발전시켜 더욱 성공적인 야간경제로 이어가기 위해서 퍼플플래그 아젠다를 설명하기도 했다.[42] 퍼플플래그가 추구하는 아젠다는 다음과 같다.

첫째, 정책적으로 근무시간 이후 야간활동을 지원하기 위한 건전한 연구와 공공정책과의 연계, 다양한 분야의 파트너십이 기초가 되어야 한다. 둘째, 수준 높은 고객관리와 환대를 받을 수 있도록 다양한 분야에서 웰빙을 추구한다. 셋째, 안전한 환경을 조성하고 도보로 쉽게 이동할 수 있는 여건이 조성되어야 한다. 넷째, 다양한 문화와 라이프스타일을 수용하여 연령별 또는 그룹별로 매력적인 놀이거리와 여가를 제공할 수 있어야 한다. 다섯째, 장소성이 중요하다. 낮 시간 동안뿐 아니라 밤에도 활발한 활동이 이루어지려면, 감각과 상상력을 키우고 정체성을 강화할 수 있는 도시디자인과 다양한 분야의 조화를 통한 장소성이 갖춰져야 한다.

이상에서 아젠다로 제시한 퍼플플래그(Purple Flag) 요소를 간략하게 정리해보면, 안전하고 청결한 환경, 다양한 문화와 예술적 매력, 교통연계성이 높은 지역을 대상으로 야간경제 활성화를 도모해야 한다는 것을 알 수 있다. 또한 도시관리협회(ATCM)는 경제활동을 활발하게 하고 재래시장을 활성화하기 위한 야간경제(ENTE: Evening and Night-Time Economy) 추진방향과 실행과제를 제시하고, 부정적 효과를 최소화하는 방안 등을 제시하였다.[43]

첫째, 수요 집단의 포괄성을 요구하고 있다. 이는 다양한 연령대와 사회집단에 어필할 수 있는 것을 말한다. 둘째, 활동내용의 다양성이다. 주로 야간활동이 이루어지는 카페, 나이트클럽, 주점뿐만 아니라 영화관, 극장, 레스토랑 등도 야간활동 영역에 포함시켜 다양한 활동이 지원될 수 있도록 해야 한다. 셋째, 활동규모의 적정성이다. 반사회적 행위를 하거나 범죄행위, 인근 거주민의 어메니티 침해, 도심지 기능저하 등을 고려해 야간활동의 규모를 조절해야 한다. 넷째, 주점

허가에 있어 신중해야 한다. 밤 문화와 깊이 연관되는 주류관련업소는 도심 활동을 활성화시키는 긍정적인 측면이 있지만, 이와 동시에 부정적인 측면도 있다는 점을 고려해 주점허가제도를 신축적으로 운용해야 한다.

제4부

도시전략 야간경제

4.1. 24시간 도시

20세기말 도시는 공간, 기능, 경제, 사회, 문화 등 수많은 한계에 봉착하고 있어 다양한 측면에서 해결책을 찾고 있다. 24시간 도시는 비교적 최근에 등장한 개념으로 보다 안전하고 활발한 도시구현을 통해 도시가 당면한 문제해결을 위한 광범위한 노력의 일환이다. 흔히 오전 9시부터 오후 5시까지로 제한된 근로시간도 변화된 환경에 맞춰 극복해야할 일들 중 하나에 해당된다. 학자들에 따라 24시간 도시에 대한 정의도 차이가 있다. 기본적으로 24시간 도시는 사람의 근무시간과 사회의 운영시간 사이의 경계가 고정되어 있지 않음을 의미한다. 즉 하루 24시간 언제나 경제활동이 가능한 도시를 의미한다. 지금까지 우리는 일부의 야간활동을 제외하고, 주로 주간에만 도시가 제공하는 인프라와 기회를 활용하였다.

24시간 도시 구현의 주요목표는 도시가 가진 자원을 효율적으로 활용하자는 차원이며, 거주자뿐만 아니라 외부 방문객 등을 끌어들여 도시의 활력을 불어넣으려는 것에 있다. 24시간 도시는 24시간의 경제와 야간경제가 이루어지고 있음을 의미한다. 24시간 경제는 하루 24시간 주 7일 멈춤이 없이 경제활동이 이루어지는 것을 말한다. 기존 주간경제에 야간경제 영역까지 포함되었을 때 24시간 경제, 24/7 체제가 운영될 수 있다. 밤에는 여가생활로 영화관이나 극장, 식당에 가거나, 카페와 나이트클럽, 공연장 등을 찾고 공공시설이나 바에서 모임을 갖는다. 이들의 활동을 통해 경제가 활성화되고 새로운 일자리가 창출되는 등 긍정적인 효과가 밝혀지면서 세계 도시들이 야간경제를 채택하고 24시간 도시를 지향하기 시작했다.

24시간 경제의 선두주자인 미국에서도 인구의 약 40%가 야간, 주말 및 교대시간에 근무하는 것으로 보고되고 있다. 9 TO 5 이외 비표준 시간의 근무는 미국에서 매우 보편적인 일이다. 24시간 도시의 성공사례인 두바이에서도 24시간 제공되는 서비스는 아랍에미리트연방의 경제성장을 가져온 원동력으로 평가받고 있다. 재화와 서비스를 끊김 없이 제공하는 것은 주민과 관광객의 요구를 충족시키기 위한 호화로운 쇼핑과 엔터테인먼트 및 관광으로 두바이가 유명해진 이유이기도 하다.

24시간 경제가 등장한 배경에는 가속화된 경쟁체제에서 경쟁우위를 점하기 위한 경영노력의 차원도 있지만, 거시적인 경제상황과 근무여건변화 등도 영향을 미친다. 24/7운영체제는 경영자, 근로자 및 소비자, 지자체에게 여러 가지 장점이 있다고 평가된다. 대표적으로는 신규 고용창출, 경제적 수입증대, 탄력적인 근무시간 조정, 비용 효율성, 에너지 비용절감 및 세수증가 등을 들 수 있다. 경영자와 근로자 그리고 소비자 측면에서 24시간 경제를 통해 얻을 수 있는 혜택을 살펴보면 다음과 같다.

첫째, 경영자와 근로자에게 시간과 비용의 경제적 혜택이 주어질 수 있다. 야간경제로 인해 운용되는 24시간 경제체제는 경제활동에 참여하는 근로자에게 시간을 선택해 근무할 수 있는 유연한 근무시간(Flexi-Time)시스템을 제공한다. 24시간 경제는 경제활동에 참여하는 사람들 각자 여건에 맞는 시간에 일할 수 있도록 하는 유연한 근무시간(Flexi-Time)개념을 제공한다. 유연한 근무시간은 다른 직원이 다른 시간 다른 날 동일한 일을 할 수 있도록 하는 교대근무와 파트타임을 포함하는 개념이다. 유연한 근무시간(Flexi-Time)운영은 일시적 노동자와 여성들에게 일과 삶의 균형을 만들어 가족 내 긴장관계를 조율하고 사회적 격리를 줄여주는 효과가 있다고 평가되기도 한다.

경영자 측면에서 유연한 근무시간은 다양한 시간대에 다른 역할을 수행할 수 있는 인력을 고용할 수 있다는 장점이 있다. 반면 경우에 따라 근로자는 이전보다 적은 임금을 받을 수 있는 우려도 있다. 한편에서는 24시간 경제가 사람들에게 더 많이 일할 수 있게 하는 기회를 제공하여 소득을 증가시킨다는 반박주장도 있다. 여러 우려에도 불구하고 전체 근로자의 관점으로 접근했을 때 24시간 경제로 인해 재정상태가 개선된다는 발표도 등장하고 있다. 특히 비숙련노동자, 실직자 등에게 취업의 기회를 제공한다는 점에서 유연근무제와 24시간 경제를 일자리 창출과 일자리 나눔의 관점으로 접근해 역성장시대의 새로운 돌파구로 만들 수 있다고 주장하기도 한다.

또한 경영자가 24시간 경제로 얻을 수 있는 이점으로는 규모와 범위의 경제 실현으로 비용 효과적이라는 점을 들 수 있다. 세계 어디든 공통으로 주어지는 시간과 치열한 경쟁 속에서 24시간 경제를 운용하는 것은 더 많은 기회를 만들어내는 것으로 해석될 수 있다. 24시간 경제체제에서는 더 많은 일을 수행할 수 있기 때문에 그 만큼 경제효과를 증가시킬 수 있고, 야간경제활동을 지원하는 관련서비스에 대한 수요를 증가시킨다는 점에서 직·간접적인 효과도 크다.

둘째, 소비자에게는 서비스 향상의 효과를 가져 온다. 24시간 도시에 거주하거나 방문하는 사람들은 24시간 경제 특히 야간경제가 가져다주는 가계소득의 증가, 도시의 교통 혼잡 감소, 상품과 서비스에 대한 액세스 향상 등의 혜택을 누릴 수 있다. 또한 24시간 경제는 온라인 쇼핑 기회를 높여 인터넷을 통한 비즈니스를 확장시킨다. 인터넷 비즈니스의 속성상 시간과 공간의 제약이 적어 참여자들 간 상호작용이 활발해지면서 구매 및 판매가 확대된다(Oliveira & Martins, 2010). 24시간 경제에서는 언제 어디서든 생산과 판매가 가능하고 구입한 상품을 현관 앞까지 배달되는 서비스로 이어지면서 소비자의 만족도를 향상시킨다. 소비자 편익을 우선시 하는 상품판매는 업체들 간 경쟁에서 우위를 점할 수 있게 할 뿐 아니라 공공분야에까지 확대되고 있다. 정부에서도 전자정부를 선도하며 24시간 민원접수를 받거나 비용절감과 서비스 질 확대를 통한 정책 효율성을 높이고자 노력하고 있다. 24시간 도시를 지향하든 그렇지 않든 혹은 경영자와 근로자의 이익에 합치되든 상반되든 24시간 경제에 대한 수요는 꾸준히 증가하고 있다. 아주 짧은 시간의 네트워킹 단절에도 답답함과 불편을 느끼는 현대인에게 도시의 야간시간을 그냥 잠들어 있도록 놔둘 일은 만무할 것이다. 앞으로도 24시간 도시를 지향하는 도시는 갈수록 증가할 것이다.

4.2. 트렌드 변화

시대에 따라 시간과 공간을 이용하는 양상도 변화되기 마련이다. 야간활동에 있어서도 시대적 필요에 따라 규제 혹은 지원 등을 통해 서로 다른 가치를 부여한다. 경제활동은 생산과 소비의 양쪽 톱니바퀴가 원활이 돌아갈 때 활동으로서 가치를 인정받는다. 경제활동에 있어서도 만약 생산과 소비의 균형이 깨지면 생태계가 무너지는 충격만큼 거대한 파장을 가져오게 될 것이고, 새로운 돌파구와 해법이 필요하게 되는 시점이 온다. 야간경제가 부상하게 된 이유도 사실 주간경제의 한계와 도시의 성장 동력 상실이 문제로 부상했고, 극복해야 할 상황으로 설정된 현실이 존재했다. 여기에는 고정관념을 깨뜨리고 변화를 시도해야 되는 시대적 배경이 녹아있다.

그래서 도시전략으로 야간경제를 이해함에 있어서 시대적 요구뿐 아니라 소비와 노동 등 사회현상의 트렌드 변화에도 주목할 필요가 있다. 트렌드는 당시대를 읽을 수 있는 흐름으로 넘쳐나는 정보와 기술혁명의 파고 속에서 나름의 방향지시등 역할을 한다. 야간경제를 적용함에 있어서 트렌드에 주목해야 하는 이유도 여기에 있다. 여기에서는 야간경제와 관련된 주류소비, 문화소비, 노동변화의 세 가지 측면에서 살펴보고자 한다.

첫째, 주류소비와 관련해 세계적인 트렌드의 변화가 감지되고 있다. 야간경제를 도시 활성화 전략으로 채택한 도시들에서도 술과 관련된 범죄예방과 안전, 삶의 질 사이의 균형을 맞추는데 노력하고 있다. 야간활동이 반드시 술과 직결되는 것은 아니며, 술 소비와 범죄 사이에 필연적인 상관관계가 존재하지 않음은 익히 알려진 바이다. 그럼에도 야간경제를 적용하는 데 앞서 야간경제 발전과 방향성 설정을 위한 관련 분야의 트렌드 점검은 필요하다.

주류소비와 관련된 세계적 트렌드 변화의 대표적인 예로 영국의 사례를 살펴본다. 영국은 전통적으로 펍(Pub) 문화가 활발해 쉽게 술을 마실 수 있는 것으로 유명하다. 그런데 최근 들어 영국에서도 일주일에 평균 18개의 펍이 폐쇄되고 있다. 오랜 동안 운영되던 펍이 문을 닫은 이유로는 경기침체로 인한 소비여력 하락과 주세인상과 금연 확산 등을 이유로 꼽기도 한다. 하지만, 이보다 주목해야 할 것이 술을 접하는 사람들의 취향이 변화되었다는 발표에 주목해야 할 것이다. 경기침체와 세금 등은 중장기적 혹은 일시적으로 경기회복과 규제개혁 등을 통해 문제를 극복할 수 있지만, 트렌드 변화로 인식되었다면 개선과 수용으로 전환할 필요가 있다.

현재 영국 사람들은 예전보다 알코올을 적게 섭취하는 경향을 보인다고 한다. 특히 25세 미만 젊은이들은 다른 연령대보다 술을 덜 마신다. 그들은 알코올 대신 탄산음료와 석회수, 커피 등을 즐겨 마시고, 선호하는 음료의 종류도 다양해지고 있다. 또한 그들은 분명 술을 마시기는 하지만 이전과는 다른 방식으로 술을 마신다. 그들은 술집에 가지 않고 슈퍼마켓 등에서 사서 마신다. 설령 술집, 바, 클럽에 가더라도 술만 마시는 일반적인 술집에 만족하지 않고 공예나 예술과 어우러진 특별한 주류에 대해 관심을 보인다. 이처럼 소비자 트렌드가 변화되면서 이를 좇지 못하는 전통방식의 펍은 설 자리를 잃어버리고 역사의 뒤안길로 접어들게 되는 현상을 보이고 있다.

우리나라에서도 술 소비 패턴과 음주 문화와 관련된 변화가 감지되고 있다. 전통적으로 술에 관대했던 문화들이 개선과 변화의 대상으로 등장하고 있다. 특히 경기침체와 1인 가구 증가로 혼자마시는 혼술, 집에서 마시는 홈술 등의 신조어가 등장하면서 새롭게 변화되는 소비패턴을 보여주고 있다. 이는 실제 소비내용에서도 술집의 매출은 줄어들고, 맛집과 카페 매출이 늘어났다고 한다.[44] 우리나라에서도 분명 술 마시는 문화에 변화가 포착되고 있으며, 소비패턴에 있어서도 다양한 음료와 음식으로 확산되는 변화를 보이고 있다.

일본의 경우도 한국과 비슷하다. 와세다 대학 인간과학 학술원 하시모토겐지 교수는 '소득격차'가 술 소비를 감소시키는 요인이라고 했다. 일본 국민건강·영양조사에 따르면 주 3일 이상, 1홉 이상 마시는 성인 비율이 1995년 54.4%에서 2010년 35.4%로 줄었다고 했다. 술 마시는 사람을 20대 남성으로 한정시키면 34.9%에서 14.7%로 반 이상 줄어들어 감소폭이 더 크다고 했다.[45] 이에 대해 관련업체들은 다양한 소비자 취향의 변화와 저출산, 고령화를 원인으로 내세우고 있다.

경제협력개발기구(OECD) 34개 회원국을 대상으로 학력과 소득수준에 따른 술 소비량을 조사한 결과를 보면, 술 소비와 관련해 현세대에게 주는 시사점이 크다. 1년 동안 술 소비량을 조사했더니 남녀 모두 고학력, 고소득자일수록 조금씩 마시는 특성을 보이지만 연간 술 소비량은 많다고 한다. 대신 저학력, 저소득일수록 연간 술 소비량은 적지만, 과음 비율이 높다고 했다. 이를 바꾸어 말하면 소득감소는 주류소비와 연관되는 요인이면서, 여가·문화의 양상도 엿볼 수 있는 요인이 된다고 할 수 있다.

둘째, 문화·예술의 향유와 외부활동 양상에도 변화가 있다. 밀레니얼 세대를 포함해 현재 주요 소비층을 형성하고 있는 세대들은 경기침체와 노동유연성 등으로 이전 세대들보다 가처분 소득이 낮다. 낮은 소득으로도 충분히 인터넷과 게임 등을 통해 여가를 즐길 수 있다. 또한 문화·예술 활동과 향유에 있어서도 소셜 미디어, 파일공유 서비스, 스트리밍 웹사이트 등을 이용한다. 가상공간과 현실공간이 접목된 생활이 가능해 굳이 외출을 하지 않고서도 충분히 사회활동이 가능하고, 소요되는 비용 또한 저렴하다. 거기에 타인과 직접 대면 시 겪게 되는 감정소모와 정보과잉노출로 인한 두려움을 제어할 수 있는 비대면서비스를 선호하는 경향을 보인다.

이와는 달리 다른 측면에서는 활동반경이 확대되어 국내외 어디라도 재미와 경험을 위해서라면 이동의 제한을 느끼지 못한다. 이는 공간 뿐 아니라 시간을 소비함에 있어서도 언제든지 요구와 수요에 대응할 수 있기를 원하며 제공될 것을 기대한다. 특히 수요가 다양해진 만큼 획일하고 보편화된 재화와 서비스에 반응할 만한 소비자는 없다.

이는 야간경제 적용을 검토하는 도시에서 반드시 고려해야 할 사항이다. 슈퍼마켓에서 술을 사와 TV와 컴퓨터 앞에 앉아 저녁을 보내는 사람들을 도심과 클럽, 박물관, 극장, 음식점 등으로 유인할 수 있도록 하는 전략이 필요하다. 이들을 외부로 나오게 할 때 경제순환의 물레방아가 돌아갈 수 있다는 점을 간과해서는 안 될 것이다.

영국 런던에서 24시간 지하철을 운행하는 이유도 야간경제 참여자들에게 안전한 대중교통을 제공해 경제 활성화를 도모하기 위함이다. 이는 단순히 야간경제 관련업체들을 위한 것이 아니라 24시간 도시 구현을 목적으로 더 많은 사람들에게 활동과 접근의 기회를 제공할 수 있다는 점에서 출발했다. 야간에 대중교통을 운행하게 되면, 밤에 외출하는 사람들이 안전한 활동과 귀가 걱정을 덜어 더 많이 참여하게 될 것이고 야간경제 참여자와 관련업체들의 수가 증가하게 될 것이다.

셋째, 노동이 변화되면서 야간문화도 변화한다. 밀레니얼 세대의 노동은 전통적인 9 TO 6(9시 출근 6시 퇴근)형태를 띠기 어렵다. 기술의 발전은 인간의 노동력을 최소한도만 필요로 하는 시스템으로 변화시켰고, 물리적인 힘보다 창의적인 아이디어가 요구되는 사회로 이전되었다. 산업화 시대와 달리 출근과 퇴근에 대한 시간기준이 명확하지 않고, 능력과 선호도에 따라 노동시간을 정할 수 있게 되었다. 그렇다보니 단일목적이 부여된 단일 공간보다 다기능복합공간을 필요로 한다. 예를 들어 술, 차 등의 음료를 마시며 놀고 수다를 떨면서 일하기도 하고 일하면서 놀기도 한다. 그러다 보니 한 가지 일만 집중해서 하는 사람보다는 언제 어디서든 일을 하고 또 즐길 수 있는 사람이 현재에 더 적합하다. 일하는 장소를 특별히 정하지 않더라도 카페, 도서관, 식당, 공원 등 어디라도 인터넷만 연결된다면, 시간과 장소의 구애를 받지 않고 업무가 가능하다.

야간경제가 경제 활성화 방법으로 부상하고 있는 사회적 현상을 설명하는 이유 중 하나로 창의적 사고와 문제해결능력을 중시하는 경향도 근거로 들 수 있다. 흔히 사람들이 업무와 라이프스타일을 말할 때 아침형과 야간형 인간으로 나뉘어 생활양태를 구분하기도 한다. 아침형 인간은 기성세대의 질서와 시스템에 들어맞아 성공하려면 아침형 인간이 되어야 한다고 교육을 받았다. 사실 산업화시대는 투입된 시간 당 최대 생산성을 도출하려면 성실과 근면을 최고덕목으로 하는 아침형 인간이 시대적 요구에 부합했다. 그렇지만 현대정보사회에서는 관습에 얽매이지 않고 일반적인 규칙을 깨더라도 독특한 해결책을 제시하는 창의성과 문제해결력을 필요로 한다.

수 세기전 일찍 자고 일찍 일어나는 것이 이상적이라고 했던 벤자민 프랭클린의 논지도 지금은 사람마다 각자 고유한 생체시계(Circadian Lines)가 있다는 것으로 변화했다. 『Why We Sleep(2017)』의 저자 매튜 워커(Matthew Walker)교수는 인구의 약 40%정도가 아침형(Morning Larks)이고, 30%정도는 야간형(Night Owls)이라고 이미 유전적으로 정해져 있다고 했다. 그래서 아침형으로 살 것인지 야간형으로 살 것인지는 선택의 문제가 아니라고 했다. 이를 통해 보더라도 야간형 인간을 억지로 일찍 깨워 아침형 인간으로 살 것을 강요할 필요는 없다. 아침형 인간은 논리적인 데 비해 야간형 인간은 외향적이고 사회적이며 인간중심적인 경향을 갖는다고도 한다.

기존에 부정적 인식의 대상이었던 밤은 다양성, 개방성, 포용성을 근거로 하여 새로운 관심의 대상이 되고 있다. 사실 주간에 일상으로 접했던 똑같은 공간도 야간이 되면, 전혀 다른 새로운 공간으로 거듭날 수 있는 가능성을 갖게 된다. 조명이 빛으로서 역할을 할 때 어둠 속에서 보이지 않던 구조물과 낮 동안의 밝음으로 인해 구별이 되지 않았던 특징들도 빛이 인도하는 데로 시선이 이끌리며 관심의 중심에 서게 된다. 빛에 의해 어둠이 재단되기 시작하면서 이전에는 볼 수 없었던 시각적인 잠재력을 창출하게 된다. 야간경제도 어둠속의 조명처럼 사회변화와 요구들이 올바르게 투영되었을 때 주간경제와는 또 다른 가능성을 열어주게 될 것이다.

4.3. 야간경제 성공의 요건

야간경제는 전 세계 도시들이 직면하고 있는 저성장, 고실업, 경기침체 등 주요한 문제를 해결하려는 방법들 중 하나가 되었다. 야간경제를 경제 활성화의 동인이라고 인식하는 추세는 점점 더 확산되고 있다. 지역경제 성장을 견인할 동력으로 야간경제를 도입하자는 목소리는 경제·문화·사회적 이익에 대한 낙관론을 근거로 제시한다. 이를 뒷받침하기 위해 야간경제 성공을 위한 정책, 경제, 교통, 문화 등 다양한 분야에서 전문가들의 선제적인 연구와 노력이 가세해야 될 것이다.

세계 모든 도시에 야간경제는 있다. 1990년대 이래 도시재생과 연관된 사업으로 시작된 야간경제 육성전략은 다양한 모습으로의 변신을 꾀하고 있다. 야간시간 동안 일어나는 경제활동에 대해 특별한 관심을 갖고 도시전략산업으로 추진하는 도시가 있다. 이와는 대조적으로 야간경제활동에 대한 규제를 통해 단점과 피해를 최소화하는 정책을 펴는 도시도 있다. 도시들마다 이렇듯 상황이 다름에도 불구하고 세계적으로 야간경제에 대한 관심이 점점 고조되고 있는 것은 사실이다.

야간경제는 관광객과 젊은 세대를 유치해 도시 활력을 높이는 것뿐만 아니라 지역경제와 연관 산업을 활성화시키는 긍정적인 효과가 있다고 평가된다. 경제적 측면 뿐 아니라 사회·문화적인 측면에서도 공동체의식 강화, 음악과 엔터테인먼트 등 문화예술부문 활성화 등의 사업 등의 장점이 부각되고 있다. 이는 세계 여러 도시에서 야간경제를 통한 일자리, 관광, 문화, 신산업 분야의 돌파구를 찾는 이유가 되기도 한다.

하지만 이들 중 야간경제를 관리하는 전담기구를 갖추고 있는 도시는 얼마 되지 않는다. 시드니, 런던, 뉴욕 등 몇몇 도시에서는 야간경제 영역의 관리, 조정, 운영을 담당하는 밤의 시장(Night Mayor), 밤의 황제(Night Czar) 등의 대표를 선출해 운영하고 있다. 이외에도 야간경제 성공을 위한 여러 조건을 논의할 수 있겠지만, 본 내용에서는 실천전략 요건 중심으로 기술한다.

첫째, 이용자 우선과 장기적인 야간경제 활성화를 고려하는 교통체계와 운영이 이루어져야 할 것이다. 도시의 교통은 인간의 혈관과 같은 역할을 담당하고 있어 도시 활력과 순환을 촉진시킨다. 대중교통중심의 교통체계가 이루어지면 보다 더 많은 사람들을 대중교통 이용으로 유인해 경제적 효율성을 꾀할 수 있고, 체계적인 도시공간계획이 가능하다.

특히 소비가 경제적 기반으로 버티고 선순환 할 수 있도록 하려면, 시민의 이동권리를 보장하는 교통여건이 마련되어야 한다. 쉽게 말하자면 시민들이 야간시간에도 대중교통을 이용해 마음 편하게 이동하고 소비활동을 할 수 있게 되면, 주간경제와 차별화되는 창업과 일자리 창출의 기회로 유도할 수 있다는 것이다.

서울은 '잠들지 않는 도시', '24시간 도시', '호모 나이트쿠스' 등의 수식어가 붙는 도시이다. 여기에는 잠을 자지 않고 일을 해야 되는 도시민의 애환이 깃들였다는 슬픈 측면도 있지만, 밤 시간에도 꾸준히 경제가 돌아가는 발전진행형 도시라는 표현이기도 하다. 서울에서는 밤에도 충분히 경제활동이 발생하고 생산과 소비가 이루어지고 있다는 뜻이기도 하다.

24시간 도시 서울의 국제적인 위상에 걸 맞는 심야대중교통체계가 갖추어져야 할 것이지만 야간시간에 이동하는 사람들의 대부분은 택시에 의존하고 있다. 특히 야간경제 활동에 참여하는 사람들 중 일부는 엔터테인먼트, 요식업 등의 소비자이거나 영세 자영업자나 야근자, 회사원, 학생 등 생산 활동 참여자로 이들의 원활한 이동이 제약을 받으면 야간경제 활동에도 부정적인 영향을 끼친다. 야간시간 경제활동에 참여하는 사람들을 위한 대중교통체계가 결여된 상황이라는 것은 익히 지적되고 있는 현실이다.

서울은 2013년부터 올빼미버스를 운행하고 있는데 1000만 명이상의 누적이용자 수를 보더라도 심야시간 대중교통이용 수요를 확인할 수 있을 것이다. 이에 서울시에서도 24시간 지하철 운행을 검토 중이다. 세계 주요도시에서도 야간경제 참여자들을 위해 전세버스를 운행하거나, 주말과 행사 기간에 심야버스와 전철을 운행하는 방법 등을 채용하고 있다. 실제 미국의 뉴욕, 호주 시드니, 영국 런던, 덴마크 코펜하겐, 오스트리아 빈 등에서 24시간 지하철을 운행 중이거나 실험 중에 있다.

서울과 런던, 시드니와 같은 대도시의 경우 야간경제 활성화를 위한 심야시간 대중교통운영을 검토할 수 있지만, 중소도시와 소규모 지역의 경우 수요파악 뿐 아니라 운영 면에서도 난항을 겪을 것이다. 이를 극복하기 위해서 대도시와는 차별화된 전략으로 야간경제 활성화를 위한 교통체계부터 정비해야 한다. 예를 들자면 공유경제를 활용해 야간경제 참여자들의 이동권을 충족하는 방법 등을 대안으로 제시할 수 있다. 중소도시는 야간시간에 활동하는 사람이 적어 대중교통서비스를 밤 늦은 시간까지 운행할 필요가 없다고 하는 의견을 제시할 수도 있다. 반대로 지방 중소도시의 경우 저녁 8시만 되어도 대중교통서비스 자체가 단절되어 이동권 뿐만 아니라 상업, 의료, 문화·예술 등의 기본적인 도시기능마저 정지되는 상황이다. 현재 지방의 중소도시를 살리기 위해 중심시가지 활성화 사업, 전통시장 살리기, 지역경제 활성화사업 등 많은 정책들이 이루어지고 있지만, 지역주민과 외부 방문객들의 이동권이 확보되지 않는다면 그 어떤 정책도 효과를 발휘하기 어렵다. 중소도시 대중교통서비스를 지원하는 사업체들의 경우 경제성을 이유로 이른 아침, 저녁, 밤 등에 대중교통서비스를 제공할 수 없다면, 서비스공백상태의 시간을 공유경제나 사회적기업 등에 나누는 것도 혁신적인 대안이 될 수 있다.

장기적인 야간경제 활성화를 구상함에 있어 한때 유행처럼 휩쓸었던 사례를 검토해 실패확률을 낮추는 것도 요구된다. 한 때 지자체에서 상권 활성화와 방문객 유치를 위해 야간경관 정비를 통해 다양하고 화려한 밤 풍경을 볼 수 있도록 했던 적이 있었다. 이는 가장 쉽게 적용할 수 있는 방법 중 하나이다. 도심 상권과 전통시장 활성화를 목적으로 막대한 재정 투자를 통해 수행되었던 루미나레 경관조성사업이 바로 그것이다. 한때 유행했던 화려한 루미나레 설치를 통한 야간경관사업이 어느 순간 대표적인 예산 낭비 사례로 꼽히기도 했다.

이는 야간경제 육성을 위한 종합적인 계획 없이 단기적인 시각효과를 보여주었고, 이를 경제 활성화로 착각한 것이라고 할 수 있다. 야간경제는 주간경제의 연장선이면서 또 다른 영역의 경제활동이고 틈새시장이라는 인식이 우선되어야 할 것이다. 그렇다면, 시각적인 역동성보다 실제 접근성과 안전을 우선시하는 교통체계와 운영을 유기적으로 연계시키는 것이 야간경제 활성화를 위한 장기적인 전략이 될 것이다.

둘째, 예술과 문화가 밑바탕이 되어야 할 것이다.

야간경제 활동은 주로 상업공간과 그 주변이 중심이 되는 경우가 많다. 그런 지역은 음주와 유흥 관련 업종들이 주로 분포하고 있어 자칫 관리가 소홀해지면 법질서, 사회적 긴장감, 참여미흡 등의 문제로 확산될 가능성이 있다. 그렇게 되면, 야간경제의 지속가능성을 담보할 근거를 상실하게 되면서 장점보다 문제점들이 부각되게 된다.

사실 유흥과 문화·예술 활동 모두 인간 본성의 표현이다. 야간경제에 참여하는 분야들 중 어느 한쪽에 치우치거나 집중될 경우 대중의 흥미를 잃어버리거나, 다양한 수요에 대응할 수 없게 되어 경제활동의 지속성을 담보할 수 없다. 즉, 야간경제 영역에서 정기적이고 지속적인 문화·예술 활동을 구현하는 것은 도시공간을 보다 창의적이고 다양하게 활용할 수 있는 기회를 제공한다는 차원으로 접근해야 할 것이다.

셋째, 야간경제구역의 설정과 명확한 기준이 제시되어야 한다. 야간경제를 도시의 신전략산업으로 육성하고자 하는 도시들을 보면, 시민안전과 경제 활력이라는 두 가지 가치 사이에서 공존과 상생을 꾀하고 있다. 시민의 삶의 질 훼손을 최소화하면서 야간경제 활성화의 목적을 위해 야간경제구역을 따로 설정하는 방법을 채택한다. 이렇듯 별도로 야간경제구역을 운영하기도 하지만, 야간경제의 유기적인 성장을 도모할 수 있도록 의회와 행정이 정당한 프레임을 마련하기도 한다.

미국과 호주, 영국 등 야간경제 활성화를 도시 활력의 방법으로 선택한 나라들에서도 야간동안의 범죄와 술, 경제활동에 대한 엄격한 규제를 명시하고 있다. 이처럼 야간경제를 성공시키기 위해서는 야간경제에 적용되는 규정에 있어 주간경제와는 다르게 적용하는 조정이 필요할 것이다. 이와 동시에 야간경제구역의 안전과 범죄, 환경 등이 고려될 수 있도록 조명, CCTV 등의 방범시설, 쓰레기 처리시설 등에 있어 차별화된 관리가 필요하다.

세계 주요도시들의 야간경제 발상지는 산업화시대 생산을 담당했던 제조공장이나 버려진 지역 등에서 시작되었다. 산업화시대 경제활동의 주요무대였던 지역은 산업 재편으로 사람들이 떠났지만, 노후하고 밀집한 공간은 그대로 남아 도시의 오랜 역사로 자리하고 있었다. 대부분 이런 지역은 유흥지구, 소매점이 있는 거리와 블록으로 여러 기능들이 집적화된 곳인 경우가 많다.[46] 이곳은 낮 시간에는 폐쇄되거나 다른 용도로 이용되기 때문에 야간경제활동이 있는지 알지 못하는 사람들도 많다. 잘 알려지지 않았다는 이유로 주간경제활동보다 야간경제의 성과를 낮게 평가하거나 간과하기도 했다. 하지만 1990년대 이후 24시간 경제가 부상하게 되면서 유흥, 오락, 음악, 문화 등 야간경제의 범위가 확대되고 있다.

야간경제 적용에 있어서도 장점과 필요성 못지않게 강조되는 것이 야간경제 적용에 있어 제기되는 위험, 치안, 부정적인 효과에 대한 대처이다. 야간시간에 일어나는 도시의 경제활동은 주간경제활동에서 발생하는 위험보다 각종 정보매체와 언론에서 과장될 수도 있다. 물론 야간시간동안 범죄발생률이 주간 범죄율에 비해 높은 것도 사실이다. 그렇지만 밤은 낮보다 훨씬 창조적이고 자유분방하여 감성과 예술에서 강한 인상을 주는 매력이 있다. 이들을 적절히 조정·규제하는 전략은 의회와 행정이 만든 테두리 내에서 충분히 운용가능하다. 도시를 용도와 지역으로 구분하여 그 쓰임을 규제하고 조정하는 것처럼 야간경제구역을 설정하고 엄격한 절차와 형식에 따라 주제별로 구분할 수 있다. 대개 도심지 상업지역이라면 지역 주민의 수면을 방해할 우려가 적어 야간경제구역으로 지정하는데 제약이 적다. 또한 전통시장이나 공연장, 공원 등의 공공공간은 24시간 서비스를 제공한다고 했을 때 시민에게 피해를 주는 것보다 경제·사회·문화적으로 혜택이 더 많을 것이다.

시드니, 뉴욕과 같은 도시들도 도심지, 문화 공간, 유흥지, 행사나 이벤트 공간 등 목적과 용도별로 구분된 야간경제구역이 있다. 아직까지 우리나라는 전통시장 자생력 확보와 관광자원 개발을 위해 야시장을 운영하는 것 정도에 머물러 있는 수준이다. 전통시장 야시장 조성사업에 재정적 지원을 하고 지역별로 특화된 자원과 문화·예술 프로그램 구축을 유도하고 있지만, 전통시장 활성화에 어느 정도 기여하고 있는지에 대한 정확한 효과는 미지수이다. 전통시장 야시장 조성사업만으로 야간경제 확산과 활성화의 성과까지 기대하기 어렵다는 사실은 익히 알고 있다.

야시장 운영과 지원은 야간경제 활성화보다는 전통시장을 살리고자 하는 방법이라는 점에서 목적의 차이는 있다. 그렇지만, 지역경제 활성화와 소득창출이라는 최종목적은 동일하다. 그렇다면, 방법론에 있어 전통시장으로 한정짓지 말고 야간경제라는 큰 틀로 끌어들여 제공하는 서비스와 품목으로 구분하여 야간경제구역을 적용해보는 것이 더 타당할 것이라 생각된다.

넷째, 경쟁력 있는 야간경제 참여자 육성과 지속할 수 있는 여건 조성을 위해 다각적인 노력이 요구된다. 중소기업과 작은 술집, 라이브 음악카페, 바와 같은 지역의 소규모 업체를 육성하고 지원하는 기반이 조성되어야 할 것이다. 이를 위해 도심지 마케팅을 통해 방문객을 유인하고, 행사나 이벤트를 유치해 소규모 자영업자나 예술인, 지역민에게 경제적 효과가 미치도록 하는 방법도 있다. 특히 소규모 야간경제 참여자들의 경우 주로 지역을 생활터전으로 거주하는 경우가 많아 부의 분배와 소득 창출차원에서도 효과적이다.

또한 야간시간의 생산과 소비를 장려하기 위해 인센티브를 적용하는 방법도 있을 수 있다. 소비와 관련된 것 못지않게 문화예술, 여가 등 다양한 수요에 대응하기 위해 공연장, 도서관, 공공청사 등의 개방시간을 연장하는 방안도 제시할 수 있다. 이처럼 야간경제 활동을 진작하기 위해 행정, 민간, 단체 등에서 다양한 접근방식을 제안할 수 있겠다.

구체적으로 야간경제 지속화 전략과 지원 등 야간경제 활성화를 위한 협의대상은 지역 예술가, 사업체, 단체 등을 포함한 이해관계자가 포함되어야 한다. 또한 청소년이 흥미를 갖는 프로그램을 구성하거나 재미와 독특한 경험을 주는 가족친화적인 공간 구성이 함께 고려되어야 할 것이다. 이를 위해 야외, 공공공간, 자연환경 등의 여건을 살펴 공간구성을 계획하고 정기적인 행사와 프로그램을 마련한다면 누구나 쉽게 접근할 수 있는 공간이 될 것이다. 특히 기존 공간들 중에서 활용도가 낮거나 버려진 공간일 경우 기존 이용주체들과의 갈등도 적고 광범위한 활용이 가능해 야간경제 적용의 효과가 크다.

단계적으로는 야간경제가 발전된 지역을 대상으로 후기와 문제점, 개선방안 검토 등의 작업을 통한 지속적인 관리가 뒷받침되어야 할 것이다. 이들 중 가장 지원해야할 주제는 무엇이고 어떻게 적용되는지에 대한 면밀한 검토가 필요하다. 또한 잠재적인 위협과 문제점 등에 대해 선제적인 대응과 유연하게 대응하는 작업이 필요하다.

4.4. 야간경제 관리와 운용

■ 야간경제구역 - 야간경제 선도도시

도시라는 공간에서 시간 연장과 관련된 야간경제가 새로운 도시 개발의 방향으로 자리하고, 세계적인 추세로 확대되고 있다. 이는 몇몇 도시들만의 문제가 아니라 대도시에서부터 중소도시까지 야간경제 활성화를 위한 다양한 시도로 이어지고 있다. 일찍이 야간경제 성공사례로 꼽히는 시드니, 암스테르담, 베를린 등의 도시들도 변신을 거듭하면서 현재까지도 다양한 변화를 시도하고 있다. 그들 도시에는 야간경제의 효과와 우려를 적절히 대처하기 위한 다양한 방법을 적용하고 있다는 공통점이 있다. 이들 야간경제 도시들이 시도하는 방법 중 하나가 야간경제구역을 정해서 관리하는 것이다.

이들 도시는 주간경제에 대한 관심 못지않게 야간경제에 주목하고 관리해야 한다는 데 합의하였다. 야간경제구역을 정하는 것부터 시작해 야간프로그램을 제안하고 마스터플랜을 마련하기도 한다. 암스테르담, 런던, 몬트리올, 뉴욕, 파리, 시드니 등 성공적인 야간경제를 운영하고 있는 도시에서는 공통적으로 야간경제구역을 지정하여 관리하고 있다.

이들 도시에서 운영하고 있는 야간경제구역과 관리방식에 있어 단일화되고 표준화된 모델은 없다. 단일모델이 없는 만큼 개별도시의 여건과 상황에 따라 야간경제 특성도 도시들마다 차이가 있다. 야간경제를 주도하는 주체에 있어 업체 혹은 지역이 주도하기도 하고, 별도의 조합이 형성되어 운영되기도 한다.

그럼에도 성공적으로 야간경제구역을 운영하고 있는 도시들에는 공통된 특징이 있다. 성공적으로 야간경제구역을 관리하는 도시들에는 야간경제구역을 총지휘하고 관리하는 내부 혹은 외부의 책임주체가 있다. 시드니와 런던에서는 밤의 시장을 임명해 야간경제지구의 관리와 계획, 중재의 권한을 부여하여, 막중한 책임과 권리를 안겨주었다. 그리고 영화, 음악, 미디어, 오락 부문 등 야간경제 수행과 관련된 다양한 관련업체와 이해관계자들의 의견을 수렴하고 협력체계를 구축하는 일을 하고 있다. 이 과정을 통해 야간경제권역의 운영·관리, 계획, 마스터플랜 수립과정에 참여할 수 있게 하였다.

한편 지속적인 야간경제가 이루어지려면, 환경적 측면에서 안전하고 깨끗해야 한다. 안전과 청결이 유지되는 곳은 시각적인 매력을 주는 것은 물론이고 다양한 연령대의 사람들이 찾는 명소가 된다. 이런 곳은 상상력이 풍부한 공간구성과 조명, 여유로운 오픈스페이스, 지역특성을 담은 건축물 등 흥미롭고 역동적인 장소 이미지를 선사하게 된다. 이렇듯 공간계획과 환경적인 배려는 야간경제구역 설정과 관리의 방향성과도 연관된다.

■ 밤 문화 리드 책임자 – 암스테르담의 나이트 메이어

암스테르담은 세계적으로 밤 문화를 리드하는 도시로 널리 알려진 곳이다. 2002년 암스테르담 밤 문화가 위기에 직면하게 되면서 현지 정치인들은 야간경제를 담당할 시장을 세우자는 아이디어를 냈다. 나이트 메이어는 지방정부와 야간경제업소가 자금을 지원하여 운영하며, 자체적으로 이벤트를 개최하는 등 사업을 통해 수익을 얻는 비영리 독립단체입니다. 나이트 메이어는 시청과 협력적인 관계를 유지하며 시를 대표하는 시장과 긴밀한 협력관계를 갖지만, 구조적으로는 지자체와 거리를 두고 자체 자금으로 운영된다.

2012년 암스테르담의 나이트 메이어로 처음 선출된 미릭 밀란(Mirik Milan)은 2017년까지 6년간 암스테르담의 밤 문화를 이끄는데 공헌했다. 나이트 메이어는 이해관계자들과 협력하여 야간경제 활동에서 문화적 가치를 향상시키는 새로운 프로그램을 도입했다. 예를 들어, 암스테르담 시내 중심가 외곽에 위치한 10곳의 장소에 24시간 라이센스를 시범적으로 운영했다. 또한 음악 프로그래밍을 선별하거나 공동 작업 공간, 체육관, 갤러리 및 보육공간을 제공해 커뮤니티 활성화에도 기여했다.

2018년 연기자, 작가, 음악프로듀서로 활동 중인 샤미로 반 데 겔드(Shamiro van der Geld)가 2020년까지 3년 임기의 암스테르담 나이트 메이어로 새롭게 선출되었습니다. 나이트 메이어는 일반시민과 배심원의 투표로 선출된다. 밀란이 24시간 라이센스를 도입하고 암스테르담을 유럽 최고의 클럽도시 중 하나로 성장시켰다면, 샤미로는 암스테르담의 다양한 밤 문화를 만드는 것이 목표라고 하였다. 나이트 메이어를 위시한 야간경제 담당자들은 미래도시의 문화적 생산을 지원하고, 사회적으로 야간활동을 육성하고자 한다. 그러기 위해 스타트업 밴드를 지원하고 중소규모의 장소에 초점을 두어 커뮤니티와 활동을 활발하게 하는데 노력하고 있다.

■ 24시간 도시 비전 – 런던 나이트 짜르(Night Czar)

2016년 런던은 암스테르담의 나이트 메이어를 모델로 나이트 짜르(Night Czar)라는 밤의 시장을 임명했다. 처음에는 파트타임으로 계획했지만 점차 풀타임으로 전환되어 시장 다음으로 높은 공공부문의 하나가 되었다. 나이트 짜르는 런던 시장과 긴밀하게 연관되어 있어 언론과 대중매체들로부터 정치적인 공격과 비난의 대상이 되기도 한다. 나이트 짜르는 야간 시간의 일상 사건들과 음악, 야간경제 활동을 다루고 있어 야간활동과 음악발전 관련 부문들의 지지를 기반으로 한다. 런던 시장과 나이트 짜르는 런던에 24시간 면허권을 도입했고, 금요일과 토요일 밤에 나이트 튜브(Night Tube)라고 불리는 24시간 지하철을 운행했다. 또한 야간경제와 관련된 이해관계자들과 야간경제의 장기적인 발전을 위한 야간정책위원회(Night-Time Commission)를 설립했다.

런던의 야간경제 활성화를 이루고자하는 이들은 야간에 일하는 사람들이 점점 더 모이게 되면 런던 경제 활성화와 사회적 정의요소가 실현될 것이라고 한다. 특히 경제적으로 낮은 계층에서 밤에 일하는 사람들이 많기 때문에 점점 더 많은 사람들에게 일할 수 있는 기회를 줄 수 있다고 한다. 2017년 런던시장은 24시간 도시를 위한 비전으로 "좋은 밤에서 위대한 밤까지(From Good Night to Great Night: A Vision for London as a 24 Hour City)"를 발표했다. 그리고 야간경제 활성화의 비전으로 여가(Leisure), 이주(Migration), 기술(Technology), 고용(Employment), 경제(Economics)를 강조하며, 이는 미래 국제적 또는 국내적인 트렌드를 반영하는 것이라고 하였다.

■ 야간산업과 이해관계자의 지속적인 협력관계 – 베를린과 파리

나이트 메이어와 나이트 짜르 등 정치적 임명 또는 공공선거를 통해 선출된 대표 외에도 유럽의 야간경제 모델의 성공요인으로는 꼽는 것이 또 하나 있다. 그것은 야간 산업을 조정하는 역할을 하는 그 무엇이다. 베를린에는 클럽위원회(Clubcommission)라는 것이 있는데 2001년에 설립된 것으로 나이트클럽, 파티, 문화행사 주최자들이 중심이 된 모임이다. 여기에서는 베를린 클럽의 홍보, 컨설팅, 연계, 계약 관련 교육과 개발을 지원하는 역할을 한다.

파리에도 2014년 설립된 콘실 드 라 누이트(Conseil de la Nuit)가 있다. 이 위원회는 경찰, 관광청, 정치 대표와 같은 지방정부관료, 문화단체, 커뮤니티 대표, 학생단체, 식당, 술집, 예술가들을 포함한 야간경제 관련 산업 대표와 이해관계자들로 구성되어 있다. 위원회가 결성된 후 처음으로 했던 일은 거리의 소음문제를 줄이기 위한 홍보 캠페인을 만드는 것이었다. 야간경제 효과에 대한 지역 공감대와 협조를 구하고, 피해를 최소화하기 위한 이들의 노력은 지속적인 협력이 구축되었을 때 성과가 나왔다. 또한 프랑스 항공과 협력하여 파리 야경을 홍보하기 위한 국제 캠페인을 시작했고, 야간경제 참여자들의 이동권 확보를 위해 도시의 지하철 운영 시간을 연장하자고도 하였다.

■ 영화, 음악, 미디어, 엔터테인먼트 – 샌프란시스코, 시애틀, 뉴욕

미국에서 야간경제를 담당하는 부서는 영화, 음악, 미디어, 오락을 담당하는 업무이다. 시애틀의 야간경제는 영화음악원에서 관리하고 샌프란시스코는 야간활동과 엔터테인먼트를 관리하는 8인위원회를 두기도 했다. 뉴욕은 야간활동 사무국을 설치하고 처음으로 밤의 시장을 선출해 2019년 야간활동 전략을 발표할 계획이다. 지방정부가 강력한 힘을 가진 미국은 야간경제에 있어서도 시장의 리더십에 영향을 받는 경향이 있다. 영화, 음악, 미디어, 엔터테인먼트 분야가 야간경제 비즈니스의 접점이 되고 있지만 여전히 야간경제를 지원할 전담조직은 갖춰지지 않고 있다.

■ 야간경제 마스터플랜과 도시계획 – 브리즈번과 시드니

호주의 야간경제 관리는 장기적이고 정교한 계획으로 유명하다. 2004년 브리즈번 시 의회는 the Valley Music Harmony Plan을 개발했다. 이 계획의 첫 번째 활동은 특별엔터테인먼트구역(Special Entertainment Precinct)을 지정하는 것이었다. 해당구역은 엔터테인먼트를 주된 용도로 설정하고, 주거용도는 이차적인 용도로 정해서 운용된다. 실행계획에는 구역에 별도의 소음기준을 정하고 주민들에게 구역지정의 가치에 대한 공감대를 형성할 수 있는 소통전략을 마련하는 것도 포함되어 있다.

2009년 뉴사우스웨일즈 주 정부에서도 레스토랑, 클럽, 카페, 라이브음악 등을 쉽게 접할 수 있게 하는 엔터테인먼트 규정을 도입했다. 이에 보조를 맞춰 시드니에서는 오픈시드니(Open Sydney: Strategy and Action 2013-2030)라고 하는 야간경제 발전을 위한 장기 전략과 발전을 위한 장기비전을 발표하기도 했다.

4.5. 야간경제의 적용

■ 공간의 확장을 통한 실험

도시공간은 소유관계와 용도, 제한사항 등 각종 규정이 거미줄처럼 빽빽하게 얽힌 공간이다. 수많은 사람들의 관계와 삶이 뒤엉켜 감히 어떤 공간이라도 누군가의 마음대로 처리할 수 없는 곳이다. 도시공간 중 사적재산권과 이용의 영역 밖에 있는 공간으로 공동다수를 위한 공공공간(Public Space)이라는 곳이 있다. 이곳은 대개 접근이 수월하고 이해관계자들의 이해관계가 적다는 특성이 있다. 도시가 처음 생겨났을 때부터 공공공간은 누구나 접근이 가능한 열린 공간이었고, 도시혁신의 엔진 역할을 하는 장소였다. 아고라, 광장, 플랫폼, 휴식공간 등 다양한 용도로 활용되는 공공공간은 시대와 역사를 초월해 공동의 공간으로 자리하고 있다.

공공공간은 활용성과 경제성 측면에서 야간경제 적용 공간으로 재탄생시키기에 유리한 조건을 갖고 있다. 야간경제 적용을 검토할 곳은 일단 민원발생 여지가 적고, 교통이 편리한 곳이면 입지적 조건으로 적합하다. 공공공간은 공원, 도로, 광장뿐만 아니라 고가도로 밑, 쓰레기처리장, 지하 등 여러 쓰임으로 활용되는 곳도 있다. 특히 버려지거나 소외된 공공공간을 야간경제 공간으로 활용할 때 도시재생사업과 연계하여 이루어진다. 90년대 도시재생사업의 일환으로 영국 도심의 빈 점포와 시설 등의 활성화와 야간경제활동을 진작시키고자 했던 사례가 그 예다.

우리나라의 경우 1960년대 대략 30%정도에 그쳤던 도시화율은 2005년에 이르면 95%까지 상승하게 된다. 전국토가 도시라고 해도 무방할 정도로 도시화가 진행된 상황이다. 경제성장을 목표로 확장을 지향했던 도시전략은 시간이 지나면서 시대적 요구와 어우러져 변화에 대한 당위성을 부여했다. 무분별한 도시 확장으로 인한 재정부담과 도시 경제력 하락 등의 문제는 시대적인 요구로 도시재생을 부상시켰다. 이로써 2000년대 들어서면 신개발보다 재개발에 역점을 두는 정책으로 도시전략이 변화하게 된다. 최근에는 도시재생을 지역 경쟁력, 커뮤니티 활성화, 경제순환을 도모하는 차원으로 재탄생시키고 있다.

사실 사업의 용이성 측면에서 신개발과 재개발을 비교한다면, 신개발이 훨씬 더 수월하고 경제적일 수 있다. 그러나 생산성 한계, 저성장, 경제위기, 자원고갈 국면에서는 자원 활용, 경제력 집중, 환경보호, 인프라 효용성 등에서 재생전략이 훨씬 효과적이다. 20세기 도시계획의 한계를 극복하자는 의미에서 출현한 콤팩트시티(Compact City)도 고밀의 도시기능을 구현한 것이라는 점에서 근본적인 취지는 같다. 이 같은 현상은 우리나라로만 한정된 일은 아니다. 세계적으로 도시화가 확대되면서 기존 선진국과 개도국, 신흥국에서도 도시재생전략은 도시현상으로 자리하고 있다. 도시재생은 버려지거나 쓸모없는 공간을 재창조하는 일이다. 공간 업사이클링(Upcycling)이라고도 하는데 업그레이드(Upgrade)와 리사이클링(Recycling)이라는 말이 합해져 공간에 새로운 가치를 부여하는 것이라는 의미를 부여하고 있다.

도시공간을 재편하고 재생한다는 관점에서 볼 때 최근 지하공간에 대한 관심이 고조되고 있는 현상은 주목할 필요가 있다. 몇몇 거대 도시와 소멸위기 도시로 양분된다는 미래도시 예측이 적중할 것이라 가정한다면, 더욱이 도시 공간개념의 확장은 검토되어야 한다. 또한 기후변화와 안전 측면에서도 지하공간에 대해 새롭게 관심을 가져야 시기이다.

대중에게 익히 알려진 대로 지하공간은 지상보다 온도 및 습도 조절이 용이하다. 이뿐만 아니라 지표로부터의 격리성, 항온·항습성, 방음성, 내진성 등은 지하공간의 장점으로 꼽는다. 핀란드, 스웨덴, 캐나다, 프랑스, 미국, 홍콩, 일본 등에서 나타나고 있는 지하공간의 활용은 국내에 미래형 신 도시개발을 위한 주요사례로 인용되고 있다. 특히 냉혹한 추위를 견뎌야 하는 핀란드, 캐나다 등은 극장, 회의장 등 공공시설을 지하공간에 만들기도 해서 기후변화를 극복하는 대안으로 지하공간개발을 주장하기도 한다.

우리나라도 지하공간개발 관련 특별법을 제정해 무분별한 지하공간개발 방지와 도시공간관리에 지하공간을 포함시키고 있다. 높은 인구밀도와 도시화율을 보이는 우리나라 도시 특성상 가용용지 고갈과 민원문제 등을 이유로 지하공간개발이 검토되고 있다. 특히 서울과 광역도시중심의 도시구조는 몇몇 대도시에만 사회기반시설이 배치되어 대도시로의 집중현상을 부추기고 있다. 시민들의 요구를 전면 수용하기엔 공간적인 한계성을 갖고 있어 접근성과 기존 인프라 활용 측면에서 지하공간개발을 적용해볼 만하다.

이는 야간경제 적용에 있어서도 지하공간을 활용해볼 만한 여지가 충분하다. 지하공간을 활용한 경제 활성화 전략은 야간경제 적용

시 우려되는 주민의 삶의 질 훼손과 안전 등의 문제를 조정하는데 충분히 활용할 수 있다. 야간경제 선도도시로 유명한 암스테르담은 도시 외곽에 24시간 라이센스 지역을 지정해 야간경제 육성하는 전략을 펴고 있다. 이들 중 도시 서측 드 스쿨(De School)의 클럽과 북부에 있는 쉘터(Shelter)는 모두 지하에 위치하고 있다. 일본 도쿄의 롯본기에도 지하에 클럽이 있다. 미국 뉴욕의 맨하튼의 버려진 지하 전차터미널은 세계최초의 지하공원 로우라인 파크가 되었다.

새로운 도시개발보다 재생, 기존 공간 재창조가 각광받고 있는 이유로 공간의 한계, 기후변화, 안전 등을 꼽는다. 2017년 2월 정부도 신산업 규제혁신 관계 장관회의에서 '도로 공간의 입체적 활용을 통한 미래형 도시건설 활성화'를 발표함으로써 미래형 도시건설을 위해 도로의 지하공간개발에 대한 관심을 보였다. 도로 밑의 지하공간개발을 검토하는 것은 가용용지가 부족한 도시 여건도 있지만, 주거환경 등의 민원과 높은 지가상승률, 접근성과 연계성 등이 검토되었기 때문이다.

도시지하공간(UUS: Urban Underground Space)의 개발은 세계무대에서는 거대도시에서 활발하게 진행되고 있다. UUS는 오랜 시간동안 도시개발의 핵심 의제인 지역의 재생, 교통, 에너지, 기반시설 등에 집중되었다. 지하공간에 대한 관심이 고조되면서 도시공간의 응집력과 경관, 지속가능성, 리질리언스, 거주가능성으로 확대되고 더 나은 도시환경 조성에도 중요한 역할을 하고 있다.

인류가 직면한 가장 큰 도전 중 하나는 도시의 지속력과 회복력을 향상시키면서 동시에 보다 높은 효율성을 달성하는 것이다. 지하공간은 사용가능한 공간이 급속도로 고갈되고 있는 현실을 감안할 때, 공간적 이익을 실현할 잠재력이 대단히 큰 공간이다. 하지만 지금까지도 몇몇 대도시를 제외하고 많은 도시가 쇠퇴하여 가고 있음에도 수평적 도시 확장을 꾀하며 성장시대의 전략에서 벗어나지 못하는 도시가 많다. 특히 기후변화와 공간적 제약이 갈수록 심화됨에도 발밑에 있는 귀중한 자산에 대한 가치를 간과하고 있는 것이 현실이다. 예측할 수 없는 기상이변과 재난, 성장의 한계를 넘어 역성장시대를 대비해야 하는 시대적 요구는 새로운 도시재생 전략이 필요한 시점임을 말해준다.

도시 지하공간개발의 대표적인 성공사례로 벤치마킹대상이 되고 있는 크리스타 나가호리도 있다. 일본 최대 규모의 지하공간사업으로 탄생한 크리스타 나가호리 복합지하상가는 민관이 공동으로 참여한 대형 프로젝트다. 사카이스지에서 요츠바시스지간의 길이 730m/지하 4층, 연면적 8만1765㎡(주차장 포함)로 5개의 지하철역과 직접 연결되는 구조를 갖는다. 전체 중 약 3분의 1구간 천정에는 창을 내어 지하공간에 빛을 끌어들였다. 지하공간은 벽화, 기념 조각물 등 예술작품들이 주요 공간에 배치되어 있고, 지하광장 등 휴식공간과 캐주얼 타운, 패션타운, 식도락타운 등 다양한 구역으로 구분되어 있다. 특히 이곳은 비상시 빛과 소리로 대피를 유도할 수 있는 안전시스템을 도입해 안전성을 높이는 방법을 채용하기도 했다. 처음에는 도심의 교통체증완화와 주차 공간 확보를 목적으로 시작되었으나, 현재는 관광명소로 자리할 정도로 도시재생사업에서 한몫을 톡톡히 담당하고 있다. 일본의 지하공간개발은 지하철을 중심으로 토지이용의 효율화, 보행

교통, 상업개발을 목표로 하는 성격이 강하고, 대개 도로 아래 지하공간을 대상으로 민관 파트너십 형태를 취한 방식을 주로 채용한다.

기후와 환경문제를 극복한 토론토 시의 사례도 있다. 토론토는 11월부터 다음해 4월까지 눈과 폭풍으로 사람들의 야외활동이 불가능한 기후적 특성을 가지고 있다. 혹한으로 사람들이 경제활동에 참여하는 날이 적어지면서 지역경제도 같이 얼어붙게 되었다. 토론토는 사람들의 활동을 위해 1900년 세계 최초로 지하보도를 만들었고, 1960년대 이미 지하도시를 만들자는 계획을 실행했다. 이후 토론토 시내 주요 오피스 타워와 지하 쇼핑몰, 교통시설을 연결시켜 도시의 중심으로 자리하게 했다. 토론토 도심의 지하공간은 세계에서 가장 큰 지하 복합쇼핑몰로 기록되어 있으며 매일 20만 명이상이 찾는 복합시설이 되었다.

도시공간을 지상과 지하로 구분하는 단절된 사고를 벗어나 통합적 개발과 민관협력방식을 접목한 토론토 지하공간개발의 시사점이 큰 것도 기존상식을 깨뜨린 혁신적인 사고이다. 특히 지하공간개발을 통해 기후여건을 극복하고 경제 활성화로 이끌었다는 점에서 기후변화와 저성장을 대비해야하는 우리의 시대적 요구와도 맞닿아 있는 전략이다. 20세기 초부터 시작된 토론토의 지하도시는 21세기 새로운 도시 모델로 자리하고 있다.

민관협력과 도시재생사업을 통해 조성한 런던의 카나리 워프(Canary Wharf)도 좋은 사례이다. 템즈강변에 위치한 카나리 워프(Canary Wharf)는 도크랜드 재생사업으로 탄생된 곳이다. 세계 관문역할을 했던 도크랜드가 산업재편과 수송 항만의 변화 등으로 쇠퇴하면서 템즈강 주변은 노후화와 인구감소현상으로 버려진 곳이나 다름없던 곳이었다. 이에 영국정부 주도로 적극적인 재개발사업이 이루어졌고, 정부는 기반시설부문만 담당하고 대규모 민간부문의 투자를 유도하는 방식으로 재생사업이 수행되었다. 그 결과 카나리 워프는 JP모간, 원 캐나다, 크레디트스위스, HSBC 등이 들어와 런던의 대표적인 금융 중심지로 성장했고, 초고층빌딩이 가장 많은 곳이 되었다. 개발 초기부터 금융회사, 개발회사 등을 참여시켜 상업, 레저, 호텔, 주거, 주차장 등의 계획에 이들의 요구를 반영했다. 카나리 워프 공간계획의 큰 틀은 지상공간에 녹지공간과 사무실을 배치하고, 지하공간에는 쇼핑몰과 주차장 등을 배치하는 것이다. 현재 카나리 워프 지역은 마천루와 자연공원이 어우러지고 역사와 신기술, 지상과 지하가 잘 어우러진 재생사업으로 평가받고 있다. 지하철 등 대중교통과 연계가 잘 되어 쇼핑센터, 공연장, 카페와 식당 등을 찾는 관광객은 물론 런던 시민이 매주 찾는 공간이 되고 있다.

위에서 몇 가지 사례를 들어 지하공간개발을 성공으로 이끈 도시를 살펴보았다. 그럼 왜 지하공간인가? 이 질문에 대해 지하공간이 갖는 이점을 중심으로 살펴본다.

첫 번째로 지하공간은 지표면과 격리되는 특징이 있어, 환경적으로 바람직하지 않거나 지상에 설치가 부적절한 시설을 설치할 수 있다. 그럼으로써 지상의 환경을 최대한 보호할 수 있다. 도시에 새로운 인프라를 공급하려고 하면, 공간이 한정되다보니 녹지를 훼손할 수밖에 없고 삶의 질을 위협할 수 있다. 공간에 대한 수요증가를 충족하고 도시경관에 새로운 기능을 포함시키는 데 있어 아직까지도 지하공간은 과소평가되고 있다.

두 번째, 지하공간은 토지이용의 한계에 부딪친 도시에서 지상공간의 부족을 대체하고 365일 기후의 제약을 받지 않는 공간창출이 가능하다. 특히 기후변화로 인해 폭염과 혹한 기간이 길어지고 예측할 수 없는 기상이변이 출현하는 빈도가 증가하고 있어 기후제약을 극복할 수 있는 공간창출 노력이 필요하다.

세 번째, 도시의 공간효율성 못지않게 비용측면에서도 많은 이점이 있다. 토목기술만 받쳐준다면 지하공간개발에 드는 비용이 지상공간개발보다 훨씬 적게 든다는 연구결과들이 속속 등장하고 있다. 대심도 지하공간개발의 경우 보상과 동의를 받을 필요가 없어 개발에 소요되는 시간과 비용의 절감효과가 있다. 특히 대중교통인프라와 연계시켜 도로 아래의 지하공간을 개발하는 것은 공간효용성과 경제적 이익을 가져올 수 있다. 도시의 공공교통망 특히 지하철망과 연계가 가능한 지역이라면 유동성 공급과 지하 공간 활성화측면에서도 유리한 조건을 갖는다. 이처럼 지하공간개발을 통한 접근성과 이동성 향상은 이용자와 경영자에게 더 많은 기회를 제공하고, 교통 혼잡과 같은 도시의 교통압력을 완화하는데 기여한다.

지하공간을 토지이용과 활성화측면에서 보면 공간의 상업적 가치는 인구밀도와 토지가격이 결정한다고 할 수 있다. 인구밀도가 높고 토지가격이 높게 형성된 지역의 경우 지하공간을 개발했을 때 토지의 경제적 효용을 높인다는 점은 익히 알려져 있다. 일본 도쿄 내에서도 인구 20만 명이상의 지역으로 토지가격이 ㎡당 40만 엔 이상인 지역일 때 상업적 가치가 있다고 했다.[47] 즉 인구밀도가 높고 토지가격이 높은 지역이 지하공간개발 적격지로 평가된다는 것이다.

지하공간은 24시간 도시를 구현하는데 필요한 자원이다. 지하공간을 야간경제공간으로 활용한다면, 완충적인 역할과 야간경제 관리의 효율성을 가져온다. 밤 시간 수면이나 휴식을 원하는 시민들에게 공해로 작용할 수 있는 빛과 소음공해 그리고 쓰레기를 비롯한 위생문제 등 야간경제의 우려로부터 기존 도시공간을 보호할 수 있다. 또한 야간경제가 알코올, 성인문화 등과 관련된 산업분포가 많아 치안에 대한 우려가 있으나, 통제된 공간에서 경제활동이 이루어짐으로써 관리측면에서도 용이하다는 장점이 있다.

반면 지하공간개발이 가져오는 문제점도 상존하고 있어 이에 대한 대비책이 우선되어야 한다. 지하공간이 조성된 후 지상과 지하의 통행량을 조사해봤더니 조성 후 지하 보행자는 증가했다. 그렇지만 지상공간을 통행하는 보행자가 감소하여 지상상권의 매출감소로 이어졌다. 지하 공간개발 이전보다 개발 후 훨씬 통행자가 증가했지만, 지상이 아닌 지하공간에만 통행자가 증가한 것이다. 일본 삿포로시의 사례를 보면, 지하공간개발 이전과 이후의 변화를 짐작할 수 있다. 지하공간개발 이후 이전보다 해당 지역을 통행하는 보행자가 2.5배나 증가했다고 한다. 그런데 그들 중 80% 이상이 지하공간으로 통행하면서 오히려 지상에 있던 상가들의 매출이 10~20%정도씩 감소했다고 한다. 지하공간개발 이전 평일 2.9만 명이 통행하던 장소가 7.2만 명으로 증가했으나, 이와 상반되게 지상공간을 통행하는 사람은 1.3만 명으로 감소했다고 밝혔다.[48]

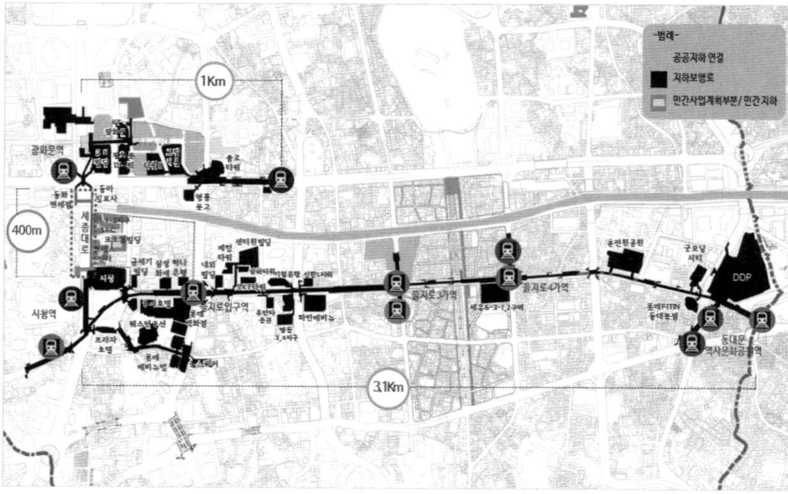

출처: 서울시청(https://opengov.seoul.go.kr)

서울지하보행로 예시도

우리나라에서도 최근 서울 등 대도시에서도 지하공간개발에 대한 관심이 급증하고 있다. 국제도시로 자리를 굳힌 서울시도 개발포화상태에 이르면서 아직까지 미지영역으로 남아있는 지하공간을 활용하는 작업을 시작했다. 고밀도 입체도시를 구현하기 위한 방법으로 우선 지상과 지하를 자연스럽게 연결하기 위해 주요도로와 지하철 등 교통시설과 연결하는 작업을 시작했다. 지상에 있는 건물들과 지하보행로를 연결시켜 단절된 기존 도시구조를 새롭게 하는 계획도 갖고 있다. 영동대로와 세종대로 지하공간에 쇼핑, 레저, 문화 등 복합공간을 조성하고, 기존 지하철과 지하보행로를 연결해 지상과 지하를 입체적으로 연결하는 구조를 만든다는 계획이다.

지상공간에는 자연친화적인 시민휴게광장, 공원, 선큰(Sunkun),

보행자 전용거리를 만들어 글로벌 명소로 만들겠다고 한다. 지하 도시로 거듭나는 서울시 프로젝트는 외국의 다른 사례와 같이 민관협력 사업방식을 채용하기로 했다. 지하공간개발을 통해 교통난, 환경문제, 공간부족 등 대도시가 갖는 여러 문제점을 해결하는 하나의 방편이 될 것으로 기대하고 있다. 이미 세계화, 정보화, 콤팩트를 지향하는 도시들에서 실험적인 공간 확장의 시도가 이루어지고 있다.

■ 야간경제 적용

저성장의 시대를 넘어 역성장시대를 우려하고 있다. 지속적인 성장이 당연한 논리로 여겨졌던 과거와는 다른 새로운 대안이 요구되는 시대에 패러다임 전환은 당연한 과제로 받아들여지고 있는 상황이다. 그러나 막상 새롭게 판을 짜는 작업이 말처럼 쉽지는 않다. 물론 기득권, 지식, 시스템 등 모든 것을 뒤집는 것이 쉬운 일은 아니다. 새로운 패러다임을 내세워야 할 만큼 경기침체극복과 도시 활력이 절실히 요구되고 있어 다양한 대안들 중 조심스럽게 야간경제에 대한 논의를 시작했다.

우리나라는 거대한 세계화 물결 속에서 급속한 경제성장의 열매를 탄생시켰지만, 마치 반대급부처럼 소득양극화와 불평등이라는 과제를 안게 되었다. 이는 지역별, 계층별로 잠재적인 갈등요인이 되고 있어 다음 단계로의 성장을 위해 격차해소와 균형발전을 위한 공동의 노력을 기울이고 있다. 지방 도시들은 개별 도시들마다 차별화된 전략으로 국내 도시들 간 혹은 세계 도시들 간 경쟁에서 살아남을 수 있는 차별성을 찾고자 한다.

이러한 노력의 일환으로 문화도시, 창조도시, 생태도시, 기술도시, 교육도시 등 열거하기에도 벅찰 정도로 많은 도시명을 연호하고 있다. 이러한 과정을 겪어오는 중·장기적인 비전 없이 시대적 유행이나 트렌드에 편승해 호명된 여러 이름들 아래로 수없이 많은 실패들이 쌓여가고 있다. 도시의 실패가 늘어갈수록 이전과는 다른 접근방법이 요구되면서 등장한 것이 리빙랩, 열린 실험실 등의 개념이다. 사회적 난제가 증가하고 고도화될수록 혁신적인 발상이 요구되고 있다. 혹여 실패하더라도 이로부터 발생하는 문제점이 적은 것을 선택해야 되는 필요에 의해 탄생한 것들이다. 수많은 실패 끝에 그나마 몇몇에 적용할 만한 모델이 탄생할 수 있다는 사실은 익히 잘 알려진 사실이다. 그래서 야간경제를 도시에 적용하는 것도 열린 실험이라는 개념으로 접근해보는 자세가 필요하다.

흔히 기존에 익숙했던 것과 다른 개념을 제시하면 반드시 맞닥뜨리게 되는 것이 공익과 사익, 옛것과 새로운 것, 포용과 배제 등 서로 양극에 선 개념들끼리의 충돌이다. 야간경제를 적용함에 있어서도 가장 먼저 등장하는 것이 경제성과 삶의 질 간 충돌문제이다. 야간경제를 활성화시켜 경제 활력을 가져오고, 24시간 수요에 대응할 수 있는 도시로 거듭날 수 있는 효용에 대해 의문을 갖는 사람은 많지 않을 것이다. 그럼에도 간과할 수 없는 것이 안전과 삶의 질 문제이다. 이는 야간경제의 부정적인 영향을 최소화하는 방법을 강구해야 하는 이유이기도 하다. 그래서 본 책에서는 야간경제 적용의 단점을 최소화하고, 공간 활용측면에서 효율적인 방법들을 제안하고자 한다.

우리나라 도시에 야간경제 모델을 적용하는데 있어 대도시와 중소도시의 차별화된 전략이 필요하다. 대도시의 경우 서울, 부산 등 국제도시로서 위상을 갖춰 수요가 충분한 도시의 경우 야간경제 육성에 유리한 조건을 갖추고 있다. 거대 도시화되고 있는 세계적인 트렌드에 비추어볼 때, 대도시는 자생력과 지속가능성을 구현하기 위해 다양한 자원과 방법을 활용할 수도 있다. 그렇지만 지방 중소도시의 경우 인구감소로 생멸자체가 위협받고 있어 분명 대도시와는 차별화된 전략이 필요하다. 인구감소문제로 시름을 겪고 있는 중소도시에서 도시 활력과 대안을 강구하는 관점에서 야간경제 적용을 검토해보는 것은 도시만의 차별화된 전략을 강구하는 방법이 될 것으로 기대한다.

야간경제 적용 도시들의 사례를 보면, 주로 대도시 중심의 야간경제 적용사례를 찾아볼 수 있었다. 선진 사례에서는 문화, 관광 등과 연계되어 지역 소득창출에 기여하는 효과가 입증되었고, 역사적 배경이 투영되어 도시 브랜드로 자리한 사례도 살펴보았다. 그렇다면 우리나라 도시에는 어떤 야간경제 모델을 적용할 수 있는지 생각해보아야 할 것이다. 각 도시들마다 배경과 여건이 달라 특정 법칙을 제시한다는 것은 사실상 불가능하다. 성공요인으로 뽑힌 것들이라고 해서 반드시 절대적인 기준이 될 수 없듯이 필자가 제시하는 모델 또한 적용에 있어서는 개별 도시에 따라 다를 수 있다. 그럼에도 야간경제 적용 요건을 제시하는 것은 요인을 선택하고 적용하는 것은 각 도시가 결정할 사항이기 때문이다. 야간경제 모델 구축 요인으로는 하드웨어적인 접근과 소프트웨어적인 접근의 두 가지로 대별하였다. 그리고 이 둘을 이어주고 총괄하는 네트워크 부문을 추가해 야간경제 적용의 요건으로 제시하고자 한다.

먼저 하드웨어적인 접근은 공간과 안전, 교통의 세 가지 분야로 나눌 수 있다. 공간은 경제활동의 구심점이며 근간이 되는 곳으로 야간경제 구현을 가장 실체적으로 만날 수 있는 섹터이다. 야간경제 공간과 관련된 성공사례들을 살펴보면 대부분 공간을 구획화하는 전략을 채택한 곳이 많다. 야간경제구역으로 지정하거나 문화예술, 경제특구 등 특정목적으로 지정된 구역이라면 대중에게 인지되어 밤늦게까지 경제활동이 가능할 뿐 아니라 시민의 주거환경을 해치지 않고도 충분히 야간경제 운용이 가능하다. 또한 공공공간을 활용한다면 비용과 효용성 측면에서 부담을 덜 수 있고, 도시재생과 경제 활성화 정책과 연계시키는데 수월할 것이다. 특히 도로나 기반시설 등의 지하공간을 활용하는 전략은 공간 활용과 경제성, 교통수단과의 연계성, 기후변화 등 외부환경의 영향을 최소화하는 장점을 꼽을 수 있다.

안전 및 보안과 관련된 야간경제 적용 시 검토되어야 할 내용은 자율성과 감시가 적절히 조화를 이루어야 한다는 점이다. 구체적으로는 야간경제 참여자들과 관련업체들이 자체적으로 관리하는 방법도 있고, 행정이 경제활동을 해치지 않는 선에서 IOT 등 첨단기술을 접목한 보안체계를 갖춰 관리하는 방법도 있다. 그리고 야간경제구역내 도시계획과 건축, 디자인에서 셉티드(CPTED)[49]원칙 준수를 의무화하는 방법도 있다. 행정이 안전과 보안에 관한 최소한의 가이드라인과 시설 및 시스템 등 기반을 마련하고, 야간경제 참여자 등 민간영역이 자체적으로 관리해 변동성에 대처하는 방법이 적합할 것이다.

그 외 야간경제 성공사례로 꼽히는 도시를 보면, 24시간 영업허가증을 배부하기도 한다. 하지만 우리나라 도시의 경우 영업제한과

술 판매 등에 특별한 제한이 없어 별다른 효과를 기대할 수 없다. 다만 24시간영업을 위한 술 판매, 제한내용 등을 사전에 교육·홍보하거나, 야간경제구역 내 입점, 운영규칙을 준수한 업체에 자격증제도를 도입하는 것은 안전과 보안문제를 해결하는 방법으로 검토할 가치가 있다.

야간경제 참여자들을 경제활동 공간으로 이끌어내는 최대 유인책 중 하나가 교통이다. 도시교통을 인체의 혈관이라 비유하는 것처럼 야간경제에 있어서 교통의 역할은 그만큼 중요하다. 주간경제에 맞춰 구축된 도시교통시스템은 야간경제 참여자들에게는 불편함으로 다가올 수 있다. 이는 방문객은 물론이고 야간경제 참여자들의 야간활동을 위축시킨다. 세계 주요도시들에서도 야간 지하철이나 셔틀버스를 운행해 불편을 줄이려는 노력을 하고 있다. 이렇듯 야간시간에도 대중교통을 운행함으로써 경제활동 시간과 기회를 연장시킬 수 있다. 또한 교통복지측면에서 노인, 장애인 등 교통약자 등에게 야간시간에 이동권을 보장하는 환경을 구축할 수 있다.

소프트웨어적인 접근으로는 콘텐츠, 야간경제 확산 시스템, 다른 사업과의 연계전략을 꼽았다. 콘텐츠는 야간경제 성공을 위해 가장 우선해야할 내용이다. 공간만 선정하고 방기할 경우 야간경제의 지속성을 담보하기 어려울 뿐 아니라 유흥 등 특정산업으로만 치중될 수 있다. 야간경제 성공사례 들 중 가장 강조하는 것이 콘텐츠 구성이다. 또한 다양성과 포용성을 추구하는 도시이미지 구축에 있어서도 야간경제에서 콘텐츠 역할은 중요하다. 야간경제 자체가 단순히 야간시간 동안의 경제활동이라는 의미가 아니라 주간경제와는 다른 콘텐츠와 참여자가 설정된다. 특히 문화, 예술, 스포츠, 관광 등 많은 부문의 참여가 동반된다면 다양한 수요에 대응할 수 있어 지속가능성을 담보할 수 있고, 경제적 파급효과도 커질 것이다.

야간경제 확산은 24시간 도시를 만드는 기반이 된다. 야간경제는 잠든 시간을 경제영역으로 끌어낸다는 점도 있지만, 소외되었던 수요에 대응한다는 측면도 있다. 대표적으로 인공지능(AI), 로봇 등 첨단기술발전을 통해 사회서비스 제공에 있어 시간을 연장할 수 있게 되었다. 또한 유연근무제 등으로 시간 사용이 다양해지면서 숨겨지거나 소외된 수요를 찾는 시도가 이루어지고 있다. 기존에 주간에만 집중되던 재화와 서비스를 야간으로 확대하고 새로운 수요를 발굴한다면 당연히 야간경제 영역은 확대된다.

다음으로 야간경제를 적용하는데 있어 기존 정책 및 사업과 연계시킬 경우 비용 및 효과측면에서 긍정적인 결과를 유도할 수 있다. 특히 노후·불량한 환경, 버려진 장소, 침체된 상권 등을 도시재생사업으로 재탄생시키거나, 창업 및 일자리지원사업과 연계한다면 지역의 변화와 소득창출로 이어질 수 있다.

하드웨어적 측면과 소프트웨어적 측면에서 야간경제 적용 요건에 대해 살펴보았다면, 마지막으로 이를 엮어가고 관리, 중재, 총괄의 역할을 수행할 주체가 필요하다. 야간경제도시로 유명한 암스테르담, 런던, 뉴욕, 시드니 등에서 야간경제 성공요인으로 꼽는 공통된 요인은 야간경제를 총괄하는 책임자를 임명하는 것이다. 밤의 시장, 밤의 황제 등으로 불리는 직책은 야간경제참여자의 대표이면서 중재자, 제안자, 총괄책임자의 역할을 담당한다. 밤의 시장은 의사결정을 담당하는 의회와 지역주민, 공공기관, 지자체, 기업 등 야간경제 참여자와 주민, 관련단체 등과 함께 야간경제 성공을 위해 노력한다. 이들은 야간경제 성공을 위한 커뮤니티를 구성하고, 야간경제 적용에 필요한 하드웨어적인 요소와 소프트웨어적 요소를 선택하고 적용하는 일을 담당한다.

야간경제 적용 요건

분 야	부 문	내 용
물리적 h/w	공간	야간경제구역 특별경제구역 설정 공공공간 등 활용
	안전 및 보안	첨단기술접목 보안체계 셉티드(CPTED)적용 자체관리기구 및 시설 야간경제 사업자격제 주거환경 점검
	교통	구역 내 교통연계 야간 이동권 보장
네트워크	중재, 관리, 법안의결 등	야간경제관리자 임명 의회 등과 협력 커뮤니티 구성
기술적 s/w	콘텐츠, 다양성	문화·예술과 접목 특별 이벤트 등 개최 관광, 음악 등 산업과 협력
	야간경제 확산	24시간 도시 구축 시간연장형 사회서비스 확장
	연계 전략	도시재생사업, 일자리 창출, 지역경제 활성화 정책 등과 연계

이상 살펴본 야간경제 적용모델의 요건들은 야간경제 성공 사례 도시들에서 성공요인으로 꼽히는 것들이 포함되어 있다. 물론 시대적 요구와 개별 도시여건과 특수성으로 인해 야간경제 적용에 있어 모든 요건을 적용하기란 어려운 점이 많다. 그럼에도 저성장, 고령화, 인구감소, 기후변화 등 절체절명의 위기 속에서 개별 도시들은 수많은 가능성을 타진해봐야 할 것이다.

EPILOGUE

새로운 가능성의 문을 열다

지금은 수많은 시뮬레이션을 반복하고도 성공을 장담하기 어려운 변화의 상황이다. 어제의 진리가 오늘은 오류와 진화의 역사적 파편으로 자리할 수도 있다. 그럼에도 어느 시대이건 기준(Norm)은 있기 마련이다. 한계에 부딪히는 상황이 닥치면 기존 껍데기를 벗어던지는 용기로 새로운 가능성의 문을 열어 극복하는 역사를 반복해오고 있다. 어쩌면 성장의 한계와 경기침체를 극복하기 위해 개인이 할 수 있는 노력은 근검과 절약뿐이라고 체념할 수도 있다. 자본주의 체제에서 근검과 절약은 경제 순환을 가로막는 장벽이지만, 개인적으로 대응할 수 있는 방법은 그것뿐인지 모르겠다. 하지만 도시는 개인과 다르다. 불가능과 비현실의 상황이라도 가능성의 문을 열어야 한다.

현재를 뉴노멀 시대라고 한다. 파괴적이면서 불신의 믿을 수 없는 변화와 위기를 표현하는 말로 신 규범, 뉴 놈(New Norm)이 필요한 상황이라고 한다. 한편으로는 과거를 기억하지 못하면 반복될 수밖에 없고, 세상에 완전히 새로운 것도 없다고도 한다. 사실 어느 순간 과거의 상식이 무너지고 표준이 비정상으로 밀려나는 혼돈의 상황을 일상적인 언어로 표현하는 것 자체가 버거운 일이다. 변화의 시대에 상황에 대처하는 방법은 과거와 현재, 미래의 모든 가능성을 동원하는 것이 아닐까 싶다.

보르네오 열대우림 지역에 라피도포라(Rhahidiphora)라고 하는 덩굴식물이 있다. 열대우림지역은 키 큰 나무들이 빽빽하게 자라고 있어 큰 나무 아래는 낮에도 어두컴컴하다. 나무아래에서는 키가 큰 나무들은 상상할 수 없을 정도로 서로 빛을 받기 위해 치열한 경쟁을 한다. 라피도포라는 열대우림에서 살아남기 위해 스스로 잎에 구멍을 내는 독특한 방식을 택했다. 위쪽 잎에 스스로 구멍을 내어 아래쪽 잎에 빛을 나눠주었다. 그래서 위쪽 잎은 구멍이 많고 아래쪽 잎은 구멍의 개수가 적다. 빛이 들어오지 않은 열대우림에서 그들 종이 살아남을 수 있는 방법으로 선택한 것은 상생이다. 공생과 상생의 중요성이 부각되고 있는 오늘날 인류가 생존하기 위한 선택권도 이와 다르지 않을 것이라는 생각이 든다.

1969년 인류 최초 달 착륙 당시 지상, 지하, 바다를 넘어 드디어 하늘에서 우주에까지 공간이 확장되었다. 급기야 1990년대 이르러 눈으로 보이는 공간의 개념을 뛰어 넘어 인터넷 가상공간을 만들어 내기에 이르렀다. 이들에게 불가능이 가능의 영역으로 들어오게 된 것은 우선적으로 기존 생각의 틀을 벗어난 실험이 성공한 결과이다. 상상이상의 세계와 현실의 공간이 공존하는 사회에 살게 된 지금 다시 찾아온 혼돈의 시간은 또 다른 가능성의 문을 두드리는 상황을 만들었다. 대다수 인류가 살고 있는 도시도 예외는 아니다. 시공의 경계를 허물어 가능성의 시간을 열어야만 하는 운명이 성큼 다가와 있다.

성장의 한계, 인구감소와 고령화, 기술혁명과 함께 찾아온 일자리 감소, 갈등과 격차심화, 기후변화에 이르기까지 녹록치 않은 문제들이 산적해있다. 디지털 시대 이전의 경험들과 상상력, 금기, 버려진 것, 반짝 등장했다 사라졌던 것들까지 모든 가능성을 타진해봐야 하는 시기이다.

필자는 여기에 야간경제를 접목해 새로운 가능성을 구현할 수 있는 실험을 제기했다. ABC(인공지능, 빅데이터, 클라우드)로 대표되는 4차 산업혁명의 파고가 유독 우리나라에만 거세게 불어서 유난을 떠는지도 모르겠지만, 분명한 것은 어떤 방식으로든 새로운 가능성의 문을 찾아야 하는 것은 우리 시대의 숙명적인 과제이다.

그렇다고 야간경제가 정답이라고 단언하기는 어렵다. 그렇지만, 위기의 시대에 봉착한 도시의 새로운 전략과 궤도 수정이 필요하다는 점에 대해서는 누구나 공감하고 있다. 그래서 도시를 만들어 가는 과정에 다소간 실패는 있더라도 미래 비전을 제시할 수 있는 다양한 가능성에 귀 기울여야 할 것이다. 엉뚱함과 발칙함을 가능성이라는 프레임으로 보았을 때 창의성으로 이름을 붙일 수 있다.

참고문헌

로버트 레빈(2000), 시간은 어떻게 인간을 지배하는가, 이상돈 역, 황금가지.

신기동(2011), 영국의 지역상권 재생정책 연구, 경기개발연구원 정책연구.

심홍진(2014), 빅데이터와 라이프로깅(Life-logging): 현황과 전망, ICT 인문사회융합 동향, Vol1, 정보통신정책연구원.

알렉산더 데만트(2018), 시간의 탄생, 이덕임 옮김, 북라이프.

이상림(2014), 시도단위 인구이동 유형과 지역 고령화, 보건복지포럼.

이은성(1985), 역법의 원리 분석, 정음사.

정민(2016), 4차 산업혁명의 등장과 시사점, 현대경제연구원 한국경제주평 705호.

정은주(2016), 도시의 지속가능성(Sustainability)와 리질리언스(Resilience)에 관한 연구, 한국지역개발학회지 28(4), pp.87-108.

정은주(2016), 창조도시의 이해, 전남대학교출판부.

정은주(2017), 인구감소시대 도시 만들기와 공유경제, 전남대학교출판문화원.

최병두(2017), 관계적 공간과 포용의 지리학, 대한지리학회지, 52(6).

콜린 엘러드(2016), 공간이 사람을 움직인다, 문희경 역, 더 퀘스트.

하영삼(2000), 갑골문자에 나타난 고대 중국인의 시간관, 중국언어연구 10권.

Bianchini, F.(1995), Night Cultures, Night Economies, Planning Practice & Research 10(2), pp.121-126.

Bromley, R., Thomas, C., & Millie, A.(2000), Exploring Safety Concerns in the Night-Time City: Revitalizing The Evening Economy, Town

Planning Review, 71(1), 71.

Brown, A. (2011), Relationships, Community, and Identity in the New Virtual Society. The Futurist, 45(2).

Campo & Ryan(2008), The Entertainment Zone: Unplanned Nightlife and the Revitalization of the American Downtown.

Parramatta Council(2017), City Of Parramatta Night Time Economy Discussion Paper.

Colin Ellard(2015), Places of the Hearts: The Psychologeography of Everyday Life, Library of Science Book Club Selection.

Greater London Authority(2017), Culture and the Night-Time Economy. SPG November.

Hadfield, P., Lister, S., Traynor, P.(2009), This Town'S a Different Town Today: Policing and Regulating the Night-Time Economy. Journal of Criminology and Criminal Justice 9(4), pp.465-485.

Jan Gehl(1987/2011), Life Between Buildings: Using Public Space, washington-covelo-london: island press.

Jan Gehl(2010), Cities for People, washington-covelo-london: Island Press.

Jan Gehl, Lars Gemzoe(2004), Public Space Public Life Copehagen, Danish Architectural Press & the Royal Danish Academy of Fine Arts, School of Architecture Publishers.

London First(2016), The Economic Value of London'S 24 Hour Economy.

Lefebvre H. (2004), Rhythmanalysis-Space, Time and Everyday Life, Bloomsbury.

Lovatt, A., J. O'Connor(1995), Cities and the Night-Time Economy, Planning Practice and Research, 10(2), pp.127-134.

Montgomery, J.(1990), Cities and the art of cultural planning. Planning Practice & Research 5(3), pp.17-24.

Oliveira, T., Martins, M. F.(2010), Firms Patterns of e-Business Adoption: Evidence for the European Union-27. The Electronic Journal Information Systems Evaluation, Vol.13, Issue1, pp.47-56.

Paul Baran et al(1964). "On Distributed Communications". Rand. Archived from the Original on June 15, 2006.

Rabanian Sourosh, Aadal Aghafazlolah(2016). Sustainable Development in Urban Underground Space, Urban Management, 15(43).

Roberts, M.(2004), Good Practice in Managing the Evening and Late Night Time Economy: A Literature Review from an Environmental Perspective. London: Office of the Deputy Prime Minister.

Shraw. R.(2014), Beyond Night-Time Economy: Affective Atmospheres of the Urban Night, Geoforum 2014, 51(1), pp.87-95.

Sound Diplomacy & Andreina Seijas(2018), A Guide to Managing Your Night Time Economy.

Terry Bevan et al(2011), Sydney Night Time Economy: Cost Benefit Analysis, A Report for the City of Sydney Council.

■ 주석

1 EU 시민에게 1년에서 최대 4년 동안 취업허가 신청이 가능하도록 하는 제도이다. EU회원국 28개국 중 25개국에서 거주하고 일할 수 있도록 하는 표준화된 취업허가서이다. 블루카드 자격을 얻기 위해서는 학사 학위 또는 5년간의 전문분야의 경험이 있어야 한다.

2 김상무(2018), 4차 산업혁명, 독일에서 쓰이지 않는 까닭은?, 교수신문, 2018.10.8. www.kyosu.net

3 Carl Benedikt Frey · Michael A. Osborne(2013), The Future of Employment: How Susceptible are Jobs to Computerisation?

4 중소기업뉴스, 위대한 결단-필립 로즈데일, 꿈꾸는 모든 것을 실현한다. 2007.10.31.

5 Brown, A. (2011), Relationships, Community, and Identity in the New Virtual Society. The Futurist, 45(2), 29.

6 심홍진(2014), 빅데이터와 라이프로깅(Life-logging): 현황과 전망, ICT 인문사회융합 동향, Vol1, 정보통신정책연구원, pp.42-53.

7 2012년 미국 기업가 J. Brysek가 제안한 Trillion Sensors Universe구상에 등장하는 말로 매년 1조개 이상의 센서를 활용하여 거대 센서 네트워크를 구성을 추진하는 것이다. 이는 전 지구적 차원에서 기아, 의료, 식수, 대기오염, 에너지 등 공통의 문제를 해결하기 위한 방법으로 모든 것에 센서를 달아 네트워크 접속 체계를 구축해 풀어보고자 하는 것이다. 빅 데이터 시대가 도래하면서 IOT, IOE 실현을 위한 센서의 중요성을 점점 더 강조되고 있다.

8 뉴노멀이라는 말은 2003년 벤처캐피탈리스트 맥너미가 처음 제시한 말이다. 이후 2008년 세계 최대 채권운용사인 Pimco의 무하마드 앨 에리언이 "새로운 부의 탄생"이라는 책에서 언급하면서 대중화된 말이다. 이는 2008년 세계 금융위기 이후 저성장, 저유가, 저금리 등 경기침체현상을 일컫는 표현으로 더 이상 과거와 같은 고성장 전략을 펴서는 새로운 시대의 변화를 수용하기 어렵다는 점을 골자로 한다.

9 Fabrication Laboratory의 준말로 제조연구실, 제작실험실이라고 번역된다. 팹랩이라는 말은 제작을 위한 연구실의 본래 의미도 있지만, 멋진 연구실(Fabulous Laboratory)라는 의미로도 사용되기도 한다. MIT대학의 닐 거셴필드 교수가 고안한 것으로 세상에 있는 거의 모든 것을 만드는 방법을 주제로 하는 대학 커리큘럼으로부터 시작된 것이다. 이러한 취지를 공감하며 세계 여러 나라에서 팹랩을 만들기 시작했고, 지금은 지역 실험실의 세계적인 네트워크로 운영되며 개인에게

디지털 공작기기를 이용할 기회를 주어 개인발명을 하도록 지원하고 있다. 팹랩은 교육훈련과 연구개발, 제조까지 연결되는 차세대 인프라로 주목받고 있다.

10 최초의 공장 공유모델로 실리콘밸리 최초의 하드웨어 스타트업 플랫폼이다. 짐 뉴턴 회장은 아이디어는 있으나 장비가 없어 꿈을 포기하는 사람들을 위한 공간으로 조성했고, 2006년 '공장 공유'모델을 제시했다. 이곳에는 커뮤니티 기반의 워크숍과 프로토타이핑 스튜디오로 디자인 소프트웨어를 탑재한 첨단 도구와 장비를 제공한다.

11 뉴욕에서 가장 높은 건물로 미국을 상징하고 더 나아가 자본주의 체제와 서구적인 문화를 상징한다는 의미에서 테러리스트들은 세계무역센터를 파괴함으로써 서구 세계를 무너뜨린다는 메시지를 전달하는 것으로 여겼을 것이다(승효상 외, LANDSCRIPT: 땅위에 새겨진 자연과 삶의 기록들).

12 정은주(2017), 창조도시의 이해, 전남대학교출판부, pp.92-101.

13 에너지 하베스팅은 외부 에너지를 전력으로 변환하는 기술을 통칭하는 말이다. 신체를 움직이거나 물체를 누르는 압력 등 무심코 지나치는 에너지를 수집해 전기에너지로 변환하는 기술이 해당된다. 예를 들어 지하철 개찰구를 지날 때 누르는 압력, 진동 등을 활용해 전기에너지로 변화하기도 하고, 중력에너지, 위치에너지, 전자파에너지, 신체에너지, 온도 차 에너지 등을 활용할 수 있게 된다. 미래 웨어러블 기기, 헬스기기 등 사물인터넷을 활용한 소형 저전력 기기가 확대될 경우 에너지 하베스팅의 역할이 점점 더 중요해질 것으로 예측하고 있다.

14 http://www.melbourne.vic.gov.au/AboutCouncil/MediaReleases/Pages/MelbourneCityCouncilendorsesdraftSafeCitystrategy.aspx

15 도시 리듬은 일상적으로 도시를 오고 가며 발생한 활동과 규칙적으로 만들어지는 소리와 냄새를 표현하는 은유(Metaphor)이다. 도시 리듬은 현대 도시 생활을 이해하는데 필요한 유용한 은유이기도 하고, 도시 생활의 여러 측면을 이해하게 도와준다. 도시를 이해하는 전통적인 접근방법은 지배적인 리듬이라는 단 하나의 리듬에 초점을 맞추어 도시 생활의 많은 측면을 생략하게 하는 결과를 낳기도 했다(출처: 위키피디아, City Rhythm 검색 후 번역).

16 생활기술(Life Skills)은 인간의 삶에서 요구와 변화에 효과적으로 대응할 수 있게 하는 능력을 말한다. 사회적 규범과 공동체 역할에 따라 다르지만 개인의 삶의 질과 행복을 위한 기술도 되고, 사회 구성원으로서 생산적이고 발전적인 역할을 할 수 있도록 돕는 기술을 말한다. 생활기술은 시대적 배경과 공간적 배경에 따라 요구되는 내용이 다양하여 변화에 민감하게 대응하는 특성이 있다.

17 최병두(2017), 관계적 공간과 포용의 지리학, 대한지리학회지, 52(6), p.662.

18 전통적으로 세계은행 총재는 미국에서 맡고 있고, IMF의장은 유럽인이 맡고 있

다. 세계적인 금융기관이라고 하지만 설립목적과 다르게 국제사회로부터 지속적인 비판을 받고 있다. 세계은행은 개도국에 대부금을 제공하는 방식으로 지원하고 있지만 결국 개도국 경제를 종속시키고, 세계경제를 쥐락펴락하고 있다고 비판받는다. 경제학자 장하준은 『나쁜 사마리아인들(2007)』이라는 자신의 책에서 세계은행, 국제통화기금, 세계무역기구를 사악한 삼총사라고 비판하기도 했다.

19 이은성(2009), 역법의 원리분석, 서울: 정음사.

20 알렉산더 데만트(2018), 시간의 탄생, 이덕임 옮김, 북라이프.

21 얀 겔(Yan Gehl, 1936~)은 덴마크 코펜하겐 건축학교의 도시디자인 컨설턴트, 건축가, 교수이다. 그는 인간 척도에 맞는 도시 디자인을 제안하고 보행자와 자전거 타는 사람들이 편하게 다닐 수 있도록 도시 디자인을 재배치하여 삶의 질을 높여야 한다고 한다.

22 Franco Bianchini, 1995, p.122.

23 Franco Bianchini, 1995; Lovatt & O'Connor, 1995.

24 한국관광공사, 관광사업투자 개요.

25 호모(Homo)와 나이트(Night)에 인간을 나타내는 접미사 Cus를 붙인 신조어로 심야형 인간, 밤샘형 인간, 올빼미족과 비슷한 의미로 쓰인다. 여기에서 파급되어 밤에 운동하는 나포츠족(Night+Sports)이라는 말도 있어 야간에 운동을 즐기는 사람으로 낮에 하루 종일 사무실에서 일해야 하는데 건강과 몸매에 대한 관심으로 밤에 운동하는 사람을 일컫기도 한다.

26 기존 주68시간(평일 52시간+휴일 16시간)이었던 것을 주52시간(법정근로시간 40시간+연장근로 12시간)으로 줄이고 이를 지키도록 법제화 한 것임.

27 Lovatt and O'Connor(1995), Cities and the Night-Time Economy, Planning Practice and Research, 10(2).

28 City of Parramatta(2015), Community Safety Plan.

29 Comedia는 생각, 아이디어, 프로젝트 및 이니셔티브를 공유하는 공동 작업자 네트워크이다. 1978년 Charles Landry에 의해 설립되었으며 도시 생활, 문화 및 창의력과 관련된 프로젝트를 개발하는 사람들로 구성되었다. Phil Wood, Jonathan Hyams, Fred Brookes, Ken Worpole, Dave Morley, Franco Bianchini, Crispin Aubrey, Peter Hall, Geoff Mulgan, Jude Bloomfield, Naseem Khan 등은 Comedia의 성장에 기여한 것으로 알려졌다. 40년의 역사로 인해 전 세계 500개 이상의 프로젝트와 200개 이상의 출판물을 발간했으며, 그 중 대다수는 혁신적이라 평가받고 있다. Comedia는 항상 혁신적인 사고방식으로 창의적 경제, 문화자원의 아이디어, 문화산업의 역할을 강조해 창조도시의 개념을 만들어 낸 것으로 유명하다.

30 Shraw. R.(2014), Beyond Night-Time Economy: Affective Atmospheres of the Urban Night, Geoforum 2014, 51(1), p.91.

31 Bianchini(1995), p.124.

32 Ortus ER's Economic Research Team(2017), Hackney's Evening and Night Time Economy- a Cost Benefit Analysis.

33 허프포스트(2018.3.21), 지역경쟁력을 위한 새로운 계급, 게이는 돈이 됩니다, 모두를 위한 서울을 위하여.
https://www.huffingtonpost.kr/entry/local_kr_5ab082b2e4b02dedb93ba255

34 스쾃(Squatting)은 소유주의 허락 없이 빈 건물이나 공간을 무단 점거하는 행위를 말한다. 시골보다는 대도시에서 빈번하게 일어나며, 주로 주거를 목적으로 하는 경우가 많다. 도시권을 주장하며 자본의 이익창출 수단으로서의 도시공간을 시민과 나눠야 한다고 주장하지만, 많은 나라에서 스쾃은 불법이다. 정치적으로는 무정부주의, 사회주의, 자치주의 정사상과 연관이 있다.

35 londonfirst.co.uk/wp-content/.../Londons-24-hour-economy.pdf

36 런던시청홈페이지,
http://www.london.gov.uk/decision/md2127-night-time-economy-and-music

37 https://www.morningadvertiser.co.uk/Article/2017/07/25/London-mayor-s-24-hour-vision-aims-to-boost-night-time-economy?utm_source=copyright&utm_medium=OnSite&utm_campaign=copyright

38 https://www.morningadvertiser.co.uk/Article/2016/05/17/Five-ways-to-improve-the-night-time-economy

39 연합뉴스, 암스테르담, 홍등가에 관광객 과도하게 몰리면 거리차단, 2018.8.8. m.yna.co.kr

40 https://www.iamsterdam.com/en/see-and-do/whats-on/clubbing-nightlife-amsterdam/dance-clubs/de-school

41 brooklyn daily eagle, the night mayor's listening tour kicks off Tuesday in brooklyn, 2018.10.2. www.brooklyneagle.com

42 https://www.atcm.org/purple-flag

43 신기동(2011), 영국의 지역상권 재생정책 연구, 경기개발연구원 정책연구, p.18.

44 SBS 뉴스 라이프, 카드사용 내역으로 본 소비 트렌드…2030 술소비 줄었다, 김도균 기자, 2017.8.20. www.news.sbs.co.kr

45 Issue Japan, 日술소비 감소, 원인은 빈곤이었다, 김성규 기자, 2016.6.3. www.pressm.kr

46 Campo & Ryan(2008), The Entertainment Zone: Unplanned Nightlife and the

Revitalization of the American Downtown.

47 Rabanian Sourosh, Aadal Aghafazlolah(2016). Sustainable Development in Urban Underground Space, Urban Management, 15(43), pp.107-120.

48 北海道開発局 お知らせ「地下歩行空間開通後の利用状況をお知らせします」, http://www.sp.hkd.mlit.go.jp/press/pdf/11091202.pdf

49 CPTED는 Crime Prevention Through Environmental Design의 약자로 범죄 예방을 위한 설계, 디자인, 건축을 일컫는 표현이다.

찾아보기

ㅎ

기타